叢書・ウニベルシタス　1093

理性の病理

批判理論の歴史と現在

アクセル・ホネット
出口剛司／宮本真也／日暮雅夫／片上平二郎／長澤麻子 訳

法政大学出版局

Axel Honneth,
"PATHOLOGIEN DER VERNUNFT. Geschichte und Gegenwart der Kritischen Theorie."

Japanese edition published by arrangement through The Sakai Agency.

日本語版への序文

このたび日本語へと見事に翻訳されたこの本は、私にとっても格別な意味を持っています。それだけに私の日本の仲間たちが、この本に含まれた論文を母語へと翻訳するという、骨が折れたにちがいない作業を引き受けてくれたことに、深く感謝しております。当時、すなわち新しい世紀の初めに、私はさまざまな論文を執筆したのですが、私はフランクフルト社会研究所の新しい所長に就任したばかりでした。したがって、なんらかのかたちで私は、あらためてもう一度、根本的に説明するように促されているように感じていることがありました。私が所長となった研究所を創設したのはフランクフルト学派の最初のメンバーたちでしたが私には、他にはないどのような特性が、彼らの批判理論を際立たせているのかが問われているように感じていたのです。もちろん、このような自問が生じたのは、「フランクフルト学派の批判理論と」同様に自らが現代の状況の批判を行うことができると主張しえた、一連の理論的アプローチがそれまでのあいだにすでに登場していて、そのことがかつてより一層、明らかになりはじめたからです——批判的社会理論のこうした選択肢のうちでわずかなものだけを挙げるならば、ポスト構造主義、フーコーの権力分析、ヘテロセクシャルな装置へのジュディス・バトラーの熾烈な批判がそうです。それゆえに私は当時、自分の課題を、フランクフルト学派のアプローチにとって固有なものが、他の理論との差異においていったいどの点にあったのかを、より深い地点から掘り起こし、より正確に詳らかにすることに見ていたのです。このことの探求の成果が、この本に収められている論文の数々なのです。すなわち、私はそこで、フランクフルトのメンバーたちをある考え方が束ねていた、というテーゼを素描しようとしたのです。つまり、歴史が展開していった結果、資本主義的な経済関係が確立するとともに、社会のあり様全体に目をやれば「理性の社会的病理」と言えるような、そうした状態に陥っているという考え方です。

確かにそうした危ういテーゼは、私が自らの論文のなかで果たしえた以上の基礎づけと証明を必要とします。私は、この著作全体のタイトルを冠した論考でだけ、主導的な着想を考察し、ある程度まで仕上げました。すなわち、その論考で私は、フランクフルト学派のすべての中心メンバーを考慮に入れて、それらのメンバーがそれぞれ異なったやり方ではあったものの、次の三つのことを行ったということを示したかったのです。まず彼らは、（a）人間の歴史をマルクスの影響下でヘーゲルを読むことで、人間の合理性のコンフリクトをはらんだ実現過程として理解していました。そして彼らは、（b）資本主義を、私たちの理性が制限され、一面的に利用されることを伴う経済の一つの形式としてとらえる、そのような資本主義概念を自分のものとし、駆使していました。そして、（c）こうした議論を受けて最終的に彼らは、資本主義が展開するとともにある社会形式が成立するという結論を導いたのです。この社会形式は、ただ道具的な合理性だけ、あるいは機能的合理性だけしか許さないがために、私たちの理性の能力の「病理」を蔓延させてしまうのです。

当時私が行った研究のこれらの三つの中心的な成果を、今日、もう一度一つ一つ検討してみると、最初にすぐに分かるのは、これまでのあいだ、特に最初の歴史哲学的なテーゼをめぐってこのうえなく活発な議論が闘わされてきたということです。すなわち、フーコーにしたがうにしても、またリチャード・ローティにしたがうにしても、そしてそもそもいかなる普遍主義に対する批判にしたがうにしても、私たちの歴史が理性が徐々に実現するという、——唯物論的に理解したとしても——一つのプロセスであることを示しうるためには、極めて膨大な議論を費やす必要があります。確かにこの間、ほとんど自明のことになってきているのは、資本主義を私たちの理性の特殊形態として語ることです——そこではただ、資本主義的「ネオリベラリズム」が作り出したのは新しい経済形式だけではなく、合理性の変化した形式でもあったということが、いかに頻繁に耳にしうるのかと思われるでしょう——しかし、理性の「真の」概念に相応しい、まだ損なわれていない理性を、資本主義より以前からあるものとして先取ることは、現在、これまで以上に激しい議論の的になっています。それゆえに、当時の私の研究成果の重要な部分は、フランクフルト学派と一般に呼べるものの精神において批判理論のプロジェクトを現時点でこれからも追求することだけを可能とする、そうしたいくつかの理論的条件を明確にしえたという点にあるでしょう。もちろん、それは困難なことでもあるかもしれませんが、そのために必要であるのは、現在の資本主義の社会経済的な構造に堅実な分析を加えることだけではないのです。そして、そのような変化した経済状況において人間の合理性が新しいかたちで遂行される、その概要を見きわめるという、さらなる試みに着手しても十分ではありません。それらのことを行うことで説明できるのは、合理性のこの「新しい」形式はただ、私たちの理性を不完全なかたちでのみ、つまり制限された状態でのみ発揮することしか許さないということです。その場合にはさらに、現代ではおおよそ無理であるように思える課題をやり遂げる必要が生じてきます。すなわち、この人間の理性が本質的にどのようなものであるのか、そしてこの理性はいかなるかたちで歴史において徐々に展開してきたのかということを、少なくとも大まかな特徴をとらえて素描しなければならないのです。

私がこれらの論考を執筆したときに、すでに当時から私にはまったく明らかなことがありました。つまりそれらの論考を執筆するなかで、私はほとんど克服できない課題を素描していたのです。しかし同じように私が明確にとらえていたのは、これらの課題に答えられなければ、将来、創設期に持っていた意味において批判理論が存在することは、もはやありえないであろうということです。この逆説的な状態に、私たちはまさに置かれているのであり、その状況をこのプロジェクトを行うなかでこれまでも、そして今でもまだしっかりととらえたいと考えているのです。言い換えれば、私たちは一方で、理性の歴史における実現の理論が必要であることを心得ています。そして他方で同時に私たちは、もう一度ヘーゲルに依拠する、そうした大胆な理論を構想するために、私たちには適切な手段がないことも知っています。そうしたことを鑑みるならば、この著作は、おおよそ不可能な課題設定への頑ななこだわりの現れとして読まれてもよろしいでしょう。それゆえに、おそらくこの強情さはきっとさまざまな人びとを勇気づけ、この課題の解決のための新たなる試みが行われることになるでしょう。もちろん、日本においてもまた、そうした試みが行われることを期待しています。

ニューヨークにて
二〇一九年三月

アクセル・ホネット

理性の病理――批判理論の歴史と現在　目次

凡例

一、本書は Axel Honneth, *Pathologien der Vernunft. Geschichte und Gegenwart der Kritischen Theorie* (Suhrkamp Verlag, 2007) の全訳である。ただし、「日本語版への序文」は本翻訳書のために著者自身が特別に書き下ろしたものである。

二、原則として、原文の » « は「 」とする。イタリックとなっている箇所は傍点で強調する。書名の場合は『 』とする。読者の便宜を考慮して訳者の判断で「 」などで強調する場合もある。

三、（ ）と［ ］は原文のママであるが、〔 〕は訳者が読者の便宜を考慮して新たに挿入したものである。

四、原書での引用で、邦訳があるものはそれを参照しつつも、原著者の引用の文脈を考慮して訳者があらためて訳し直したり、表記をあらためたものがある。また原著者が本文中で引用・参照の頁数のみを記している場合には、「(原著頁＝邦訳頁)」と記す場合がある。

序　言

私が本書に収録した諸論文を取りまとめたのは、批判理論が現実に存在する互いの違いを乗り越え、そしてさらに、可能性としてのアクチュアリティを保持していることを証明するためである。確かにここに挙げた二つの目的のうち、最初の目的に関しては、今ではそれほど大きな遅ればせの需要があるとは思えない。というのも、私たちは前世紀の二〇年代に起源を有するこの批判理論という一つの理論的伝統に帰属させはするのだが、「フランクフルト学派」の歴史に関する一連の輝かしい研究が、学派に属する前世紀の代表者たち一人ひとりについての研究書と結びついて、その実、批判理論のアプローチが極めて多様な形態を有することを明らかにしてしまったからである。それゆえ現在にいたるまで、理論の形態の多様性のなかになおも一つの批判理論という統一性を見出すことには固有の困難が存在するかもしれない。このように描き出した課題に対し、私自身が研究のなかで見出した答えがすでに本書のタイトルのなかに暗示されている。すなわち、方法と対象におけるあらゆる差異にも関わらず、近代の資本主義社会における生活の諸条件が私たちの理性的諸力の病理的な歪みとして現れるような社会的実践、態度あるいは人格構造を生み出すのだ、という考え方の下でフランクフルト学派の著述家たちは一つにまとめられるのである。多様な声のなかに批判理論の統一性を打ち立てることが、まさにここでのテーマである。批判理論に関わりを持つ研究が、いかに高い異質性をもつものであったとしても、それらの研究は、人間の合理性に病理をもたらす原因を探求するという目的につねに向かっているのである。

私たちの社会の生活諸条件を理性の歪みの原因と見なすという主題は、さらに〔本書の二つ目の目的として〕批判理論のアクチュアリティを私が見出している地点をも暗示している。今日、まず目的のない専門化という強制力を受け、そして最後には哲学と社会分析の間にある結びつきが壊されてしまうという脅威が差し迫っている。しかしそのことによって、ドイツ観念論の主要な遺産、すなわち歴史的・社会的諸過程から独立して理性のさまざまな可能性を把握する機会が思想の可能性として失われ始めている。こうした状況では、批判理論はそのいくつかのアプローチが時代遅れとなったとしても、有益な挑戦となる。つまり、批判理論をさらに発展させるならば、現代における理論上の革新を取り込みながら私たちの社会的実践や制度が特異な形で形成されることで、人間の理性的能力の潜勢力が歪められることはないのか、という疑問に今一度取り組むことができるかもしれない。私はここに収録した二番目の論文のなかで、今日、このような批判理論のアクチュアリティの回復のためにどのような課題が伴うのかを個別に描き出そうと試みた。そしてこうした叙述を進めるなかで、私がなぜカントの歴史哲学とフロイトの自由概念に関する論考を本書で取り上げることが重要だと考えるのかも明らかになるだろう。

原稿を技術的に準備する際、手助けをしてくれたグンヒルト・メーヴェスに、そして本書の企画に際して当初から親身になってアドバイスをしてくれた、ズーアカンプ社のエヴァ・ギルマーとベルント・シュティーグラーにもお礼を述べたい。

フランクフルト・アム・マイン
二〇〇七年二月

アクセル・ホネット

第1章　後戻りできない進歩
――道徳と歴史との関係についてのカントの見解

カントは、論文『諸学部の争い』第二節、すなわち同論文の中心で「歴史の徴（Geschichtszeichen）」という有名になった理念が現れることになる節のまさに冒頭で、予言的な歴史記述というある一定のカテゴリーを嘲笑している。彼の嘲りは、過去において思いあがって道徳（Sitte）の衰退や政治的‐文化的退廃を前もって警告した予言者たち、政治家たち、聖職者たちすべてに向けられている。カントがあからさまな皮肉をこめて言うように、このような占いの言葉は自己成就する予言にほかならない。というのも、予言をする者たちは実際のところ、歴史が自分たちが予期しえたと思った否定的な展開が起きることに自分自身の悪行をもって貢献しただろうからである（SF, XI, S. 351f./A 132ff.=109f.）[1]。そのような章句を貫いて輝いて見えるのはヴァルター・ベンヤミンとの親近性であり、それは偶然ではなく、カントの著作にとって表面的なものでもない。つまり、カントの歴史哲学の最も根底にあるレベルにおいては、つまり実際に起こった事実上の出来事や事件の感情的に訴えかける力が作用するところでは、カントは、歴史哲学テーゼの著者と同じように、すべてのものが「解釈者がぞっとせずには考えることができない素性のもの」に由来すると確信していた。[2] カントは、ベンヤミンと同じように、現在に至る歴史の展開をおおよそ、勝者たちの思惑と行いの産物と見なしている。勝者たちの「不当な強制」(SF, XI, S. 352/A 134=109) の下で恐怖や「人間本性に対する犯罪」(BA, XI, S. 58/A 489=30) が本当に山のように積み上げられるので、繊細な同時代人たちは歴史的に無秩序な素材からただ唯一、人間性の「ため息」だけを感じ取りうるのである。しかしカントは勝者たちがそのように歴史を単に断定すること (Konstatierung) に満足しようとしないが、この点でもベンヤミンと似ている。むしろ少なくともカントの人生の最後の三〇年間、彼を駆り立てた問題とは、「より善き方向へ進歩すること」(SF, XI, S. 359/A 146=117) の微が歴史的過程という嘆きの谷 (Jammertal) から引き出されうるのか否か、であったのである。事実、カントの歴史哲学は、過去の償うことができない不正を、「より善き状態へと [...] 活動を刺激するための刺 (Stachel)」(A, XII, S. 556/BA 175=181) と考えることによって埋め合わせたいという衝動から、生まれたのかもしれない。カントの歴史哲学は、彼の著作全体のなかでいかなる体系的課題も果たされない時ですら、歴史を勝者と推測される者の手からもぎ取るために、歴史をこれまでと全く違って、より正確に表現しようとする試みを示しているのである。[3]

確かに、この目的にたどり着くためにカントが進んだ道は、ヴァルター・ベンヤミンのそれとはまったく違う。パサージュ論の著者が魔術的な記憶像を構築することによって、過去の数えきれない犠牲者とのあいだで途絶えてしまったコミュニケーションを再開しようとしたのに対して、[4] ケーニヒスベルクの哲学者はまったく異なる方法的手段を携えて課題に取り組むのである。カントにとっては下からの歴史記述のパースペクティヴも馴染みのあるものではないし、彼が軽率な進歩への楽観主義のイデオロ

（1） 以下カントの著作に次のような略号を用いる。

A — Anthropologie in pragmatischer Absicht〔「実用的見地における人間学」渋谷治美訳、『カント全集15』、岩波書店、二〇〇三年〕

BA — Beantwortung der Frage: Was ist Aufklärung?〔「啓蒙とは何か」福田喜一郎訳、『カント全集14』、岩波書店、二〇〇〇年〕

EF — Zum ewigen Frieden〔「永遠平和のために」遠山義孝訳、『カント全集14』、岩波書店、二〇〇〇年〕

GS — Über den Gemeinspruch: Das mag in der Theorie richtig sein, taugt aber nicht für die Praxis〔「理論と実践」北尾宏之訳、『カント全集14』、岩波書店、二〇〇〇年〕

Idee — Idee zu einer allgemeinen Geschichte in weltbürgerlicher Absicht〔「世界市民的見地における普遍史の理念」福田喜一郎訳、『カント全集14』、岩波書店、2000年〕

KpV — Kritik der praktischen Vernunft〔「実践理性批判」坂部恵／伊古田理訳、『カント全集7』、岩波書店、二〇〇〇年〕

KU — Kritik der Urteilskraft〔「判断力批判」牧野英二訳、『カント全集8』『カント全集9』、岩波書店、一九九九年、二〇〇〇年〕

MA — Mutmaßlicher Anfang der Menschengeschichte〔「人間の歴史の憶測的起源」望月俊孝訳、『カント全集14』、岩波書店、二〇〇〇年〕

SF — Der Streit der Fakultäten〔「諸学部の争い」角忍／竹山重光訳、『カント全集18』、岩波書店、二〇〇二年〕

略号の後の頁付けは、ズールカンプ版（Frankfurt/M. 1964）による。補足して、ほとんどすべてのカント著作集の版につけられている初版（A）と第二版（B）の頁数も示す。

（2） Walter Benjamin, »Über den Begriff der Geschichte«, in: ders., *Gesammelte Schriften*, Bd. I.2, Frankfurt/M. 1974, S. 696〔「歴史の概念について」、『ボードレール 他五篇——ベンヤミンの仕事2』野村修編訳、岩波文庫、一九九四年、三三三頁〕.

（3） ベンヤミンとカントの歴史哲学の役立つ比較については、以下が言及している。Rudolf Langthaler, »Benjamin und Kant oder: Über den Versuch, Geschichte philosophisch zu denken«, in: *Deutsche Zeitschrift für Philosophie*, Jg. 50/2002, H. 2, S. 203-225; しかし私は、二人のアプローチの一致がラングターラーが示そうとするほど大きいとは思わない。

（4） Vgl. Axel Honneth, »Kommunikative Erschließung der Vergangenheit. Zum Zusammenhang von Anthropologie und Geschichtsphilosophie bei Walter Benjamin«, in: ders., *Die zerrissene Welt des Sozialen*, erw. Neuausgabe, Frankfurt/M. 1999, S. 93-113.

ギー的な危険を察知できるわけでもない。その代りカントは、あるかたちの歴史哲学を敵対者として念頭においている。この歴史哲学は、一般民衆には道徳的向上への素質がまったく欠けているとし、したがってすべてを否定主義的に、没落の連続的な過程に巻き込まれていると見ることによって、知らず知らずのうちに勝者の恩着せがましい視点を共有してしまうのである。カントが進歩を構成しようと自分の試みに対置するのは、そのような否定的な勝利主義的な考え方、すなわちカントが自分で名づけたものによると、「恐怖主義的な考え方」（SF, XI, S. 353/A 136=111）である。その考え方のなかでは、過去において「山のように積み重なる大変な残虐行為」（ebd.）における支配者たちの罪は必然的に打ち消されることになるのである。以下で私が関心を寄せる問題とは、私たちの現在に対してこの歴史哲学的な進歩仮説は、どんな理論的な意味をなお持ちうるのか、ということである。この問題に答えを与えうるために、当然私はカントの歴史理論の感情的な沈殿物を扱うことをせず、カントの著作の全体的な構成における歴史哲学についての体系的な基礎づけを視野に入れなければならない。このことを私は、第一にカントが行った歴史的進歩の仮説のさまざまな正当化を再構成し（Ｉ）、そのことを踏まえて、この進歩の過程そのもののカントの記述を説明する（Ⅱ）という二つのステップでやっていきたい。その際私はこれらの両方のなかで、体系整合的な読み方と、体系破壊的な、ある意味で正統ではない読み方とを区別しようと思う。それは、体系破壊的な二つの読み方を結びつけることだけが、カントの歴史哲学に、今日もう一度体系的な意味を与えうることを、最終的に私の論文の最後で示すためである。このようにすることによって同時に、少なくとも新しい光を、カントの歴史哲学とヘーゲルの歴史哲学との関係に、当てることができたら、と私は期待している。

I

私たちが人間の歴史全体を一つの目的を持った進歩の過程と捉えることが、どうして方法論的に正しいのかについて、カントはよく知られているところでは二つ、あまり知られてはいないところでは三つの基礎づけを行っている。同じ一つの著作のなかに、これら正当化アプローチのうちの二つが直接並んで見出されることも、珍しいことではない。したがって、カントがさまざまな選択肢の間で終生揺れていたという印象は、あながち謂れのないことでもないだろう。[5] こんにち競合する構想のなかで、疑いもなく最重要であるのは、一連の解釈者が正当に「理論的」または「認知主義的（kognitivistisch）」と呼ぶものであり、[6] それはその構想の出発点が、私たちの理性の理論的関心に置かれているからである。それによると私たちは、自然法則性と自由との間で引き裂かれている私たちの世界観を統一するという、全く正当な欲求を持っている。そして、そのために私たちは、自然の目的を発見的な指導理念として、過去の秩序づけられない出来事を、それがまるで私たちには政治的‐道徳的進歩過程と見えるかのように再

（5）　パウリーネ・クラインゲルトは、カントの歴史哲学のさまざまな、部分的に競合するアプローチの優れた概観を示している。Pauline Kleingeld, *Fortschritt und Vernunft: Zur Geschichtsphilosophie Kants*, Würzburg 1995: dies., »Kant, History, and the Idea of Moral Development«, in: *History of Philosophy Quarterly*, Vol. 16 (1999), No. 1, S. 59-80. しかし、カントの歴史哲学における体系破壊的なアプローチを確認しようとする私自身の提案は、クラインゲルトの解釈アプローチとは異なる。クラインゲルトに反して私は、カントが、言わばこの「解釈学的‐説明的」モデルにおいて、実際すでに理性を脱中心化する歩みを企てた、と考えている。

（6）　Vgl. Kleingeld, *Fortschritt und Vernunft*, a. a. O., Kap. I, II und VI.

構成するのである。確かにカントはこの議論の主だった特徴を、すでに『世界市民的見地における普遍史の理念』（一七八四）において展開していたが、彼がおそらく方法論的にある程度は満足したと思われる定式は、『判断力批判』（一七九〇）の八三節においてようやく表れるのである。私たちがこの二つの著作の相違を度外視するならば、それらは総合的に見て、進歩仮説のためのカントの最初の基礎づけモデルを描き出すための、適切な基礎テクストとなる。

この構成の出発点となるテーゼとは、私たちの理性が、自然法則の国と道徳的自由の領域との間に裂け目がある状態に安んずるわけにはいかないというものである。むしろ私たちが純粋な認知的関心を持つのは、現象からなる自然法則の世界にある統一を与えることであり、この統一は自然法則の世界を私たちの実践的自己規定の原理との連続性へと、後から補足的に置き換えるのである。二つの世界の結合へのこの欲求を、反省的判断力という私たちの能力が満たすのである。この反省的判断力は、規定する推論とは異なって、特殊なものを普遍的な原則から導き出すのではなく、普遍的なものを特殊な多数の現象へと考え入れる（KU, X, S. 87/A XXIV=26）。その際に概念的原理には、アプリオリに反省的判断力が備わっており、それは道徳法則が実践理性に、因果性が理論理性に備わっているのと同じあり方である。そして、この概念的原理は、「合目的性（Zweckmäßigkeit）」のカテゴリーである。反省的判断力によって考え出される「合目的性」というこの思想を、カントが『判断力批判』八三節でするように、今度は人間の歴史の領域に適用するならば、その歴史の「矛盾した活動」（Idee, XI, S. 34/A 387/388=4）を、言わば反事実的に、目的にしたがう意図の結果として理解することが方法論的に正当化されることになる。そしてこの意図を自然は、私たち人間とともに、嘆かわしいあらゆる混乱のなかでもずっと辿っていくのである。ここからほんの少し先へと進めば、カントが自分の歴史理論にふさわしいとする進歩仮説へいたることになる。つまり、カントは、発見を進めるために主体として選ばれた自然が人間の歴史とともに定立した目的はどのようなものであるだろうか、という問題に、自分の体系と一致しながらこう答えるのである。この目的は人間に与えられた至福ではありえず、むしろただ「自分自身で意のままに目的を措定する」(KU, X, S. 389/B 391=109) 私たちの能力、つまり私たちの実践的自由でのみありうる、と。こうすることによって、私たち自身の歴史を振り返って考える際に、自然目的という発見のための指導理念を利用しうるようになる。この指導理念を用いるのだとすれば、苦しみに満ち、混沌として作用する多数の出来事は整理された統一として思考しうるのである。そして、この統一によってこそ、目標を設定するための私たちの目的定立の能力を向上することを目的とした過程のモデルを私たちははっきりと理解するようになるのである。カントは、そのような実践的自由を可能とするすべての条件の総体を、「文化 (Kultur)」(KU, X, S. 554/B 392=108) と呼ぶ。彼によれば、その発展は、私たちの欲求本性の洗練化 (Zivilisierung) の方向性と、私たちの精神的な「熟練 (Geschicklichkeiten)」の方向性とに分かれる。しかし、人間の文化における、自然によって目指された進歩のこのイメージは、カントが補足的な注を加えて初めて完全なものとなる (Vgl. Idee, XI, S. 39ff./A 395ff.=10 以下)。すなわち、彼によると、欲求馴化 (Bedürfnisdizplinierung) と心的能力の拡大は、市民的法治国家、つまり世界市民的平和秩序の諸条件においてのみ、真の意味で実現しうるというのである。

したがってカントは明らかに、彼の進歩仮説のこの最初の基礎づけモデルに本当はけっして満足していなかった。というのも、彼が『普遍史の理念』についての論文に「世界市民的見地における」という補足を付け加えた事実からしても既に、彼の理論構成に実践的‐道徳的正当化も与える試みをほのめかしているからである。[7] そのような代案は、カントの著作において彼が、自然の持つ、目的に適った有効性（Wirksamkeit）を人間の歴史のなかへと反事実的に受け入れることを、私たちの理性の理論的な関心ではなく、実践的な関心において理由があると認めるときにいたるところで見られる。この文脈において最初に挙げられるのは、『判断力批判』の完成の後に書かれた著作『理論と実践』（一七九三）と『永遠平和のために』（一七九五）である。そこではカントは実際のところ、歴史の進歩についての仮説を、道徳的人倫法則を可能とし現実化するという理由からすれば不可欠である大胆な考えとして捉えているために、最初の基礎づけモデルの枠組みにおけるのとは異なる仕方で議論している。というのも、定言命法に従うためには、私たちは、道徳的当為の現実化可能性を、それ自身歴史的過去においてすでに有効性がありえたなんらかのものとして考察しなければならないからである。ここでもう一度必要となってくるのは、カントの論拠の核心を端的に捉えるためにはこの二つの重要な論文の間の差異を捨象することである。

今や考察の出発点となるのは、自然と自由との、認識に適した結合がないことに気づく観察者の視点ではなく、道徳的人倫法則に自分が結びつけられているのを知っている行為者のパースペクティヴである。したがって、カントが以下で語るすべてのことは、道徳的立場が既に取られているという制限された条件の下でのみ妥当する。そのような態度を取る諸主体にとって、諸主体がその道徳的立場の課題に最初から挫折したくはないのならば、道徳的当為の実現性を可能なものとみなさなければならないということが言えねばならない。既に『実践理性批判』において、道徳義務は到達することが到底できないものであると考えられないためには、空虚でいわば客体を持たない概念にけっしてとどまっていてはならないだろう、とされていた（KpV, VII, S. 277/A 258=328）。ここからカントは、彼の議論における決定的な歩みを次のテーゼによって行う。すなわち、道徳的善の到達可能性というこの前提が、過去、現在、未来におけるすべての道徳的行為者に転用されなければならないので、この前提は間主体的領域と同時に、時間的な領域も持っているのである。すなわち、私たち、つまり私たちが道徳的観点を共有している者たちは、善の実現可能性を確信している主体として、協働する同時代者たちだけを想定してよいだけではなく、過去と未来の世代の善き意図を持った構成員をも思い浮かべなければならない。しかし、カントが明らかに避けることができないと考えた、普遍化という行いによって道徳的行為者は、人間の歴史にはより善きものへの傾向があると、もはや前提せざるをえないという立場に置かれる。というのも、過去における同じ考え方を共有する人びとの意図が全く結果をもたらさないままではなかったと考えるならば、行為者にとっては、世代から世代へと受け継がれて向上する、道徳的善行の成果という理念が必然的に生じてくるからである。したがってカントは、自分が道徳的観点と結びついていることを知っている主体について、次のように言えると確信している。つまり、その主体は善の実現可能性に関心を持ち、歴史をけっして完全に「向上がやむ（abgebrochen[en]）」（GS, XI, S. 167/A 275/276=216）ことのないものとして想定しうるに違いないのである。

しかしながらカントは、この第二の構成を、自分自身ではあまり信用してはいないので、その構成には次のような操作を全く抜きにしてはすまさないのである。そして、そうした操作は、認識論的に懐疑を懐くものが、自由と必然の間の割れ目に直面して、自分の反省的判断力を用いて行う操作である。道徳的な行為者が、自分自身が意のままにできるにちがいない、同一の意志の強さをすべての彼の先行者

（7） Vgl. ebd., Kap. III und IV.

に認めるがゆえに、カントによれば、展開する進歩への確信は、実際には先行者が十分な基準を備えるためには十分ではない。したがってカントは最後には、道徳的行為者が、歴史的混沌から「輝き出てくる」(EF, XI, S. 217/BA 47ff.=248) 自然の合目的性について、時折現れる疑いに対抗して確信するために、その行為者が自分の判断力を均衡が取れるように使用することも命令するのである。自然の意図に関してこのように二重の保険をかけておいてはじめて、最終的に道徳的行為者は、善への過程が進行することに自分自身の働きによって貢献することが保証されているという感情を抱くのである。したがって第一の構成モデルにおいて認識を通じて配慮された主体に与えたのと同様にカントは、第二のモデルにおいても、最終的に道徳的に躊躇する主体に課題を与えるのである。すなわち、歴史的出来事の混沌とした多様性を「反省し」その構成のうちに目的にしたがった経過の計画を読み取ることによって、自然の意に適う歴史の進歩を発見を重ねながら確証していくという課題である。

私たちが今まで論じてきた二つの基礎づけモデルは、それぞれ、カントの三批判書との関連から生じる理論的前提と緊密に結びついている。第一のモデルの場合にこの内的結合が明るみに出るのは、そこでは自然によって生じた進歩の理念が、私たちの反省的判断力が自然法則と道徳的自由との間の認識的不調和に反作用する構想であることが示されるという形でである。これに対して、第二のモデルにおいて同様な結合が示されるのは、カントがこのモデルで、自分自身の行為が実践的に有効であることへの疑いに、道徳的行為者がある程度さいなまれていることを認めているという事情においてである。つまり、人倫法則が、純粋に、すなわち経験的傾向性によって濁らされないように従われることが前提となってのみ、道徳的行為者の行為が必然的に見えるようにである。既に見たように二つの構想モデルはそれぞれ異なる仕方で、カントがその二世界説を取ることで行った方向転換によって生まれているので、それら二つのモデルが、たとえ異なる理由からであろうと、ともに判断力の概念を頼りに難点を乗り越えようとするのは驚くべきことではない。つまり、第一の場合は、進歩を保証する自然の意図という仮説的構成が私たちの理論理性の関心を満足させ、第二の場合は私たちの実践理性の要求を満足させるのである。しかし今や、カントの歴史哲学の著作において概略的に浮かび上がる第三のモデルは、そのように混ざり合うことが比較的ないように見える。というのもそこでは、二世界説という問題を孕んだ前提が、どれほど役割を担うのかが極めて狭い範囲に限定されているからである。

この第三のモデルへの示唆がすでにあらわれるのは、以上でスケッチした第二の構成提案にとっての基礎を基本的に示した、『理論と実践』のテクストにおいてである。そこではカントは目立たない個所で、モーゼス・メンデルスゾーン――カントにとっては「テロリスト的な」歴史把握の典型的代表者なのだが――について、「自分がその一員である国民の啓蒙と福利とをあのように熱心に追求していたときには」、彼も向上への進歩を「あてにしていた」(GS, XI, S. 168/A 277=217) にちがいないと言っている。カントがそこで用いた論拠は、おそらく、「解釈学的 (hermeneutisch)」と呼ぶのが一番よく、場合によっては「説明的 (explikativ)」とも呼びうるものである。つまり、カントが明らかにして説明しようとするのは、ある者が自分自身の著述業を啓蒙の過程へ寄与するものとして理解する場合、歴史のどんな概念に必然的に義務づけられていなければならないかである。カントが示そうとするのは、そのような自己理解を持った主体は、自分に先立つ発展過程をより善きものが達成されることとしてとらえるのと同じ仕方で、今度は逆に彼の前に広がる時間をさらなる向上のための機会として構成するよりほかの選択肢がないことである。というのも、この主体が自分の実践的働きかけにおいて現実の状況の道徳的質を測る規範的尺度は、この主体に、過去の状況は劣っているが、より大きな可能性を秘めた未来の環境は優れていると評価することを求めるからである。カントがその数行後で改めてメンデルスゾーンの歴史把握を論破しようとする注解もまた、そのように「超越論的に」必然的な方向感覚の意味で解釈されなければならない。すなわち、

> 人類は、もしも道徳性に関してより高い段階に立つならば、さらに遠くに目をやることになるし、私たちに知られるようになった世のなりゆきの全体において私たちが既にのぼりつめた人倫の段階が高ければ高いほど、自分はどのようであるべきかの判断と比較して自分は現にどのようであるかを判定する判断、すなわち私たちの自己批判は、その分だけいっそう厳しくなる。［人類が（A・H）〔ホネット〕］留まるところなく堕落の度合いを増しているという声が聞かれるのも、まさしくそのためなのである（GS, XI, S. 168f./A 277f.=218）。

この数行をとおして感じ取れる説明的、または解釈学的基礎づけモデルのための礎石は、カントの二つの歴史哲学的寄稿論文において目立った仕方でとらえることができ、彼の著作のなかではこれらだけが「自然の目的」への示唆を一切含んでいない。これらの論文は、人間の自由への自然的性質という今日でもなお完全に信憑性を無くしたわけではない考えを用いているが、これまで扱ってきた著作においてはなんといっても大きな役割を果たしていた、自然によって意志された合目的性という理念にはどこにも言及がない。これらのテクストのうちで最初のテクスト、すなわち『啓蒙とは何か、という問いに答える』ための論文（一七八四）は『判断力批判』の六年前に出版されたが、それに対して第二のテクスト、『諸学部の争い』（一七九八）は『判断力批判』の出版の八年後に公刊された。したがって、これ

ら二つの寄稿論文は、この重要著作から十分大きな距離をとって構想されているので、「自然の意図」という要求提案に思想を深めるうえで強い影響を受けてはいないのかもしれない。以前にスケッチされたアプローチに対して、新しいモデルの持つ全く異なる性格は、カントが今度はその議論において名宛人としてまったく別の人びとを考えているように見える点において既にはっきり示されている。彼はもはや、認識的懐疑に動かされつつ世界史を観察するものたちや、歴史的に位置づけられていない、いわば状況を持たない道徳主体に向かうことなく、むしろ、いろいろな形で政治的‐道徳的な変化過程の参加者である啓蒙された公衆に向けて議論を行うのである。この誰を名宛人とするかの変化に伴って、カントが著者として歴史的進歩の構想が後戻りできないことを示そうとする役割も変わる。つまり、カントは、確かに参加してはいないが、理解し、共感する観察者として語っている。この観察者は、参加者たちが自分で聴衆の役割に対して異なる立場をもし仮に取るのならば、いかなる暗黙の前提を自分自身の言明と行為のなかに確認しうることになるはずであるのかを、歴史的変化過程への参加者たちに示そうとするのである。二つのテクストにおいて、実践的参加者としての読者層に呼びかけることをゆるすとされる歴史的参照点は、確かに時間的制約の違いがあろうともほとんど同じである。つまり、先に書かれた論文『啓蒙とは何か』では、この歴史的参照点は、フリードリッヒ二世の統治下での長い時間を要する過程として理解された啓蒙の政治的結晶化状態であり、『諸学部の争い』の歴史哲学的な第二節において、それは、フランス革命によって生じた精神史的切断である。カントはこうやって、実践理性の根拠に基づいて正当化された諸々の出来事に賛意を寄せる人びと、いやむしろ熱狂的に参加する人びとに関して、彼らがその賛成を表明することをつうじて、最初は混沌のなかで作用していた人類史の経過を実践的‐道徳的な進歩過程として把握しなければならなかったことを暗黙裡に示そうとする。すなわち、彼らの歴史意識が賛意を抱く瞬間に変わるのは、彼らが今や、歴史的に以前のすべての出来事と状況を、最近の発展のパースペクティヴから、ある目標を与えられた過程へとまとめあげるにちがいないからである。そして、この過程において、現在の道徳的に達成された成果の数々からあきらかになるのは、現在がうまくいっている過程の中間段階であるということである。フリードリッヒ二世の政治改革やフランス共和国の憲法草案に表れているように、人間と市民の権利という普遍的な理念とのあいだに同一性を見出そうとすると、すぐに、人間の歴史の過程という私たちのイメージには、比較的信頼に足る方向感覚が補われる。というのも、私たちは、その際根底に置かれた基準を用いることによってまさに、奴隷制においても、専制体制においても、つまり、おしなべて法的自律を制限するどんな形式においても、私たちがともに協力するなかで道徳的にさらに形作られるべき未来を指し示している進歩過程の、勝利によって克服される段階を見ざるをえなくなるからである。したがって、カントが今まで自然の目的という巧みなトリックを用いてのみ説明できた目的論的図式は、今や、政治的に促される啓蒙過程における歴史的自己確認の物語的な（narrativ）組織化原理となるのである。

確かに、この第三の基礎づけモデルもさらに引き続き、『実践理性批判』の前提に依存している。というのも、カントはほかの仕方をとったとしても、なぜ改革と革命の出来事への賛同がその立場から道徳的正当性を要求してよいということになりえるのかということを、基礎づけることができないだろうからである。しかし道徳法則の原理は、以前検討した説明アプローチと比べて、その性格を根本的に変化させている。なぜなら、この原理はもはや、空間も時間も越えた命法としてのみ扱われるのではなく、同時に、制度的変化の源泉としても考察されているからである。こうして今やこの原理はおそらく経験的リアリティあるいは歴史的リアリティの要素をも持つ、と言ってよいだろう(8)。カントはその第三のモデルにおいて実践理性を最大限の注意を払いつつ歴史的に位置づけ、それはまるで最初の一歩を踏むことでヘーゲルに歩み寄るかのようである。この穏当な脱超越論化によってこそ、彼は進歩仮説を歴史の主体自身によるパースペクティヴ転換の産物として、とらえることができるのである。したがっておそらく言いうることは、カントは、確かに理性の歴史的実現というヘーゲルの理念へと歩んだが、しかし同時に、歴史過程の客観的目的論というヘーゲルの帰結に自らまたいたることはなかったことである。そのことをカントから遠ざけたのはいわば解釈学的思想であり、それによると、政治的‐道徳的向上への関心に照らして自分を現在に位置づけるにちがいない人びとにとってだけ、歴史の混沌とした多様性は、方向づけられた進歩として現れるにちがいないのである。次のステップで私はこれから第三の基礎づけモデルにとっての準拠点を、カントが進歩過程を特徴づけた内容規定のなかでも見出せるのかどうかを検討したい。

（8） 従来イルミヤフ・ヨーヴェルは、カントも歴史哲学において理性の歴史化をつうじてヘーゲルに近づくというテーゼを極めて決然と主張してきた（ders., *Kant and the Philosophy of History*, Princrton, N. J.1980）。しかしヨーヴェルとは違って私は、カントがその自身の体系の前提によって、道徳的理性を脱超越論化し歴史的に重要度を増すものとして把握せざるをえなかった、と主張しようとは思わない（ebd., Kap. 7）。むしろ私は一連の他の著者とともに、そのような歩みとカント道徳哲学の前提は両立できないと考えるので、（たとえば以下を参照。Paul Stern, »The Problem of History and Temporality in Kantian Ethics«, in: *Review of Metaphysics*, Vol. 39 [1986], S. 505-545）、私は、「解釈学的‐説明的」モデルを、体系を破壊する傾向を持つものと考える。その他の点では、確かにカントの歴史哲学の第三のアプローチの彫琢はヘーゲル的意味での理性の歴史化に至るが、歴史哲学の根本想定にそのまま至るのではない。というのも、その反対に、ロルフ＝ペーター・ホルストマンが確信を持って示しているように、この歴史哲学の根本想定は、カントがその公式の体系順応的な歴史哲学の根底に置いた自然目的論の、この発見的理念の客観化に拠っているからである（vgl. Rolf-Peter Horstmann, »Der geheime Kantianismus in Hegels Geshichtsphilosophie«, in: ders., *Die Grenzen der Vernunft*, Frankfurt/M. 1991, S. 221-244）。

II

カントがその歴史哲学的著作において、進歩仮説の基礎づけに、総じて比較的僅かな注意しか払わなかった一方で、彼はそれとは異なるより大きなエネルギーと注意を費やして、いかに仮説として受け取られた進歩過程の実質的な経過がそれ自体適切に規定されるべきか、という問題を探究した。今までの歴史を、道徳的な着想をえて再解釈するというこの課題は、彼が自分の気性に反して自分の想像力を自由に働かせたくらい、多くの箇所で彼を魅了していたように見受けられる。そのように思弁を抑制から解除することが、この著作においてつねに現れるのは、とりわけ、カントが自然の意図という彼の構想と一致して、人類の歴史的行為と残虐行為との背後に働いているはずの隠された計画を詳らかにするという試みを企てる所である。そうした関連において、彼は自らの想像力のすべてを用いるのだが、それはもっとも不快で嘆かわしい出来事においてですら、次のような隠れた意図が認識できることを示唆するためだけである。この意図によって自然は、私たちの道徳的進歩を目指していたのである。もちろんのこと、歴史哲学的著作におけるこの記述モデルは、「自然の意図」の理念に関係する二つの基礎づけタイプと同様に競合相手がいないほど優っているわけではない。むしろ、私たちの判断力による発見的構成を用いていない二つのアプローチにおいて、向上への歴史的道のりを自然の目的論のモデルにしたがってではなく、人間の学習過程の産物としてまさに記述する全く異なる傾向がはっきり姿を現している。カントがこのように示唆された代替モデルに与えた数少ない注釈のなかで、実践理性を歴史のなかに位置づけることによって脱超越論化する試みが継続されている。しかし当然ながら、この公式的ではない、ある意味で体系破壊的なアプローチは、あたかも人間の歴史の根底に自然の意図という目的論的計画があるかのように再構成するという決定的な企ての影に隠れているのである。

カントがその最初の二つの基礎づけモデルの基本的思想に非常に厳密に従うのは、彼がその歴史哲学的著作の大部分を通じて、人類史の混乱のなかに自然的目的論を発見しようとする目標を設定するときである。その際、彼を導いているのは、自然がその教育手段として用いたのは社会闘争のメカニズムであったに違いないという仮説である。カントは、ヘーゲルとは全く違って、けっして社会理論への特別な愛着に動かされていなかったとしても、彼の著作のこれに関連した箇所では注目に値する社会学的想像力を持った著述家であることが示されている。しかしながら彼の著作においてはコンテクストにしたがって、社会的敵対関係（Antagonismus）が、人間を完成するための、自然が意図した手段であったとする想定の、異なる二つのヴァージョンが見られる。とりわけ論文『普遍史の理念』において見られる最初のヴァージョンは、「人間の非社交的社交性」（Idee, XI, S. 37/A 392f.=8）という前提から出発する。これが意味するのは、私たちは社会的帰属性への深く根付いた希望と同時に、同じ程度に基本的な、個別化への基本的傾向を持っているということである。[9] カントがルソーに明確に依拠して言うように、これらの二重の性質から導かれることは、人間主体は、彼らをほかから際立たせる新たな成果のために絶え間なく努力するが、それはただ利己的な「競争を好む虚栄心」（Idee, XI, S. 38/A 394=9）において社会的共同体の承認を得ようとするためだけであることということである。しかし一度、差異を獲得しようとする闘争

（9） 以下の著作の優れた再構成を参照。Allan Wood, »Unsociable Sociability; The Anthropological Basis of Kantian Ethics«, in: *Philosophical Topics*, Vol. 19 (1991), No. 1, S. 325-351.

のそのような道が取られたならば、カントによると人類の精神的形成にはいかなる限界ももはや与えられない。なぜなら、成果への努力は機会の欠如のゆえに、最後には道徳的分別能力を向上させることへも拡張されるからである。したがってこの最初のヴァージョンを要約するならば、人間の「思考様式」における歴史的進歩は、自然が私たちに「非社交的社交性」という本性を授けた際に、私たちに自然から課された社会的承認闘争の結果である、ということになる。[10] もちろん、カントの考察はルソーの文明批判の考えに深く関係しており、それによれば利己心と虚栄心とは差異をめぐって増大する闘争を駆り立てる動機である。そのためにカントの考察は、道徳的に動機づけられたコンフリクトというヘーゲルの構想とはほんの少しの共通性しか持っていないのである。

　カントのこのコンフリクト・モデルにおいて見出される第二のヴァージョンにおいては、戦争が差異をめぐる社会的な戦いが最初のヴァージョンにおいて果たしていた役割を引き受けることになる。ここでとりわけ重要な著作は、『永遠平和のために』と『人間の歴史の憶測的起源』である。カントは、二つの論文において、彼が以前には人間の虚栄心が担うとした、成果を強化する機能を、名誉心へと移している。この名誉心は、彼によれば歴史のなかでつねに脅かす戦争の危険によっていつも抱き続けられるものである（MA, XI, S. 99f./A, EF 222/B 57=112 以下）。差異をめぐる努力のように、戦争の際に公共体として示されうる欲求もまた、社会的豊かさを「相互に促進しあうこと」へ、つまり土地固有の自由の程度を高めることにさえ至る、つねに新たな文化的成果へと駆り立てるのである（MA, XI, S. 99/A 24=112）。しかし問題であるのは明らかだが、カントは戦争の内的「恩寵」についてのそうした想定から、戦争には人間の道徳性へと行使したとされるような肯定的作用があることもほのめかすのである。というのも、彼は、なぜ戦争の常なる危険が歴史的に平和条約への準備という動機を目覚めさせたか、ということは確かに基礎づけることができるかもしれないが、普遍的なもの、つまり普遍的に妥当する道徳法則への理解の深まりがこのことと結びついていたはずであることは、おそらくけっして示すことができないからである。このような説明が難しいことが、カントの著作においてこのコンフリクト・モデルの第二のヴァージョンが、総じて極めて周縁的な役割しか演じていないことの原因なのかもしれない。そもそも彼が自然の意図というトリックを用いるあいだは、自然によって意志された差異をめぐる戦いに強いられて私たちは、自らを人倫と行動様態との道徳化において進歩することへと駆り立てられるという仮説的想定が、疑いもなく優位を占めるのである。

しかしこのアプローチに対して、カントの歴史哲学的著作においては、自然の目的論という構想を完全に放棄する代替案がはっきり示される。確かに、そのようにテーマ化された記述モデルは社会的コンフリクトのメカニズムなしでは完全にはすませることができないとしても、その記述モデルは、自然の摂理を示唆する枠組みにおけるものとは全く異なる転換がなされる。カントは、自然を私たちに関わる重要な計画の起草者としてではなく、人間の特別の素質の源泉としてだけ持ち出すのだが、その場合にはいかなるところであれ、そのような代案の可能性に触れている。このことは、すでに言及した二つの論文において当てはまり、そこでは解釈学的な基礎づけモデル、すなわち説明的な基礎づけモデルが問われていた。ここに含まれている進歩概念の出発点をなすのは、「非社交的社交性」だけではなく、自

(10) カントのこのコンフリクト・モデルは（ヘーゲルの）「承認をめぐる闘争」のモデルを意味しているという考えは、イルミヤフ・ヨーヴェルによる（ders., *Kant and the philospphy of History*, a. a. O., S. 148ff.）。

由な、つまりただ根拠のみに結びついた理解力もまた人間の自然的素質に含まれるという確信である。「自由な思考へと向う傾きと使命」(BA, XI, S. 61/A 494=33) こそ、自然が、動物とは区別される私たちに与えたものである。カントが彼の『教育学』で示しているように[11]、この理解力は、個体発生的レベルにおいて、学習のある過程を不可避的に示すものである。なぜなら、いかなる子供も、ある程度適切な社会化条件の下では、文化的環境に蓄積されたさまざまな根拠を自分のものとするように促されるからである。子供の理性は、社会的な知のストックの内面化をつうじて形成され、この知のストックとは、子供が自分の両親やそれ以外の教育者の助けによってなじんでいくことになる社会において集積されるものである。しかし、すべての社会が合理的な知の一定のストックを持っているならば、人類史的レベルにおいてもある程度の学習能力を想定することは逆に首尾一貫している。というのも、いかなる世代も、先立つ世代がこれまでに経験した知の獲得の過程だけをただ単純に繰り返すだけではなく、この成果をより豊かにしながら結びつきうるので、世代の連鎖のなかで全体として知の範囲は累積的に拡大されるからである。したがって、人間の歴史は、世代を超えた学習のそのようなメカニズムを前提としたならば、進歩の認知に関わる過程として、まさに道徳的合理化の経過として把握されうることだろう。

さて、しかしながらカントはけっして、彼の対案としての記述モデル、すなわち自然的目的論を頼りとしない記述モデルの構想について、歴史の進歩を集合的学習のそのような理念像に基礎づかせるほど浅はかではない。私が最初に述べたように、カントはむしろ理論に先がけて、人間の歴史については非常に暗いイメージを抱き続けていたので、彼はただ論理的に一貫して、そのモデルにおいて、累積的な理性の強化という、人間学的に全くありうべき過程を妨げたり、中断させ得る対抗力を念頭に置いていた。ここで重要な二つの著作においてカントは、学習過程の像をより完全なものとするために含まなければならない、二つの更なる難点を挙げる。第一にカントは、人間本性の習慣的なあり方に注意を払っており、この成り立ちによっては、現状の理解力が世代の交代において、さしあたりまったく有効とならず、それゆえ累積的な知の転換ができなくなるということが起こりうる。よく知られているように、『啓蒙とは何か』の有名な表現によれば、思考する際の「怠慢さ」や「臆病さ」が、「自然はこれほど多くの人間を他人の指導からとっくに解放しているのに、なぜ彼らは生涯をとおして未成年状態でいたい」（BA, XI, S. 53/A 481f.=25）と思うのかということの原因として語られている。人類の学習過程は、社会のメンバーがその都度持っている性格構造とメンタリティとに歴史的にしたがって発展する。したがって人間の理解力は、それに対応する徳や行動様式を繁栄させる社会文化が迎え入れるときにのみ、累積的な効果を示すのである。その限りカントは、学習的認知過程を結局のところ、第二の習慣的な教養過程に基づかせる。この過程は、私たちの理解力が実現するために必要な感受性と行為モデルとが伴っているように歴史的に配慮して進められてきたものである[12]。しかしながらカントは、このコンテクストにおいては同時に、主体たちがますます自分の悟性を自律的に用いることを促されていく、公共的な理性使用の持つ社会化作用を強く信頼しているように見える。私たちの思考の政治的－公共的条件にはほとんど言及しないヘーゲルとは異なって、カントは、個人がより強く公的な正当化を要求する圧力の下に置かれるのに応じて、人間の反省能力はより成長すると深く確信しているのである。

（11） Vgl. dazu Kleingeld, *Fortschritt und Vernunft*, a. a. O., S. 171f.
（12） この複雑な問題には今では、以下の優れた研究が参考になる。Andrea Marlen Esser: dies., ›*Eine Ethik für Endliche*‹. *Kants Tugendlehre der Gegenwart*, Stuttgart/Bad Cannstatt 2004.

適応する心構えと臆病さから、慣習的な思考の産物にのみ身を委ねる人間の傾向性と、カントが代替モデルにおいて、学習を妨げるものとして考慮に入れた第二の対抗力は、極めて緊密な関係を持っている。彼の見解によれば、支配者たちは、今までのすべての社会のヒエラルキー的構造のおかげで、彼らに従属するものたちを、自分自身の理解力の歪められない利用、つまり自由な利用のためのいかなる機会をも打ち砕く社会状態にとどまらせることができる。もう一度ヴァルター・ベンヤミンを引用するならば、「勝者」は、より下位の社会階層が認知的学習過程を自分から進んで進めることを妨げる文化的権力手段を自由に用いることができる。カントはもう一度『啓蒙とは何か』において述べる。「後見人はまず自分の家畜を愚鈍にしておいて、このおとなしい生き物が押し込められている歩行車から外へあえて一歩、出ないように注意深く防止している。その後で、彼らが一人で歩こうとするときになると、危険が襲ってくると教えているのである」(BA, XI, S. 54/A 483=25)。威圧、暴力の脅し、そして国家の検閲は、人間の歴史の経過においては、抑圧された者たちの学習能力が彼ら自身への支配を道徳的に掘り崩しえることを妨害するために、権力者たちがつねに使った道具である。それゆえにカントは、社会学的に見れば極めて現実主義的であったので、世代を超えた学習過程に対して、文化的権力を不平等に分配することによって妨げとなる諸々の障害を見抜くことが十分できたのである。したがって、理解力や合理性が強化する形態で起きる理性の歴史的現実化は、連続的なものではなく、むしろきわめて深く非連続的な過程なのである。

確かにカントはこのレベルでも、権力装置によって停滞させられ、または中断された学習過程をつねにもう一度新たに動かし始めることができる対抗手段を考察しているように見える。カントが『諸学部の争い』の第二節で示す「歴史の徴(Geschichtszeichen)」の理念を私たちがいっそう普遍化するならば、それは、普遍主義的な妥当性格を伴って道徳をめぐって得られた成果が必然的に社会的記憶のなかに痕跡を残すに違いないということを意味する。というのも、「人間性の関心」(SF, XI, S. 362/A 150=121)を感情的に動かすほどの出来事は、人類の学習能力においてもはや忘れ去られることはなく、したがって、それらは境目や段階のように、人間の解放過程のなかで未来においても後戻りできない進歩をはっきりと記しているからである。カントがそのテクストで言うのは、過去に抗うそのような道徳的留め金について思い起こす際には、「何か好都合な事情でも生まれると、それをきっかけに必ずその出来事を思い起こし、この種の新たな試みを繰り返すよう呼び覚まされる」(SF, XI, S. 361/A 150=121)民衆たちが存在することである。おそらくカントが人間の理性使用の公共的条件を強調することと関連しているのは、彼が歴史過程における一定の出来事の、敷居となる機能を強調していることである。というのも、政治的-道徳的進歩を予感させるそのような出来事は、公衆全体の前で、ある正当化の水準をなすのであり、この水準が到達されえないならば、それはただちに公的に露呈するのである。

確かに、カントの著作における代替的な説明モデルのこれらの断片からは、歴史の進歩についての満足のいく概念は作り上げられない。しかし、わずかな注釈から、おそらく納得がいくように語られるのは、カントが彼の歴史哲学の非公式的な部分で、つねに何度も暴力的に中断されるがけっして本当に停滞させられることはない学習過程の形態を持つ、向上への過程を考えていることである。確かにそのようなコンフリクトをはらんだ学習過程は、カントがその解釈学的-説明的モデルで示した、歴史の進歩の基礎づけとだけは調和する。というのも、人間の学習能力の理念を用いることで目指される文明化に伴う(zivilsatorisch)道徳的な改良は、どんな場合にもけっして、たとえ仮説的であったとしても、自然の意図の結果として考えることができず、むしろただ人間主体の統一された努力の成果としてのみ考えることができるからである。したがってカントは、ヘーゲルと全く同じく、方向づけられた進歩という目的論を想定するが、しかし、彼はこれを精神の展開という匿名の過程には委ねない。カントはその代りに、このような目的論を次のような構成として考える。すなわち、啓蒙の意味にしたがって行動する主体たちが、自分たちの企図の歴史的位置価を明確にしうるために果たさなければならない、そうした構成である。したがって、体系を破壊する二つの要素を結合させることによって導かれる帰結は、世代から世代へと架橋する学習過程という思想が、必然的に啓蒙の同調者の持つ歴史的な自己理解を特徴づける構成として理解されねばならないということである。つまり、啓蒙の道徳的な成果に積極的に関与しようとしている人びとは、彼らに先立つ歴史を、彼らの時代において遺産として継承しなければならない、闘争に満ちた学習過程としてのみ理解しうるのである。おそらく、進歩の理念をこのように解釈学的に軽減することが、カントの歴史哲学を現代にとってもう一度実り豊かなものとする唯一の可能性を示しているのである。

第2章　理性の社会的病理
——批判理論の知的遺産をめぐって

「批判理論」は新しい世紀の訪れとともに、過去の遺物である思考スタイルの一つになってしまったように見える。そして、表面的であるにすぎない世紀の区切りは、私たちとこの学派の理論的端緒との知的な距離を幾重にも拡大してしまったかのようである。つまり、この学派の創始者たちにはまだ生きと経験できた著者たちの名前が、今でははるか彼方から響いてくるようであり、同様に学派の創始者たちが取り組み、苦労して理解に努めてきた著者たちの理論的挑戦もまた、もう過去へと沈んでいってしまいそうである。批判という営みはより若い世代によって今日でも続けられてはいるものの、せいぜいのところ、ただノスタルジックに西欧マルクス主義の英雄時代を想い起こさせるにとどまっている。マルクーゼやホルクハイマーの著作がまだ同時代のものと意識されて読まれていた最後の時期など、そうこうしているうちに、すでに今から三〇年以上も前のこととなっている。批判理論という偉大な歴史哲学的理念を包み込む雰囲気は、時代遅れとなったもの、埃に埋もれてしまったもの、つまり救いようもなく失われてしまったものといったものである。そして加速していく現代の経験空間では、こうした雰囲気のそれぞれの要素には、もういかなる共鳴板もないかのように思える。私たちを先駆者たちから引き離す裂け目は、電話と映画館を経験した最初の世代をドイツ観念論の最後の代表者たちから隔てる裂け目に相当するにちがいない。例えばベンヤミンやクラカウアーなどが、晩年に撮影されたシェリングの写真を目にしたならば、さぞ困惑して驚いたことだろう。まったく同じように、今日、若い女子学生が、青年時代のホルクハイマーがヴィルヘルム二世の帝国時代のブルジョア的インテリアに身を委ねている、そうした写真にパソコンのモニター上で出くわしたならば、戸惑い、驚くにちがいないのである。

疎遠となってしまった顔ぶれの観相学にも失われていく諸経験の痕跡が反映しているように、思考におけるさまざまな仮説とその構成においても、さらに強く過去の時代の前提が現れている。批判理論は、その知的地平を主としてヘーゲルからフロイトにいたる西洋思想史を受容し読みかえることで形づくっていたのであり、今なお理性を導きの糸として歴史を考察する可能性に、望みを抱いている。しかし、批判理論がその社会批判をこのように歴史哲学的に基礎づけるということほど、文化が多様であり「大きな物語」は終焉したとする意識のなかで育ってきた今日の世代に、異質に思えることはないかもしれない。確かに歴史的に作用する理性という考えを、ホルクハイマーからハーバーマスにいたるまで、すべてのフランクフルト学派の代表者たちは維持し続けた。しかしながら、それぞれに理由を持つ信念が多種多様にあるなかで唯一の理性による統一をはっきりと見て取ることがもはやできないならば、この考え方はもう理解してもらえないにちがいない。そしてそうした理性の進歩が社会の資本主義的な仕組みによって遮断されているか、中断されているという、広く流布された表象にしても、ただ驚かれてしまうだけにとどまるだろう。なぜなら、なんといっても資本主義においては、もはや社会的合理性の統一的なシステムなどを目にしうることなどないからである。ハーバーマスは「解放的認識関心」を出発点として、もう一度支配と抑圧からの解放という理念を人類史的に基礎づけた。しかし、それからまだほんの三五年しか経っていないのにも関わらず、今日では彼自身も、「そうした議論の形態」が紛れもなく過去のものであることを認めているのである。(1)

過去数十年のさまざまな政治的変化は、社会批判の位置づけにも影響を与えずにはおかなかった。文化の多様性が意識され、社会の解放運動が本質的に多種多様であることが経験されるうちに、批判がなすべきこと、そしてやりとげることができることへの期待はほんのわずかなものとなってしまった。一般に優勢であるのは、ある種の正義のリベラルな構想である。この構想が含んでいる判断基準は、社会的な不正義を規範的に同定するために援用される。しかしそこでこの正義のリベラルな構想は、そうした社会的な不正義が、社会の特定の類型自体に制度的に埋め込まれているかどうかを依然として説明しようとはしない。つまり、この手続きが不十分ではないかと感じられる場合には、ミシェル・フーコーの意図にしたがって系譜学的方法や、マイケル・ウォルツァーのやり方にちなんで批判的解釈学に範を取る社会批判のモデルが持ち出される。(2) しかし、これらのすべてのケースにおいてもはや批判は、歴史

(1) Jürgen Habermas, »Nach dreißig Jahren: Bemerkung zu ›Erkenntnis und Interesse‹«, in: Stefan Müller-Doohm (Hg.), *Das Interesse der Vernunft*, Frankfurt/M. 2000, S. 12-20, hier: S. 12.

(2) フーコーの意味での社会批判について代表的なものとして次の著作を参照のこと。James Tully, »Political Philosophy as Critical Activity«, in: *Political Theory*, Vol. 30 (2002), No. 4, S. 533-555. そうした主題をさらに展開してマーティン・ザールはこれまでのあいだに極めて説得力のある研究書をものしている。Martin Saar, *Genealogie als Kritik, Geschichte und Theorie des Subjekts nach Nietzsche und Foucault*,

過程そのものと強く結びついているという合理性の反省形式とは理解されていない。それに対し批判理論は、ほかには類を見ないと言えるやり方で、社会のなかで作用する理性という概念において理論と歴史をなんとしても媒介しようとした。すなわち、彼らによると、歴史的過去は実践的意図において、ある一つの形成過程として理解されるべきであり、この過程が資本主義によって病理的に歪曲されているのならば、それはただ当事者たち自身によって主導された啓蒙過程が進められてこそ乗り越えられるのである。多種多様な意見を含んだ批判理論のなかでその統一性を理由づけるものは、理論と歴史の絡まり合いという、この思考モデルである。つまり、肯定的なあり方を取る初期ホルクハイマー、マルクーゼ、あるいはハーバーマスにおいてであろうと、否定的なあり方を取るアドルノ、またはベンヤミンにおいてであろうと、つねにこれらのさまざまな試みには次のような表象が背景をなしていた。つまり、歴史的な形成過程は社会的諸関係によって歪められており、それを克服することはただ実践的なやり方においてのみ可能なのである。新しい世紀に向けて批判理論の遺産を挙げるとするならば、理性のそうした社会的な病理という思考のなかから、そこに今でも現代思想のために含まれている起爆剤を救い出さねばならないことだろう。つまり、規範的な態度表明や、状況にしたがった態度表明、あるいは地域に根ざした態度表明という、いずれかのプロジェクトに社会批判を切り詰めてしまう傾向に抗して、歴史をつうじて展開してきた理性要求とのあいだに社会批判が置かれている関連が明らかにされなければならないだろう。この方向への第一のステップを私は、以下のように進めたい。まず第一に私は、批判理論のなかで社会的な合理性の欠如という考えが保っている倫理的核心を明らかにしたい（Ⅰ）。ここからさらに私は、いかにして資本主義がそのような社会的合理性の歪曲の一つの原因として把握できるのかということを大まかに描いてみたい（Ⅱ）。こうして最終的に私が第三のステップで試みたいのは、実践とのつながりをつけることである。このつながりは、合理性の欠如についての社会的な苦悩を克服するという目的のなかに見出せる（III）。これらの三つのステップのいずれにおいても必要であるのは、かつて批判理論が意図していたことの意味を、現代のために明らかにしてくれる言葉を見つけ出すことである。これまでの批判理論のそれぞれの論拠の現勢力を現在においても生かそうとするならば、今日、取らなければならない方向がある。しかし、この方向について私は、往々にしておおまかに示すことだけで満足しなければならない。

I

批判理論が多様な形態を取るなかで体系的な統一性を見つけ出すのが困難だとしても、それらの共通性の第一のポイントと見なしうるのは、なんといっても社会理論的ネガティヴィズムという出発点である。[3] 社会研究所のより緊密に結びついていた人びとだけでなく、その周辺メンバー[4]にいたるまでもが感

Frankfurt/M./New York 2007. マイケル・ウォルツァーについては次の著作を参照のこと。Michel Walzer, *Kritik als Gemeinsinn*, Berlin 1990〔『解釈としての社会批判――暮らしに根ざした批判の流儀』川本隆／大川正彦訳、風行社、一九九六年〕. 社会批判のこの批判のモデルへの批判を、私は本著の「認識手段としての特異体質」において展開しようと試みた。

（3）「ネガティヴィズム」の概念について、特にその内容的ネガティヴィズムと方法的ネガティヴィズムのあいだの区別については、特にミヒャエル・トイニッセンの次の著作を参照のこと。Michael Theunissen, *Das Selbst auf dem Grund der Verzweifelnung. Kierkegaards negativistische Methode*, Frankfurt/M. 1991; ders., »Negativität bei Adorno«, in: Ludwig von Friedeburg, Jürgen Habermas (Hg.), *Adorno-Konferenz 1983*, Frankfurt/M. 1983, S. 41-65.『否定弁証法』については本書〔第５章〕における私の論考「遂行される正義――アドルノ『否定弁証法』の「序論」について」を参照のこと。

じていたのは、彼らが変化をもたらしたいと考える社会状況が、社会的な否定性の状態にあるということである。つまり、彼らはみな一致して、この否定性は狭義において社会的正義の諸原則への抵触についてではなく、広義において善き生、あるいは順調な生活の条件の侵害に即して測られるべきであると考えていた。[5]このグループのメンバーたちが社会の既存の状態を特徴づけるために用いた表現はいずれも、「病理的な」関係と、「損なわれていない」、つまり非病理的な状況という基礎的な区別において理由づけられている社会理論的な語彙から生じている。例えばまずホルクハイマーは最初に社会の「非理性的仕組み」と呼び、アドルノはのちに「管理された社会」と語り、マルクーゼは「一次元的社会」あるいは「抑圧的寛容」というような概念を用いた。そして最終的にハーバーマスは「社会的生活世界の植民地化」という言い方をしている[6]——そのような表現においてはいつでもそれぞれ規範的に、ある一定の社会状況のあり方が前提されている。この社会状況は、すべての社会のメンバーに順調な自己実現の機会を保証するはずだろうという意味で、損なわれていないというのである。しかし、この用語法に特殊なところは、社会的不正義についての道徳哲学的議論との違いだけを持ち出すだけでは、十分明らかではない。彼らが用いた表現の独自性はむしろ、社会的な病理と欠如した合理性とのあいだにあるとされる、見渡しがたい関連が浮き彫りになってやっと明るみに出るのである。先に挙げた著者たちはみな、社会の否定的な状態の理由は、社会的な理性が欠如していることに見出されるにちがいないということを出発点としている。つまり、病理的な関係と社会的な合理性のあり方のあいだに、彼らはある内的な関連があると主張するのであり、この関連ゆえに彼らが理性の実現という歴史的過程に関心を抱くことも説明されるのである。批判理論の伝統をもう一度現在のために実りあるものにしようというすべての試みは、それゆえこのような概念的な結合を現在においても有効にする試みから、はじめなければならない。そしてこの概念的な結合は、その根をヘーゲルの哲学に見出すことのできる、倫理的理念において基礎づけられているのである。

社会的な病理は欠如した合理性の帰結として把握されるべきであるというテーゼは、さかのぼればヘーゲルの政治哲学に由来する。「法哲学」においてヘーゲルが出発点としたのは、彼が生きた時代では多種多様なかたちで意味喪失の傾向が現れているのではないかという推測であった。これらの意味喪失の傾向は、ヘーゲルによると「客観的に」すでに実現可能である理性が、まだ十分には習得されていないからこそ生じると説明されうるのである。[7] この時代診断の前提は、ヘーゲルが歴史的進歩と倫理の

(4) 「批判理論」の中心と周辺部については、私の次の論考を参照のこと。Axel Honneth, »Kritische Theorie. Vom Zentrum zur Peripherie einer Denktradition«, in: ders., *Die zerrissene Welt des Sozialen. Sozialphilosophische Aufsätze*, erw. Neuausgabe, Frankfurt/M. 1999, S. 25-72.

(5) この区別については次の私の論考を参照のこと。Axel Honneth, »Pathologien des Sozialen. Tradition und Aktualität der Sozialphilosophie«, in: ders., *Das Andere der Gerechtigkeit*, Frankfurt/M. 2000, S. 11-87〔「社会的なものの病理――社会哲学の伝統とアクチュアリティー」、『正義の他者――実践哲学論集』加藤泰史/日暮雅夫他訳、法政大学出版局、二〇一三年、三―七一頁〕.

(6) Vgl. Max Horkheimer, »Traditionelle und kritische Theorie«, in: ders., *Gesammelte Schriften*, Bd. 4, Frankfurt/M. 1988, S. 162-216〔「伝統的理論と批判的理論」、『哲学の社会的機能』久野収訳、晶文社、一九七四年、三六―一〇二頁〕; Theodor W. Adorno, »Kulturkritik und Gesellschaft«, in: ders., *Gesammelte Schriften*, Bd. 10.I, Frankfurt/M. 1977, S. 11-30; Herbert Marcuse, *Der eindimensionale Mensch. Studien zur Ideologie der fortgeschrittenen Industriegesellschaft*, Neuwied/Berlin 1970〔『一次元的人間――先進産業社会におけるイデオロギーの研究』生松敬三/三沢謙一訳、河出書房新社、一九八〇年〕; ders., »Repressive Torelanz«, in: ders., *Schriften*, Bd. 8, Frankfurt/M. 1984, S. 136-166〔「抑圧的寛容」、『純粋寛容批判』大沢真一郎訳、せりか書房、一九六八年、一〇七―一五一頁〕; Jürgen Habermas, *Theorie des kommunikativen Handelns*, Bd. 2, Frankfurt/M. 1981, Kap. VIII〔『コミュニケイション的行為の理論(下)』、未來社、一九八七年、第八章〕.

(7) Axel Honneth, *Leiden an Unbestimmtheit. Eine Reaktualisierung der Hegelschen Rechtsphilosophie*, Stuttgart 2001〔『自由であることの苦しみ――ヘーゲル『法哲学』の再生』島崎隆他訳、未來社、二〇〇九年〕; Michael Theunissen, *Selbstverwirklichung und Allgemeinheit. Zur Kritik des gegenwärtigen Bewußtseins*, Berlin/New York 1982.

あいだで結びつきを産み出した理性の包括的な構想のうちにある。理性は歴史過程のなかで、それが新しい段階のそれぞれにおいて、つねに新しく普遍的で、「人倫的な」諸制度を作り出すというかたちで展開する。その諸制度を考慮に入れて個々の人びとは、自らの生を社会的に認められた目標に向けて計画し、そのことをつうじて自らの生を意味のあるものとして経験できるのである。それに対し、自らの生が、そうした客観的な理性の目標によって規定されていない人びとはみな、「規定されていないこと（Unbestimmtheit）」からくる帰結に苦しみ、方向づけの欠如という兆候をさらに進行させてゆくことになる。こうした倫理的洞察をここで社会全体の過程の枠組みへと移してみれば、ヘーゲルが彼の「法哲学」の基底に置く時代診断が、その概要においてくっきりと浮かび上がってくるのである。彼自身が生きた時代の社会にとって、ヘーゲルは次のような思考体系とイデオロギーが急激に蔓延していくことを目にしていた。つまり、主体たちが人倫（Sittlichkeit）をすでに確立しているにも関わらず、それを感じ取ることを阻害し、ついには意味喪失の兆候が広範にわたって顕著なものになってくるように思わせる、そうした思考体系とイデオロギーである。それゆえにヘーゲルは社会的な病理を、社会が自らのうちにすでに宿している理性の潜勢力を、制度と慣習行動（Praktik）と日常的ルーティンにおいて適切に表現できないことの帰結として解釈できると確信していたのである。

この解釈をヘーゲルにおいて埋め込まれていた特殊なコンテクストから引き離してみると、それはある種の一般的なテーゼにたどり着く。このテーゼにしたがうなら、社会の順調な形式が可能であるのは、ただ高度に発達した合理性の基準が維持されているときだけとなるのである。ヘーゲルがこのテーゼで主張しているつながりは、その都度の理性的で普遍的なもの（das vernünftige Allgemeine）だけが社会のメンバーに、方向づけの観点を前もって示しうるのであり、この観点にしたがってこそ彼／彼女らは生活を意味のあるかたちで営むことができるという倫理的前提によって正当化される。そして、この本質的確信のなごりは批判理論の代表者たちにおいてもまだ失われることなく保たれており、その場合にはさまざまなアプローチをとっていても、彼らは、資本主義社会の病理を引き起こすのは社会的合理性の欠如であるという主張に到達しているのである。ヘーゲルにおいてすでにほのめかされていたように、倫理的あり方が前提とされていなければ、そのような種類のつながりを確定することは基礎づけられないのである。つまり、社会のメンバーについては次のことを語りえるにちがいない。社会のメンバーがみな、自己実現の理性的な目標としてとらえることのできる原則や制度に方向づけられている場合にだけ、彼女／彼らはともに順調な、歪められていない生を営むことができるのである。それゆえ先の原則や制度で素描されている理想から逸脱してしまうと、いずれの場合であれ、主体たちは明らかに普遍的、共同体な目標の喪失に苦しむという意味で、つねに社会的な病理を引き起こすにちがいないのである。

しかしながら、批判理論のさまざまな構想の出発点にある仮説のこうした倫理的核心は、大抵の場合、人間学的ないくつかの前提の背後に隠れたままである。つまり、社会性（Gesellschaftlichkeit）の無傷の形式を保証してくれるという理性的で普遍的であるものは、人間の恒常的な活動様態の潜勢力として把握される。ホルクハイマーにおいてそのような要素は、労働概念についての彼の理解のあり方に含まれている。すなわち、その労働概念の理解によるなら、人間による自然支配は「内在的に」、個々の人びとの貢献が互いに見通せるかたちで補い合うように社会が形づくられるという目標を目指しているのである。(8)

（8） Horkheimer, »Traditionelle und kritische Theorie«, a. a. O., S. 186f.〔前掲、「伝統的理論と批判的理論」、六五―六六頁〕.

ここでは次のように言うこともできるだろう。社会的な病理は、それゆえマルクスがそう見たように、生産力においてすでに実現している合理性基準に、社会の実際の組織化のあり方がまったく到達していない事情によって生じるのである。マルクーゼの場合には、理性的で普遍的なものという審級は後期になればますます美的実践の領域に移ってくる。この実践は、そこでは主体たちが社会的な欲求を強制されない協働（Kooperation）において充足させることができる、そうした社会統合の媒体として現れる。[9] それゆえここで社会的な病理は、生活世界に根づいている想像力に由来する理性の潜勢力を、社会の制度が抑圧し始める瞬間に生じてくる。そして最終的にハーバーマスにおいて理性的で普遍的なものというヘーゲル的な理念は、コミュニケーション的了解という概念のうちに保たれている。ハーバーマスによると、この了解を理想化を行いつつ前提することが、社会発展の新しい段階のいずれにおいても、論証する理性の潜勢力が再び妥当性を得るための備えとなっているという。したがって、直ちに私たちが社会的な病理と言うことができるのは、社会のシンボル的再生産が、言語的な了解という高度に発展した形式に宿っている合理性基準にもはや従わないときである。[10] 批判理論のこうしたすべてのアプローチにおいてヘーゲルの理念は、人間の原初的な行為実践がさまざまに規定されるなかでのみ再び取り上げられる。すなわち、そのヘーゲルの理念というのは、いずれの場合でも、主体たちが社会の内部で自己実現を十分に果たすことができるためには、いつでも必ず、理性的で普遍的なものが必要であるというものである。つまり、ちょうどホルクハイマーにおける「人間の労働」という概念、あるいはマルクーゼにおける「美的生活」という思想と同じように、ハーバーマスにおける「コミュニケーション的了解」という構想も、まず第一にある種の理性の形式を明らかにするという目的のために用いられるのである。そして、この理性が発展した形態においては、ただ合理的であるだけではなく、満足のいくような社会統合の媒体が存在しているのである。著者たちは合理的な実践へのそうした審級を手がかりとし、そのことによってこそ自分たちの社会分析を社会的な病理の理性理論的な診断として作り上げることができるのである。彼らは理性的で普遍的なものが社会において実現するならば理想に到達すると考えていたのだが、この理想からの逸脱こそが、社会的な病理として記述されうるのである。なぜなら、この理想からの逸脱は、相互主観的な自己実現の機会が失われてしまうという苦悩を伴わないはずがないからである。

ホルクハイマーからハーバーマスにいたる知的展開の経過のなかで、当然ながらこの理性的に普遍的なものという理念は、内容的にだけではなく、方法形式についても変化してきた。ホルクハイマーは「自由な人びとからなる共同体」での協働による自己実現という目標として、主体たちのために直接役立ってくれるという理性的な潜勢力を、彼自分の労働概念とまだ結びつけていた[11]。それに対しハーバーマスはコミュニケーション的了解の理念をもはや理性的な目標ととらえず、社会化（Vergesellschaftung）の順調な様態という、単なる理性的な形式にすぎないものとして理解する。すなわちハーバーマスにおいては、了解志向的な行為の理性が自律した自己実現を満たしてくれるものではもはやなく、ただその条

（9） Herbert Marcuse, »Versuch über Befreiung«, in: ders., *Schriften*, Bd. 8, a. a. O., S. 237-319.; ders., »Triebstruktur und Gesellschaft«, in: ders., *Schriften*, Bd. 5, Frankfurt/M. 1979, bes. Zweiter Teil〔『エロス的文明』南博訳、紀伊國屋書店、一九五八年、特に第二部〕.

（10） Habermas, *Theorie des kommunikativen Handelns*, Bd. 2, a. a. O., bes. Kap. VI. 1〔前掲、『コミュニケイション的行為の理論（下）』、特に第七章第一節〕; vgl. dazu: Maeve Cooke, *Language and Reason. A Study of Habermas's Pragmatics*, Cambridge, Mass. 1994, bes. Chap. 5.

（11） Horkheimer, »Traditionelle und kritische Theorie«, a. a. O., S. 191〔前掲、「伝統的理論と批判的理論」、七〇―七一頁〕.

件のみを保証するのである。それゆえにここでは、完成した合理性によってこそはじめて社会のメンバーのうまくいった共同生活が保証されるという考えは、ラジカルに手続き化されている。[12] しかしこのように形式化されているからといっても、人間の原初的な行為様態という人間学的な語り口の背後に、倫理的な理念が潜んでいることを見過ごすわけにはいかない。つまり、コミュニケーション的行為の合理性は人間に不変の強制を課すものであり、この行為概念は、ホルクハイマーとマルクーゼにおける労働概念や美的実践の概念が直接的なかたちで保っていた順調な社会性という表象を、間接的なかたちではあるものの、まだ含んでいるのである。批判理論の代表者たちはヘーゲルとともに、次のことを確信していた。すなわち、個々人の自己実現がうまくいくのは、彼女／彼らの自己実現が普遍的に受け入れることができる原則や目的を媒介として、ほかのすべての社会のメンバーの自己実現とその目標において関わり合っているときだけなのである。それどころか、この確信を越えてさらに主張されるのは、理性的で普遍的なものの表象のうちには共通の善の概念が含まれていて、この善について社会のメンバーは一致しているにちがいないのであり、その結果として個々の自由を協働で互いに関係づけ合うことができるのである。それゆえ、ホルクハイマー、マルクーゼ、あるいはハーバーマスが提示したさまざまな実践モデルは、こうした一つの思想、すなわち、人びとのあいだで社会が作られるのはただ協働における自由という条件の下でのみ成功しうるという思想を、いずれも代理的に実行しているにすぎないのである。個々の批判理論の代表者たちにおいて人間学的な表象がいかなる性質を帯びていようとも、それらは結局のところ、主体たちがたがいに、あるいはともに協働しあいながら自己実現に到達することができるような、共通の実践形式に特に重きをおく倫理的理念を意味しているのだ。[13]

批判理論のこの第一の前提は、倫理的な基本思考からもっとも遠いように思われる著作にも、まだそのなごりを残している。『ミニマ・モラリア』においてアドルノは、きわめてはっきりと普遍的な道徳理論の可能性に異論を唱える。なぜなら、社会生活が「損なわれて」しまうと、そのあいだに個々人の振る舞いの断片化を招いてしまい、最終的には支配的な諸原理にしたがうことが全般的に不可能なものにまでなっているからである。つまり、普遍的な道徳理論ではなく、ただアフォリズム的な個々の場合においてのみ「反省」は、次のことを示してくれるのである。つまり、目的に左右されずにひたむきに振る舞うことで道具的な要求に抵抗するために、いかなる倫理的かつ知的な徳がまだ残されているのかを、そうした「反省」は教えてくれるというのである。しかしアドルノが社会的な交わりの形式の侵害を測るときの基準からだけ、個々人の自由が他者の自由をようやく可能にする、協働による自己実現の理想への固執が読み取れるわけではない。テクストにおけるさまざまな箇所ではむしろ、社会的なものが損なわれることの歴史的な生成は、「善き普遍的なもの」の喪失と直接関係づけて説明される。[14]アド

(12) 理性的で普遍的なるものというヘーゲルの理念を手続き化するというこの意図は、特に以下において顕著である。Jürgen Habermas, »Können komplexe Gesellschaften eine vernünftige Identität ausbilden?«, in: Jürgen Habermas, Dieter Henrich, *Zwei Reden. Aus Anlaß der Verleihung des Hegel-Preises der Stadt Stuttgart*, Frankfurt/M. 1974, S. 23-84.

(13) まさにこの倫理的なパースペクティヴこそが、私の核心によると、「批判理論」とアメリカ流のプラグマティズムとのあいだのある種の接点をなしているものである。それだけにハーバーマスによって初めてプラグマティズムの生産的な受容がなされたということは驚くべきであり、それに対して第一世代はそもそも拒否反応を示すほどに懐疑的に反応をしていた。この受容史については以下のものを参照のこと。Hans Joas, »Die unterschätzte Alternative und die Grenzen der ›Kritischen Theorie‹«, in: ders., *Pragmatismus und Gesellschaftskritik*, Frankfurt/M. 1992, S. 96-113.

(14) Adorno, *Minima Moralia*, Frankfurt/M. 1951, Aphorismus 11(S. 42), Aphorismus 16(S. 52)〔『ミニマ・モラリア』三光長治訳、法政大学出版局、一九七九年、アフォリズム十一番、十六番〕.

ルノもまた、ヘーゲルという手本にしたがって倫理的諸原理を合理性の前提と結びつける実践概念に基づいて考察を行っている。つまり、社会化の順調な形式が重要となりえるのは、個々の誰から見ても自己実現という理性的な目標として妥当しうる、行為の共通のあり方が確立されているところでだけなのである。アドルノはそこでは特に「利害に左右されない」、「目的から自由な」コミュニケーションというモデルを思い描いており、同様に彼はこうしたコミュニケーションについて、典型的なものとして、利己的ではなく目的に縛られない贈与や愛情の例を挙げて説明している。[15] そしてこのことは、彼がマルクーゼとともに美学に方向づけられているという前提から生じてくる。つまり、自己実現のためになによりも適切であるのは、次のような共通の行為の形式である。すなわち、他者との協調において感性的な欲求が満たされ、そのことによって強制されずに人間的本性が表現されるような行為の形式こそが、自己を実現するためには適切なのである。

批判理論のメンバーすべてが共有している基本的思考、つまり、協働の自己実現という理性的で普遍的なものという思考は、リベラリズムにも、今日「コミュニタリズム」と呼ばれる思考伝統にも、批判的な対応をする。青年時代のハーバーマスもリベラルなドクトリンにはっきりと傾倒しているが、それは個々人の法的自律がますますより重要なものとして認められるからであった。しかしこの場合でも、リベラリズムの社会存在論的な諸前提との差異が消え去ってしまうほどのことではない。むしろハーバーマスも、マルクーゼ、ホルクハイマー、あるいはアドルノとまったく同じように、個々人の自由の実現が、個別利害の調整の結果以上のものである共通の実践という前提と結びついていると強く信じている。批判理論において適用される理性的実践のすべての概念は、彼らの定義によると、それらの実践が行われることはリベラリズムにおいて許容されているよりも、はるかに高度の相互主観的な一致を要求する行為を適切に言い表すために構想されている。すなわち、互いに平等な権利をもって協働でき、美的にともに働きかけあうことができ、強制なく自由に一致することができるためには、次のような確信が共有されていなければならないのである。つまり、この確信によると、その都度の活動には、場合によっては個々人の利害を顧みないことを正当化する価値があると見なせるのである。この意味で批判理論においては、リベラルな伝統の個人主義的な前提とは折り合いがつかない、社会の規範的理想が前提されている。それに対して協働による自己実現というイメージへの方向づけが明らかにするのは、主体がそれぞれの個別利害の背後に共有された価値確信の核心を認識していない場合には、主体は社会において成功した生活に到達することができないということである。ホルクハイマーがすでに「伝統理論と批判理論」についての論文で定式化していた「自由な人間の共同体」の理念[16]はまた、「共同体」概念がそのイデオロギー的な間違った使用という理由から厳しく避けられているところでも、批判理論の規範的なライトモティーフをなしているのである。

この思考の経過をさらに追うとすぐに浮かんでくるのは、批判理論の規範的関心はいわゆる「コミュニタリアニズム」のそれと一致するという印象である。[17]しかし、批判理論が自己実現という「普遍的な

(15) Ebd. Besonders Aphorismus 11 (S. 40ff.), 15 (S. 48ff.), 21 (S. 64ff.), 110 (S. 322 ff.)〔前掲書、アフォリズム十一番、十五番、二一番〕. この主題については以下のものを参照。Martin Seel, »Adornos kontemplative Kritik. Philosophie. Eine Kolumne«, in: *Merkur*, H. 638, Jg. 2002, S. 512-518.

(16) Horkheimer, »Traditionelle und kritische Theorie«, a. a. O., S. 191〔前掲、「伝統的理論と批判的理論」、七一頁〕.

(17) 「コミュニタリアニズム」については次の書籍を参照のこと。Axel Honneth (Hg.), *Kommunitarismus. Eine Debatte über die moralischen Grundlagen moderner Gesellschaften*, Frankfurt/M. 1993.

もの」をめざすことでリベラリズムから区別されるように、そうした普遍的なものと理性との絡まり合いを、批判理論はコミュニタリアン的な理念から切り離すのである。批判理論に属している著者たちのなかでは誰一人として、協働の実践とそれと同時に共有された価値が合理的性格を持っているにちがいないというヘーゲル的なイメージをかつて放棄したことはない。それどころか、理性の実現の結果にほかならない、共同の実践の前提に個々人の自己実現を結びつけて見ることは、なんと言っても批判理論のアプローチの要なのである。支配的な価値にしたがうことを目的そのものとみなすことはけっしてなく、批判理論の代表者たちは協働の連関の確立が、社会的合理性を高めるという機能を満たすと考えたのである――もしそうでないとすると、すでに知られているそれぞれの実践形式が、なぜつねに社会的合理化の帰結となるのかは分かりようがないし、現代の否定的な状況はどうしていつも理性の欠如の表現であるにちがいないのか、理解できないだろう。コミュニタリズムと異なり批判理論によると、普遍的なものは社会的協働を通じて具体化されると同時に現実化される。そして、批判理論は、普遍的なものを合理的な基礎づけの基準にしたがわせるのである。というのも、ホルクハイマーからハーバーマスにいたるまで適用される理性概念がどれだけ多種多様であろうとも、結局のところそれらはすべて、次の表象に行き着くのである。すなわち、この表象にしたがうなら、解放をもたらす協働の実践へと向かっていくことは、情動を介した結びつきからではなく、また帰属感情あるいは一致の感情からではなく、合理的な認識から導かれるはずなのである。

それゆえ批判理論の伝統を、リベラリズムともコミュニタリズムとも隔てるのは、ある特殊な倫理的完成主義（Perfektionalismus）である。リベラリズムの伝統とは異なって、確かに批判理論は社会の規範的目標を、自己実現を互いにできるようにすることに置く。しかし、この目標が推奨されるのは、人間の形成過程にある特殊な分析によって、十分に説明された結果と理解されるのである。ヘーゲルにおいてそうであったように、ここでも一見すると記述と規定のあいだ、単なる描写と規範的基礎づけのあいだの境界が、消え失せているかのようである。理性の実現過程を遮断してしまった、あるいは一面化してしまった事情の説明は、それ自体である種の理性的な力を持ち、主体に協働の社会的実践を生み出すことを確信させるものなのである。批判理論のメンバーの誰もが思い描いていた社会の完成は、彼らに共通する解釈にしたがうと、分析を通じての啓蒙の帰結でなければならない。彼らがこの目的を実現するために提示する説明的解釈は、もちろんのこと、もはやヘーゲルの歴史哲学の言葉では言い表せない。むしろ彼らは次のことについても一致しているのである。つまり彼らは一致して、カテゴリー的な準拠枠組みを完全に社会学化することが必要であり、結果としてそうした分析を成し遂げることができなければならないと考えていたのである。理性の病理的な歪曲の過程を社会学的に説明する試みに、批判理論に固有な二つ目のあり方を見出すことができる。つまり批判理論は今日、協働の自己実現という理念について当てはまるのと同じあり方で、ある一つの遺産を受け継いでいるのである。

II

今日では、社会学的説明の要素なしにすますことができるやり方で、社会批判を実行する傾向が拡大している。この動向が生じてきているのは、十分に理由があると見なされた価値や規範に基づいて、特定の社会的な苦境を暴露するならば大抵の場合にはそれで問題がないと見られている、という事情からである。それに対して、どうして当事者たちは自分たち自身でそうした道徳的な災いを問題化しないのか、あるいは攻撃しないのかという問いは、もはや社会批判そのものの担当領域には入り込んでこないのである。ここでできあがっている分離はもちろん、社会的な苦境があることと公的な反応が起こらないこととのあいだに因果関係が生み出されるならば、ただちに揺らいでしまう。すなわち、その場合に社会的な苦境にはとりわけ、まさしく沈黙をうながすような特徴や、あるいはアパシーを引き起こす特徴がそれぞれにあり、こうした特徴は公的な反応が起こらないという事態において、表れているのかもしれない。

そのような推測に、批判理論によるほとんどのアプローチは基づいている。どれほど彼らがそれぞれ個別的につねに強い影響をマルクスから受けていようとも、まさにこの一点について彼らはほとんどすべて、マルクスによる資本主義分析の枢要な前提を共有するのである。つまり資本主義社会の病理を引き起こす社会的事情は、よりにもよって、公的な批判のきっかけにきっとなったはずの事態をヴェールで覆い隠してしまうという構造特性を示している。このように素描された仮説は、マルクスにおいて「フェティシズム」の理論や「物象化」[18]の理論に見出すことができ、同様に批判理論の著者たちにおいて、「幻惑連関」、「一次元性」あるいは「実証主義」といった概念に含まれているのである[19]。そして、つねにそれらの概念によって特徴づけられている、もろもろの確信と習慣化された行動の体系は次のような逆説的な特性を持っている。つまり、この体系は、人びとの社会的事情によって同時に構造的にも産み出されているにも関わらず、そうした事情には注意が及ばなくなるようにするという特性を持つのである。批判理論が行う社会批判の類型について言うと、この主張にしたがうと、彼らが果たさねばならない課題は拡張してくる。現在、一般的に行われているアプローチとは異なり、批判理論は社会的な苦境への批判を、その苦境がおしなべて広く隠蔽されていくことを助けた過程の説明と結びつけなければばならない。というのも、批判が訴えかけられる人びとがそうした説明的な分析によって、彼らが社会的な事情の事実的性格について思い違いをしていると確信しえたときにだけ、その状態の違法性（Unrechtmäßigkeit）は同意を見込んだうえで、公的に告発されうるからである。それゆえ、批判理論においては、社会的な苦境と否定的な反応の不在とのあいだで原因と結果の関係が想定されるので、歴史的説明という要素によって規範的批判が補われなければならないのである。つまり、理性的に普遍的なものの欠如は、現在の社会（gesellschaftlich）病理を引き起こすのであり、この欠如は因果的に理性の歪曲という歴史過程によって説明されなければならない。そして同時に、この過程を詳らかにすることによって、社会的な苦境が公的に脱問題化されることが分かるようになるのである。

批判理論の内部には最初から、理性の歪曲というこの歴史過程は、ただ社会学的準拠枠においてのみ説明することができるという一致があった。批判理論という試みが全体として保持している倫理的直観

（18） Karl Marx, »Das Kapital. Kritik der politischen Ökonomie«, Erster Band, in: Karl Marx, Friedrich Engels, *Werke*, Bd. 23, Berlin 1971, S. 85-98〔『資本論』第一巻、『マルクス・コレクション』第四巻・第五巻、今村仁司他訳、筑摩書房、二〇〇五年〕. ゲオルク・ローマンは極めて優れた分析を行っている。Georg Lohmann, *Indifferenz und Gesellschaft. Eine kritische Auseinandersetzung mit Marx*, Frankfurt/M. 1991, bes. Kap. V.

（19） 順にしたがって、以下の書籍を参照のこと。Vgl. Max Horkheimer, Theodor W. Adorno, *Dialektik der Aufklärung*, Frankfurt/M. 1969〔『啓蒙の弁証法――哲学的断章』徳永恂訳、岩波文庫、二〇〇七年〕; Herbert Marcuse, *Der eindimensionale Mensch. Studien zur Ideologie der fortgeschrittenen Industriegesellschaft*, a. a. O.〔前掲、『一次元的人間』〕; Theodor W. Adorno, » Einleitung«, in: ders. u. a., *Der Positivismusstreit in der deutschen Soziologie*, Neuwied/Berlin 1969, S. 7-80〔「緒言」、『社会科学の論理――ドイツ社会学における実証主義論争』城塚登／浜井修訳、河出書房新社、一九七九年〕; Jürgen Habermas, *Technik und Wissenschaft als ›Ideologie‹*, Frankfurt/M. 1968〔『イデオロギーとしての技術と科学』長谷川宏訳、平凡社ライブラリー、二〇〇〇年〕.

は、結局のところ理性的で普遍的なものというヘーゲルの理念を滋養としていた。しかし、この試みの主導者たちは同時にまた、なんといってもまさに社会学の古典の継承者でもあり、彼らは普遍的なものからの逸脱を説明する際に、もはや観念論的な理性概念を拠りどころにすることはできない。社会的合理性の欠如、すなわち「特殊化した合理性」[20]の形成に寄与した歪曲作用の過程にはむしろ、ホルクハイマーからハーバーマスにいたる、マルクスとヴェーバーの理論的総合から生じてきたカテゴリー的枠組みにおいて分析がくわえられる。すでにマルクスがヘーゲルの理性概念を「頭のてっぺん」から「足の爪先」にいたるまで措定していたのは、正当化された知識を拡大し、主体たちが次第に彼らの物質的再生産の条件を改善することを可能にする社会的実践の遂行に結びつけていたからである。つまり、もはや精神の内的強制ではなく、自然からの外的な挑戦がまさにマルクスによれば経験科学的な学習過程につながるものなのである。そしてこの学習過程によってこそ、理性の実現という問題は正しいと認められているのである。しかしマルクスの認識人間学の理念は、批判理論のメンバーたちには十分なものではありえず、ヘーゲルが彼の哲学において精神の自己展開の経過として描いた歴史過程に、実際に社会学な解釈を加えることができない。ヴェーバーの諸概念が意味するものが受容されてやっと、つまり、まず最初にルカーチのほかに類を見ない読み方によってヴェーバーの概念がさまざまに読み解かれてから[21]、今や次のような像ができあがっている。この像にしたがうなら、今や実践と結びついた学習過程と社会的な制度化のあいだの関連は、はるかに明らかなものとなっている。ヴェーバーとマルクスを融合させることで、フランクフルト学派のメンバーたちはともに同じ確信にいたっていて、人間の理性の潜勢力は学習過程のなかで展開するのであり、この過程の内部では合理的な問題解決が、知識の独占をめぐるコンフリクトと分かちがたく絡み合っていると考えていた。いずれの段階においてもあらたに自然と社会組織が主体たちに課してくる客観的な挑戦に対して、主体たちは確かに彼女／彼らの行為知をその都度改良することで対応する。しかし、そのことゆえにこうした行為知は権力と支配をめぐる社会的な対立に入り込んでしまい、ついには特定の集団を排除してのみ制度内で持続的な形態を取ることが多いのである。それゆえ批判理論にとって、ヘーゲルの理性の実現がコンフリクトをはらんで多くの層からなっている学習過程と理解されなければならないことに、疑問の余地はない。そしてこの過程において普遍化可能な知識は、まったく少しずつでしかないものの、改良された問題解決の過程において、そして支配的な集団の抵抗に立ち向かいながら浸透していくのである。

当然のことながら批判理論の歴史においてこの基本的思考もまた、絶えざる変化を被ってきている。まず最初に、すなわちホルクハイマーは、社会のありとあらゆるコンフリクトをはらんでいる学習過程を、ただ自然加工の次元にのみ関連づけていた。そして、その結果ホルクハイマーにおいては、合理的な改良がどのように社会的生の組織化においても遂行されているのかということをうまく思い描くこと

(20) Theodor W. Adorno, »Kulturkritik und Gesellschaft«, a. a. O., S. 17.

(21) Georg Lukács, »Die Verdinglichung und das Bewußtsein des Proletariats«, in: ders., *Geschichte und Klassenbewusstsein. Frühschriften*, Bd. II, Neuwied/Berlin 1968, S. 257-397〔「物象化とプロレタリアートの意識」、『ルカーチ著作集 9　歴史と階級意識』城塚登／古田光訳、白水社、一九八七年、一五九―三六六頁〕. 初期「批判理論」にとってのルカーチの物象化分析の意味については以下を参照。Jürgen Habermas, *Theorie des kommunikativen Handelns*, Bd. I, Frankfurt/M. 1981, Kap. IV〔『コミュニケイション的行為の理論（上）』第四章、未來社、一九八七年〕. また、私が最近提示した、承認論に依拠して行ったルカーチの物象化分析の再活性化の試みについても参照のこと。Vgl. Axel Honneth, *Verdinglichung. Eine anerkennungstheoretische Studie*, Frankfurt/M 2005〔『物象化――承認論からのアプローチ』宮本真也／辰巳伸知訳、法政大学出版局、二〇一一年〕.

ができない[22]。それに対してアドルノは、芸術的な素材加工における合理化をヴェーバーの音楽社会学にならって考察に入れ、そのことをつうじて問題領域の多様性をすでに広げていた。この芸術における素材加工での合理化現象は、美的実践における計算された卓越性にも拡大することに貢献するのである[23]。またマルクーゼの著作では、次のことがほのめかされている。つまり、そこからは、集合的学習過程には権力形成によって相応する退行が付随し、このことは内的自然を自分のものとする領域においても想定することが正しいかのように読み取れるのである[24]。しかし、さまざまな学習過程を初めて体系的に説明したのは、ハーバーマスである。彼は多様な学習過程を、人間の言語実践における多様な世界への関連づけという事実で基礎づけるのである。彼の確信によると、私たちは次のように期待することができる。すなわち、人間の理性の潜勢力は少なくとも二つの道筋で、すなわち、一方は客観的世界についての増大した知識の方向へ、他方は相互行為におけるコンフリクトのより公正な解決方法という方向に向かって展開するのである[25]。この分化によって得られたものは、ここではもちろんのこと引き替えとして次のような犠牲を払っている。つまり、合理性に見られる歴史的成長はもはや、ハーバーマス以前の批判理論の代表者たちがヴェーバーの支配の社会学にならってまだよりはっきりと目の当たりにすることができていたような社会的コンフリクトと、関連づけて考えることができないのである。例えばブルデューが文化的独占の形成過程について研究した次元[26]と、合理的な学習過程の次元のあいだには、ハーバーマスの著作を読む限りでは、ある種の裂け目が生じており、それはこの伝統がそもそも有していた関心とは根本的に相容れない。ところが批判理論は、ハーバーマスの合理性の構想が保持している分化の程度（Differenziertheitsgrad）を導入しないわけにはいかない。というのも、批判理論は、ヘーゲルが理性の実現という彼の表象において素描していたテーゼを、ポスト観念論的に翻訳しなければならないからである。社会的に制度化された知識は、社会問題を克服する場合においてますますその再帰性を高めてゆく。この過程においていかなる観点から見てそうした知識がより合理的なものとなっているのかを明らかにするためには、さまざまな合理性のアスペクトが区別されなければならない。すなわち、これらの合理性のアスペクトは、同意に依存する社会の再生産に現れてくる、社会的に知覚可能な課題に対応するかたちで分けられなければならない。ハーバーマスのアプローチは、人間の言語の構造的独自性を手がかりにそのような分化をまず最初に設定する。しかし、彼のアプローチとは異なるかたちで、社会的合理化のもろもろのアスペクトを内在的実在論の意味で、より強く社会的価値評価の問題解明の力と結び付けるように構想するなら、それはもしかするとより優れたものとして示されるだろう。言語的了解という不変的な妥当のアスペクトではなく、歴史的にもたらされた社会的価値領域の妥当性の観点が、その場合には社会的な知識の合理化が進んでゆく方向を与えることになる。また、批判理論が人間の歴

(22) Max Horkheimer, »Traditionelle und kritische Theorie«, a. a. O.〔前掲、「伝統的理論と批判的理論」〕. この問題については私の以下の著作を参照のこと。Axel Honneth, *Kritik der Macht*, Frankfurt/M. 1986, Kap. 1〔『権力の批判——批判的社会論の新たな地平』河上倫逸監訳、法政大学出版局、一九九二年、第一章〕.

(23) Theodor W. Adorno, »Ideen zur Musiksoziologie«, in: ders. *Gesammelte Schriften*, Bd. 16, Frankfurt/M. 1978, S. 9-23.

(24) Herbert Marcuse, »Triebstruktur und Gesellschaft«, a. a. O., bes. Kap VI〔前掲、『エロス的文明』、特に第六章〕.

(25) Jürgen Habermas, *Technik und Wissenschaft als ›Ideologie‹*, a. a. O., 1968. S. 48-103〔前掲、『イデオロギーとしての技術と科学』、五三——一一六頁〕; ders., *Theorie des kommunikativen Handelns*, Bd. 2, a. a. O., Kap. VI〔『コミュニケイション的行為の理論（下）』、第六章〕.

(26) Vgl. dazu Pierre Bourdieu, Jean-Claude Passeron, *Grundlagen einer Theorie der symbolischen Gewalt*, Frankfurt/M., 1973〔『再生産〔教育・社会・文化〕』宮島喬訳、藤原書店、一九九一年〕.

史において合理性の増大をとらえようとしたときに用いた理性概念もまた、なじみがなく新しい、それどころか非西洋的である観点を受け入れなければならないという圧力にさらされている。社会的合理性の構想もまた、したがって社会的学習過程がさまざまな形態を取りうることを吟味するために、絶えず拡大し、分化しなければならないことは驚くべきことではない。いずれにしても、理性の実現というヘーゲルの思考のポスト観念論的な解釈こそがやはり、おそらくはホルクハイマーからハーバーマスにいたる伝統全体の最奥にある核心を形づくっていると思われるそうした理念のための、不可欠な背景をなしているのである。この理念によると理性的で普遍的なものが失われてしまうという、そのような病理が不可避であるようなかたちで、社会的合理化の過程は、資本主義に固有な社会的な構造的独自性によって中断され、あるいは一面化されているのである。

これまで別々に論じられてきた要素をすべて見出すことのできるこのテーゼのための鍵となるのは、合理性理論という観点から解釈された資本主義概念である。批判理論がそのような構想に到達するのが、マルクスの著作の受容によるよりも、むしろルカーチの初期の理論から得られた刺激によるところが大きいことを見て取ることはたやすい。『歴史と階級意識』におけるルカーチの理念にしたがうなら[27]、なによりも先に浮かんでくるのは、次のことである。つまり、近代資本主義の制度的なリアリティには、特殊で限定的な合理性のあり方と構造的に結び付いている、社会の組織形態を垣間見ることができるのである。ルカーチは彼に独自なかたちでヴェーバーとゲオルク・ジンメルから大きな影響を受けていたが、彼にとってこの合理性形式の固有なあり方は主体たちに、彼らを自らの欲求と意図から切り離された出来事の「何の働きかけもしない傍観者[28]」にしてしまうタイプの実践を強いるという点にある。すなわち、機械化されたパート労働と商品交換は、別の人間がすべてモノとしての性格を帯び、感情を欠いた存在のように現れるような認知形式を促進するのだ。そしてついには、主体たちの社会的相互行為からは、それ自体で価値があるという特性に払われるはずの注意がすべて奪われてしまうのである。私たちの現在の表象からすぐに思い浮かぶ言い回しを用いると、ルカーチの分析の帰結は次のように表現することができる。つまり、資本主義とともに、他者の価値アスペクトへの無関心を強いるような実践形式が支配してしまうのである。そうして主体たちは、互いに認め合いながらそれぞれ関係し合うのではなく、互いに客体として知覚し合うのだ。また、ここで客体たちは、自分自身の利害関心に適うかどうかという尺度によって認識することが重要になってくるのである。[29] いずれにしてもこのルカーチの診断こそが批判理論に、理性の実現の過程が中断すること、あるいは一面化することが語られうるためのカテゴリー的枠組みを与えたのである。すなわち、ある種の歴史的学習過程に基づくと、ルカーチが近代資本主義について際立たせた社会構造的な強制は、近代への移行期までに社会で既に蓄積されてきた合理性の潜勢力を阻害するものとして示されることになる。つまり、こうした理性の諸原則は認識可能性にしたがって、すでに生活実践に適用されるはずなのに、この適用を資本主義における社会関係の組織化形式は阻んでしまうのである。

(27) Lukács, *Geschichte und Klassenbewusstsein. Frühschriften*, Bd. II, a. a. O.〔前掲、『歴史と階級意識』〕.
(28) Ebd., S. 265〔同前、一七二頁〕.
(29) Axel Honneth, »Unsichtbarkeit. Über die moralische Epistemologie von ›Anerkennung‹«, in: ders., *Unsichtbarkeit. Stationen einer Theorie der Intersubjektivität*, Frankfurt/M. 2003, S. 10-27〔『見えないこと――相互主体性理論の諸段階について』宮本真也他訳、法政大学出版局、二〇一五年〕; ders., *Verdinglichung. Eine anerkennungstheoretische Studie*, a. a. O.〔前掲、『物象化――承認論からのアプローチ』〕.

他方で当然ながら限定的に語られねばならないのは、批判理論におけるこの説明図式が、社会的合理化過程の種類と経過について前提される諸仮説に応じて、それぞれ異なっていることである。そのためにホルクハイマーにおいては、彼の前提から導かれたものとして次のテーゼを見出すことができる。つまり、生産の資本主義的な組織化は個々の利害からの抵抗を伴うのだが、この抵抗は「自然支配のためのすべての精神的手段と身体的手段が全面的に適用されることを［…］妨げる」のである。[30] 後にホルクハイマーは、自分自身の考察をアドルノとともにより拡大している。しかし、ここで用いられる仮説は説得力に乏しい。つまり、彼らは十九世紀のブルジョア家族の相互行為の形式においてはある種の感情的合理性が宿っているが、その潜勢力は競争と独占の強化によって発揮され得なかったと想定していたのである。[31] アドルノの著作、特に『ミニマ・モラリア』を満たしているのは、次のようなかたちの診断をつねに含んでいる思索である。これらの診断によれば、家族において個人的なものと普遍的なものをかつては強いることなく宥和させることができた愛情は、ますます不可能になってきているという。資本主義では目的合理的で、功利主義的な態度の社会的特権化が進んでいる。そしてこの特権化は、理性的で普遍的なものが、私的な関係において相互的に好意を寄せ合い、許しあう形式に構造的に宿っている、法的ではない形態で展開しうることを阻害してしまうのである。[32] マルクーゼは考察する際にシラーの『人間の美的教育についての書簡』を全体的に依拠しているが、そこで彼は美的感受性が高まる過程が、近代資本主義とともに終わりを迎えるとしている。この資本主義をマルクーゼはルカーチと同様に、しかしハイデガーに倣って、一般化された使用知（Verfügungswissen）の関係として記述する。[33] そしてハーバーマスの理論においては最終的に次の考えが見出される。つまり、経済的な価値増殖の命法それ自体が社会的生活世界の領域にまで侵食するために、資本主義という条件下では、コミュニケーション的合理性の潜勢力が解放されえないことがあるのだ。家族と政治的公共性がとうにその伝統的正当化の基盤から解放されているにも関わらず、それらにおいては合理的了解という諸原理がまだ妥当なものとなっていないことがある。その理由は家族と政治的公共性に、より強くシステム制御のメカニズムが介入しているという点にある。(34) このようにさまざまなかたちの説明のアプローチが取られているものの、他方で彼らがいずれの場合でもしたがっている資本主義批判の基本枠組みは、まったく同じである。ルカーチと異なるというわけではなく、ただより繊細に、そしてプロレタリアートを歴史哲学的に過剰評価せずに、批判理論の著者たちは資本主義をある種の社会的な組織化形式であると認識していた。すなわち、この組織化形式においては、歴史的に既に用意されている合理性が社会で生かされることを妨げるような、制度化された習慣行動と思考様態が支配しているのである。そして歴史において合理性がこのように遮断されてしまうと、それは同時に道徳的あるいは倫理的な課題を意味する。なぜなら、そもそも理性的で普遍的なものの力が、まず第一に完成された合理性からこそ生じうるはずなのだとすれば、そう

(30) Horkheimer, »Traditionelle und kritische Theorie«, a. a. O., S. 187〔前掲、「伝統的理論と批判的理論」、六六頁〕.

(31) Max Horkheimer, »Autorität und Familie in der Gegenwart«, in: ders., *Kritik der instrumentellen Vernunft*, Frankfurt/M. 1967, S. 269ff. 極めてはっきりとした宗教的な響きとともに、ホルクハイマーは同じ主題を以下に展開している。in: ders., »Die verwaltete Welt kennt keine Liebe. Gespräch mit Janko Muselin«, in: ders., *Gesammelte Schriften*, Bd. 7, Frankfurt/M. 1985, S. 358-367.

(32) Adorno, *Minima Moralia*, a. a. O., Aphorismus 10 (S. 39ff.), 11 (S. 40ff.), 107 (S. 313ff.), 110 (S. 322ff.)〔前掲『ミニマ・モラリア』、アフォリズム十番、十一番、一〇七番〕.

(33) Marcuse, »Triebstruktur und Gesellschaft«, a. a. O., Kap. IV〔前掲、『エロス的文明』、特に第四章〕; vgl. dazu Johann P. Arnason, *Von Marcuse zu Marx*, Neuwied/Berlin 1971, bes. Kap. V.

(34) Habermas, *Theorie des kommunikativen Handelns*, Bd. 2, a. a. O., bes. Kap. VIII〔『コミュニケイション的行為の理論（下）』、第八章〕.

した遮断は、理性的で普遍的なものにしたがうことを不可能にしてしまうからである。資本主義の合理性理論的な概念は、ここで私が素描を試みた歴史解釈に基づいている。こうした資本主義の概念を、今日もう一度再生できるかどうかという問いには、確かにまだ答えが出ていない。すなわち、資本主義的経済取引の組織化の可能性は、あまりにも多種多様であるように見え、また、社会的行為の異なった、非目的合理的なパターンによってあまりにも強く貫徹されているようにも見える。そのために、当事者である行為者《アクター》の態度を、ただ道具的合理性のパターンのみに還元することはできない。しかし、昨今の研究からは次のような事態がすぐに読み取れるのである。つまり、資本主義社会においてはとりわけ、特定の態度や行為の方向づけを取ることと引き替えに社会的成功が与えられるということである。つまり、個人的に役立つことにそれらの態度や方向づけが固定されてしまうと、自分自身との、そしてほかの主体との関わり合いが、ただ戦略でしかないように強いられるのだ[35]。それゆえに、私たちはどうしても、資本主義が今でも変わらず、ある種の文化的な生活スタイルや社会的想像力からの制度的帰結と解釈しうる可能性を排除できないのである[36]。そして、この文化的生活スタイルや社会的想像力においては、制限され、「物象化作用を及ぼす」という特定のタイプの合理性が実践的に支配しているのである。

しかし、批判理論の内部に見られる共通性はまた、この点をさらに越えていく。その代表者たちの中心は、遮断された、あるいは一面化された合理性という社会状況の診断として資本主義の診断の形式的図式だけを共有していたのではなく、治療のために適切な手段についてのイメージもまた共有していた。つまり彼らによれば、社会的な病理を克服するために寄与できる力は、まさに、その実現が資本主義の社会的な組織化形式によって阻害されている、そうした理性自体に由来するはずなのである。彼らの理論の別の要素に見出せるのと同様に、近代的な思考の古典となった人物が、ここでもまた極めて重要な役割を担っている。すなわち、ヘーゲル、マルクス、ヴェーバー、ルカーチに与えられていた批判理論の核心内容のための同じ意味を、フロイトの精神分析もまた持っているのである。批判理論の著者たちは、理性の解放的な力への関心を目覚めさせる苦悩にはつねに社会的な病理が表れているにちがいないと考えた。この思考を彼らはまさに、フロイトの精神分析からこそ導き出したのである。

III

不正の状態がいかに克服されうるのかという問いもまた、今日一般的にはもはや社会批判の課題領域には入ってこない。フーコーにしたがい、そして個々人の自己言及の変換を批判のための前提としてとらえているようなアプローチを例外とすれば、[37]理論と実践との関係への問いは同時代的な考察からは閉め出されている。結果的に社会的に苦しい境遇について沈黙させられることになりえる原因を説明することと同様に、ここでは知識を実践に置き換えることをパースペクティヴに応じて規定することも、批

(35) Vgl. etwa. Anthony Giddens, *Modernity and Self-Identity. Self and Society in the Late Modern Age*, Cambridge 1991, bes. 196 ff.〔『モダニティと自己アイデンティティ——後期近代における自己と社会』筒井淳也他訳、ハーベスト社、二〇〇五年、特に二一七頁以降〕.

(36) この関連で重要であるのは、マックス・ヴェーバーの後継者たちによる諸研究か(Wilhelm Hennis, *Max Webers Fragstellung*, Tübingen 1987)、あるいはコルネリウス・カストリアディスの著作である(*Gesellschaft als imaginäre Institution*, Frankfurt/M. 1984)。より最近の研究としては次のものを挙げることができる。Luc Boltanski, Eva Chiapello, *Le Nouvel Esprit du Capitalisme*, Paris 1999〔『資本主義の新しい精神(上・下)』三浦直希他訳、ナカニシヤ出版、二〇一三年〕.

(37) 例えば、以下の書籍の特に第二章、第三章、第四章を参照。Judith Butler, *Psyche der Macht. Das Subjekt der Unterwerfung*, Frankfurt/M. 2001〔『権力の心的な生——主体化=服従化に関する諸理論』佐藤喜幸/清水知子訳、月曜社、二〇一二年〕.

判の仕事には含まれてはいないのだ。そのパースペクティヴが必要とするのは、なぜに個々人自身が特定の思考のあり方と実践のあり方が支配しているときですら、理論の合理的内容を敏感に感じ取れるのかを明らかにする社会心理学、あるいは主体の理論である。明らかにしなければならないのは、あらゆる幻惑化、一次元性あるいは断片化にも関わらず、認識を実践に置き換えるチャンスを保証する主体のさまざまな能力がどこに由来するのかである。社会批判の現場が今日それほどまでに互いに異質なものからなっていようとも特徴的であるのは、次のことである。つまり、そうした規定を行うことを今なお、自分の課題の一部としてとらえているアプローチはほとんどない。ここで中心に据えられるはずの主体の動機づけのあり方への問いは、実践への置き換えの条件への反省がもはや批判そのものの仕事として要求されないがゆえに、むしろかえって広範囲にわたってフェードアウトしていくのである。

それに対して批判理論は最初からまだヘーゲル左派の伝統に強い影響を受けていたので[38]、社会（gesellschaftlich）病理を克服するために役立ちうる批判的実践を準備することを、彼らの課題の本質的部分としてとらえていた[39]。実践的啓蒙の可能性をめぐってこの学派の著者たちのあいだでも懐疑的な意見が優勢であるところですら、啓蒙をめぐる問いのドラマが生じてくるのは、ただ理論と実践のあいだの内的関連という、すでに前提されていた必然性からだけなのである。しかし、批判理論はこの媒介を規定することを、哲学的反省という手段にだけ頼ることで解決しうる課題とはもはや考えてはいない。つまり、マルクスやルカーチのような人びとにはまったく自明であった歴史哲学的思弁とは異なり、批判理論はむしろ、公衆の批判的構えを明らかにするために、経験的社会研究という新たな道具に賭けたのである[40]。この方法論上の方向転換こそが批判理論のさらなる独自性をなしており、ここからプロレタリアートの意識状態についての醒めた評価が導かれる。すなわちヘーゲル左派のマルクス主義陣営で想定されていたこととは異なり、労働者階級は機械化されたパート労働をこなしてゆくうちに理論の持つ批判的内容を社会変革的な実践に転換するための革命的構えを、自動的に発達させるわけではないのである。[41] したがって、前もって定められた名宛て人たちにただ訴えかけることで理論と実践とのあいだをつなぐという可能性は、批判理論にはもはや残されてはいない。その代わりにさまざまに批判理論で行われるあらゆる考察は、社会的な〔sozial〕病理によって損なわれているだけで完全に失われてはいない、そうした理性をまさになんとかして実践にもたらそうという考えへと行きつくのである。かつてはプロレタリアートの社会的立場が、理論の批判的内実が感受性を備えていることを保証してくれると見なされていた。しかし今やこのプロレタリアートの代わりを引き受けなければならないのは、ある種の隠れた理性の能力であり、この能力のためにすべての主体は、原則として同じ動機づけについての資質を身につけているのである。

もちろんそうしたパースペクティヴ転換のためには補完的な思考の過程が必要となる。それは批判理

(38) Vgl. Karl Löwith, *Von Hegel zu Nietzsche. Der revolutionäre Bruch im Denken des 19. Jahrhunderts*, Hamburg 1978〔『ヘーゲルからニーチェへ――十九世紀思想における革命的断絶』三島憲一訳、岩波文庫、二〇一五―二〇一六年、上、下〕; Jürgen Habermas, *Der philosophische Diskurs der Moderne*, Frankfurt/M. 1985, Kap. III〔『近代の哲学的ディスクルス〈I〉』三島憲一他訳、岩波書店、一九九〇年、第三章〕.

(39) 典型的なものとしては次の著作を参照のこと。W. Adorno, »Resigation«, in: ders., Gesammelte Schriften, Bd. 10. 2, Frankfurt/M. 1977, S. 794-799.

(40) Vgl. Erich Fromm, *Arbeiter und Angestellte am Vorabend des Dritten Reiches. Eine sozialpsychogische Untersuchung*, Stuttgart 1980〔『ワイマールからヒトラーへ――第二次大戦前のドイツの労働者とホワイトカラー』佐野哲郎／佐野五郎訳、紀伊國屋書店、一九九一年〕.

(41) Vgl. Helmut Dubiel, *Wissenschaftsorganisation und politische Erfahrung. Studien zur frühen Kritischen Theorie*, Frankfurt/M 1978, Teil A, Kap. 5.

論による指摘にしたがうならやはり、極めて歪められているそうした同じ合理性に、どうして批判的実践を動機づけることが期待できるのかが、一見するとまったく明らかではないからである——すなわち、社会で実践的に展開している理性がなんといっても病理的に一面化されているか、あるいは歪曲されているときに、批判理論の著者たちはどうして実践への転換のために必要な程度の理性的な構えを見出せると確信できるのだろうか。この問いへの答えがもたらされるのは、批判理論の内部では、精神分析と道徳心理学のあいだの連続性にしたがって開かれた理論領域のうちでである。すなわち、いずれにしても重要であるのは、合理性に対する侵害がいかなるかたちで生じようとも、個々の主体たちの側で道徳的なものを認識するための構えを取り続けることを動機づける、そうした根幹を明るみに出すことである。ここでは議論上の二つのステップを区別することが、批判理論の著者たちがそれらのあいだにつねにはっきりとした境界線を引いていなかったとしても、重要である。社会的な合理性の欠如が社会的な病理の症候を引き起こすという事実から、まず第一に社会状態における主体の苦悩が類推される。つまり、いかなる個人も、理性の歪曲という結果によって自分自身が侵害されていると見ることも、あるいは侵害されていると記述されることも避けることができない。というのも、理性的で普遍的なものが失われてしまうことで、相互的な協働に支えられている順調な自己実現の機会もまたわずかになってしまっているからである。この最初のステップにおいて、合理性の欠如と個々人の苦悩とのあいだを関係づけるやり方のために、批判理論においては方法的手本として確かにフロイトの精神分析が役立っていた。もちろん、類似したつながりはすでにヘーゲルのロマン主義批判にあり、そこからフランクフルト学派の代表者たちが影響を受けずにいられるわけでなかった。しかし、「苦悩」というカテゴリーをそもそも社会的な合理性の病理と結びつけるための端緒は、まず最初に次のようなフロイトの理念に由来しているはずである。つまり、神経症が発症する場合はいずれにしても理性的な自我が侵害されることがきっかけとなっており、やがてそれが個々人の苦悩の圧力となっているにちがいないという理念である[42]。この精神分析の基本思想を社会分析の分野に方法的に転用することは、理論的な一手としてハーバーマスが批判理論に持ち込んだことが最初ではない[43]。すでにホルクハイマーは初期のいくつかの論文において社会的な非合理性を、フロイトの学説を次のようなかたちで模倣した概念のうちに記述していたのである。すなわち、これらの概念は社会的な病理の程度を、自我に対してよそよそしい衝動力の作用の強さにしたがって計るのである[44]。そしてアドルノが主体の苦悩、あるいは社会の苦悩と言う場合にはいずれも、フロイトの仮説がなにかしら共振している。この仮説によると、そこでは主体たちは真に合理的な能力が神経症によって制限されることに苦しんでいるにちがいないのである。それゆえアドルノは『否定弁証法』において、あらゆる苦悩は「内面的な」反省形式を持っていると述べている。彼によるならば「肉体的契機は、認識に対して「苦悩があってはならない」、「状況は別様であるべきである」ということを告げる[45]」のである。ここで精神的な力と肉体的な力との協奏の経験の審廷として思い浮かぶ、そ

(42) 本書に所収されている私の論文を参照のこと。»Aneignung von Freiheit. Freuds Konzeption der individuellen Selbstbeziehung«〔「自由の獲得――個人の自己関係というフロイトの構想」、本書第7章〕
(43) Jürgen Habermas, *Erkenntnis und Interesse*, Frankfurt/M. 1968, Kap. 12〔『認識と関心』奥山次良他訳、未來社、二〇〇一年、第一二章〕.
(44) Max Horkheimer, »Geschichte und Psychologie«, in: ders., *Kritische Theorie*, hg. von Alfred Schmidt, Frankfurt/M. 1968, S. 9-30.
(45) Theodor W. Adorno, »Negative Dialektik«, in: ders., *Gesammelte Schriften*, Bd. 6, Frankfurt/M. 1973, S.7-411, hier: S. 203〔『否定弁証法』木田元他訳、作品社、一九九六年〕.

うした「苦悩」概念を用いることは、批判理論が受容されてきた経緯において、これまで残念ながら十分に解明されないままである。[46] そして、より詳しく分析を試みれば、きっと次のことが示されるだろう。フロイトと同様に批判理論においてもまた、苦悩には「自我の［能力の］喪失」[47] に耐えることができないという感覚が表れると考えられているのである。ホルクハイマーからハーバーマスにいたるまで批判理論を導いているのは、社会的な合理性の病理は、とりわけ合理的な能力の喪失という痛みを伴う経験に表れる侵害を引き起こすという考えである。最終的にこの理念は、強いテーゼに、まさに人間学的なテーゼへとつながる。このテーゼによると、主体である人間たちは、自らの合理的能力が制限されることに対して無関心に振る舞ってはいられないのである。というのも、この主体たちの自己実現は、自分たちの理性が協働して働くという前提に結びつけられているので、彼ら／彼女たちは精神的な意味における理性の歪曲に苦しまざるをえない。この理解によれば、精神的な無傷さと壊されていない理性性のあいだには内的な関連があるにちがいない。そして、この理解は批判理論がフロイトから受けとった最も強いインパクトなのだ。それゆえ、さらに改善された手段によって今日この同じ方向を示す研究はいずれも、理性の歪曲についてのそうした理解から気がかりになってくる事態に取り組むのである。

しかし、批判理論においてむしろ暗示的にのみ進められる第二のステップに進んでこそ、先のテーゼから、実践とのあいだで断ち切られてしまった関係を思考をつうじて回復できるための助けとなる手段を導くことができる。そして、第一のステップが継続され次のような主張がなされるときに、またしても最も重要な刺激を与えるのはフロイトである。つまり治癒を求める苦悩の圧力は、病理によって機能が損なわれている、その当の合理的力によって掻き立てられる。そこでまず前提になっているのは、精神分析的治療を受け容れるための自明の条件として一般に認められていることである。つまり、主観的に神経症的な病気に苦しむ個人は、またその苦悩から解放されることを願ってもいるのである。批判理論においてつねに自明であるとは限らないのは、こうした治癒を渇望する苦悩の圧力については、ただ主観的経験という意味で語ってよいのか、あるいはまた「客観的」現象という意味で語ってよいのかどうかである。一方でアドルノは「主観的刺激」としての苦悩を語り、第一の選択肢を念頭に置いているように見えるが、他方でホルクハイマーは頻繁に、社会的苦悩が客観的に原因を突きとめることができる感覚の単位として扱われているような表現を用いた。また、ハーバーマスでは『コミュニケーション的行為の理論』において、十分なヒントが与えられていて、それらにしたがうなら彼は主観的な語り方を選んでいるように思われる。[48] それに対し、マルクーゼでは最終的に両方の選択肢が交互に用いられている。

いずれにしても批判理論において前提となっているのは、社会のメンバーのあいだでこのように主観的に体験された苦悩、あるいは客観的に原因のありかを究明しうる苦悩が、社会的災いの治癒への願望、

---

(46) ここで例外をなしているのはヨーゼフ・フリュヒテルの著作である。Josef Früchtl, *Mimesis, Konstellation eines Zentralbegriffs bei Adorno*, Würzburg 1986, Kap. III. 2.

(47) Theodor W. Adorno, »Bemerkungen über Politik und Neutrose«, in: ders., *Gesammelte Schriften*, Bd. 8, Frankfurt/M. 1972, S.434-439, hier: S. 437.

(48) 例えば次のマルクスについての考察を参照のこと。Habermas, *Theorie des kommunikativen Handelns*, Bd. 2, a. a. O., Kap. VIII〔『コミュニケイション的行為の理論（下）』、第八章〕. ユルゲン・ハーバーマスはここではしかしながら、社会的な病理の理念の生活世界的な使用と、単なる機能主義的な使用とのあいだで揺れている。この困難さについては以下の著作を参照のこと。Robin Celikates, Arnd Pollmann, »Baustellen der Vernunft. 25 Jahre Theorie des kommunikativen Handelns – Zur Gegenwart eine Paradigmenwechsels«, in: *WestEnd. Neue Zeitschrift für Sozialforschung*, H. 2/2006, III. Jg., S. 97-113.

そしてその災いからの解放への願望を引き起こすということであり、そうした願望は精神分析家が彼の患者たちに想定しているにちがいない願望と同一のものなのである。また、批判理論の内部ではどんな場合でも自分自身の健康を回復することへの関心が立証されると考えられているのは、個々人の、あるいは社会病理によってまさに歪められている理性的能力を、抵抗にあらがい再び活性化させるという構えにおいてなのである。批判理論のインナーサークルに含まれていた著者たちがいずれにしても考慮していたのは、彼らのテクストの名宛て人たちが抱いている理性的な説明に、そして合理的な解釈に向けられた潜在的な関心である。その理由は、苦悩からの解放への願望は、傷ついた合理性を回復してはじめて満たされうるからである。この危うい前提こそが、理論のマルクス主義の伝統においてかつてあったのとは異なるかたちで、理論を実践へと結びつけることをここで可能にするのである。すなわち、批判理論を代弁するものたちがその名宛人たちと共有しているのは、共通の目標設定の空間でも政治的計画でもなく、潜在的に分かち合っている理由の空間である。この理由の空間は、病理的な現在を理性的な洞察によって転換できるように開いたままにしておくのである。またここでは当然ながら再度、フランクフルト学派の個々のメンバーのあいだで強く現れている差異が考慮されなければならない。社会生活がどのように歪曲していようとも、個々人においては合理的な論拠のための感受性（Ansprechbarkeit）は維持されたままであるというテーゼを彼らは共有している。彼らのあいだの違いは大抵の場合、いかなる社会心理学的な仮説、あるいはいかなる人間学的な仮説によって裏づけるのかによって判断できる。ホルクハイマーにおいてこの場所を占めるのは、幼児期の感情的な安心感に包まれた状態を想起することが、単なる道具的使用に固定された合理性の形式を乗り越えるような関心を目覚めさせるという理念である。彼の考察において以下のことはもちろんのことはっきりしていない。つまり、どのようにそのような精神的な衝動力もまた同時に、無傷で、切り詰められていない理性の能力にいたることを目指しているというのかが、はっきりしていないのである。アドルノが残した数々の考察を要約すると、「ミメーシス的な知覚能力」には、自分を脅かすような対象をわがものとする刺激以上のものを見出せる理由がいくつか得られる。すなわち、むしろそれらの理由からはきっと、ある種の願望が失われることなく残り続けていることが推測できるにちがいない。この望みは、自分の独自の存在を相手に委ねるようにしながら、他者を知的にとらえたいというものである。[49] マルクーゼにおいてそのような特徴づけは、周知のように衝動理論に見出される。そこで重要視されているのは生の本能のエロス的衝動であり、この本能の美的な実現もまた「自由な理性の意識された努力」[50]を要求するのである。もっともこの試みは、すでに頻繁に次の点について疑問が寄せられている。つまり、実際、この試みが、拡大された社会的な合理性の概念を形成することを十分約束してくれるのかどうかである。[51] そして最終的に到達するのは、ハーバーマスがもともとは人類のある種の認識人間学という考え方において「解放的な認識関心」を仮定していたという地点である。この認識関心は、強制から自由であることと平等な権利付与を構造的に目指している対話の実践の経験に密接に結びついている。[52] 確かにこの概念は次第に、いかなる人間学的要求も立てることのない討議理論に取って代わられることになった。しかしそれでもハーバーマスにお

(49) Vgl. Früchtl, *Mimesis*, a. a. O., Kap. V, 3.
(50) Marcuse, »Triebstruktur und Gesellschaft«, a. a. O., S. 191〔前掲、『エロス的文明』、二〇二頁〕.
(51) Vgl. Jürgen Habermas, Silvia Bovenschen u. a., *Gespräche mit Herbert Marcuse*, Frankfurt/M. 1978.
(52) Habermas, *Erkenntnis und Interesse*, a. a. O., Kap. III〔前掲、『認識と関心』、第三章〕.

いては今なお、論証的な対話の実践は、個々人につねによりよき根拠のための感受性を保たせるものであるという想定が残されたままである。[53]ホルクハイマーからハーバーマスにいたるこれらの考察はすべて、同じ問いに対して答えを出そうとしたものである。すなわち、社会的な合理性がどのようなかたちで歪曲され、一面化されようとも、人間たちのなかで理性の完成への関心を保ち続けさせるものがあるとすれば、それはいったいいかなる経験、習慣化された行動、あるいは欲求なのだろうか、という問いである。というのも、理論がそのような合理的な衝動を頼りに理由づけうる場合にのみ、理論は反省的にある種の潜在的な実践に自らを関連づけることができ、この実践において理論によって提案された説明は、苦悩からの解放という目的のために転換されるのである。それゆえ批判理論がホルクハイマーからハーバーマスにいたるまで展開されてきたようなかたちで、将来においても存続し続けることができるとすれば、それはただそのような関心を立証することを断念しない場合に限られるだろう。すなわち、批判からの訴えかけに応じる主体たちの合理的な感受性に、絶えることのない核心を前提する、そうした「解放的な利害関心」という実在論的な概念を欠いては、この理論的プロジェクトに未来はないだろう。

この最後の考察によって、批判理論の受け継がれるべき核心的内容をなすモティーフを展開するという試みは、事実上の結論にいたる。かつて展開された一連の体系的思考は、影響を残さずにたやすく一部分を切り離すことのできない、そうした一つの思想的まとまりをなしている。つまり、批判理論を歴史において作用する理性の反省形式として理解するという意図が抜け落ちてしまわないならば、理性的で普遍的なものという規範的なモティーフ、理性の社会的な病理という理念、そして解放的関心の概念もまた、簡単には放棄されないだろう。しかし同時にまた示されたのは、これらの三つの思考上の構成要素のなかではどれ一つとして、この学派のメンバーたちによってそもそも展開されていた理論形式のままで今なお保たれているものはない、ということである。これら三つの構成要素はすべて、かつて見込まれていた機能を今なお満たすためには、新たに概念的に定義し直され、そして私たちの知の現在の状況を媒介しなければならない。そして、そのように素描された課題の領野こそが、二一世紀において批判理論を継ぐ者たちには課せられているのである。

(53) Jürgen Habermas, »Noch einmal: Zum Verhältnis von Theorie und Praxis«, in: ders., *Wahrheit und Rechtfertigung*, Frankfurt/M. 1999, S. 319-333, zum Beispiel S. 332〔「再び、理論と実践の関係について」、『真理と正当化──哲学論文集』三島憲一他訳、法政大学出版局、二〇一六年、四二〇―四三六頁。例えば四三四頁〕.

第3章　系譜学的態度留保の下での再構成的社会批判

――フランクフルト学派における「批判」の理念

今日一般的に広く見られる、強い批判と弱い批判とを対立させることは、広く分岐した議論を本当に単純な共通分母の下で行う多少救いのない試みをなすことだけを示している。何年も前から既に、つまり自律的理論としてのマルクス主義の終焉以来、さまざまな立場から議論されてきたのは、いかに今日歴史哲学から何も借り受けずに、自由‐民主主義的社会の批判的熟考のための適切な立場を見出すことが可能であるかどうかの問題だったのである。その際、一方で大きな役割を果たす社会理論の実質的問題は、西洋の高度に発達した社会の制度的枠組みの外側で希望があると同時に効率的なオルタナティヴを見つけることがただ難しいという困難さと本質的に関係している。しかし他方で、以上の議論のなかで、まさしく方法論的な性格を持つようにしばしば見える哲学的問題が傑出した役割を果たしているように見える。というのもこの点に関しては、社会とその制度的実践とを理論的に有効に批判しうる立場がいかに記述され正当化されるべきなのかという問いが、中心点にあるからである。

議論のこの規範的部分へ衝撃を与えたのは、言語分析的哲学の解釈学的転回が社会批判の今まで通りのモデルを吟味することのきっかけとなった一連の哲学的著作であった。そのような修正が行われた衝突の方向がおおよそ示されるのは、リチャード・ローティやマイケル・ウォルツァーといったさまざまな著者を思い出すことで十分である。この二人の著者は、基礎づけ手続きにおける際立ったすべての相違にも関わらず、その根本的議論はほとんど同じ種類のものである。つまり、両者の前提で言われているのは、制度的秩序や一定の社会的実践へのすべての規範的批判が、当該社会を支配している道徳的文化をある仕方で肯定することがいつでもすでに前提されていることである。というのも、どんな場合でも先行する価値地平にそのように自己同定することがないのだとすれば、批判者はけっして、社会の残りの構成員からも潜在的には不正として知覚されうるものを、社会的逆境として同定することはできるはずがないだろうからである。それに対して、外的、普遍主義的な道徳原理に依拠することによって、局所的に（lokal）働く価値地平を括弧にくるんだり超越したりしようとする形態の社会批判は、その名宛人たちに理解されうるために、〔局所的に働く価値地平から〕距離を取ったパースペクティヴを必然的に取る。したがってこの批判は、操作するという目的に容易に悪用されうるエリート的に特殊化された知を要求する危険にいつでも繰り返し陥る。したがって、この思考の展開から引き出される概略図とは、どんな「強い」、コンテクスト超越的な種類の社会批判にも必然的にパターナリズムや専制主義の危険すらつきものであるのに対して、「弱い」、コンテクストと結びついた社会批判の形態だけが政治的にかつ哲学的に正当な企てであることである。

確かに、今明らかとなっているのは、ここでただ手短に再現した議論のなかに、今後も引き続きフランクフルト学派の遺産に依拠しようとするすべてのアプローチに対する大きな挑戦があるにちがいないということである。以上で名前を挙げた著者たちが、たとえばマルクーゼの『一次元的人間』や『啓蒙の弁証法』を、社会的に場所を持たなくなった強い社会批判の例として挙げることによって、この伝統の代表者たちにたびたび関わっているというだけではない。それに対して、より説得力を持つのは、この学派の中心的著作の多くが実際、所与の社会の制度的秩序から大きく距離を取ることによってその批判が規範的に関係点を持たないものとなり、そうすることによって全体化されたイデオロギーに近いものとなったにちがいないかのような印象を引き起こす状況である。したがって、今日、自然であるように思えるのは、エリート的に特殊化した知を請求する危険にもはや陥らないために、社会批判のこの伝統的なモデルをできるだけ早く脇に追いやることである。それにも関わらず私が以下で、まだハーバーマスの著作においても確かに部分的に見られる古典的批判モデルをなんとかして擁護しようとするのならば、私はそれを態度留保の下で行うのであって、この態度留保について私は予め言っておきたい。第一に私にとって重要であるのは、フランクフルト学派の個々の著作の詳述ではなく、批判のそのようなタイプの理想型の再構成を行うことである。全プロジェクトの背後にある中心的理念の移し替えは私には極めて副次的な意味しかないのに対して、私にとって興味深い問題とは、この中心的理念が今日においてもなお擁護されうるのかということである。そのことに既になんらかの仕方で結びついているのは、以下で行う擁護は、社会理論そのものの実質的内容を追認することにも結びついているかのようにけっして理解されてはならないという、第二の態度留保である。むしろ、私は、フランクフルト学派の歴史哲学的そして社会学的な基本想定がもはや擁護できないことに何の疑問も抱いていない者のうちの一人である。私は自分の再構成の試みを以下のように行いたい。第一歩としてまず、マイケル・ウォルツァーの図式を簡単に、しかし明確に修正することにおいて社会批判の三つのタイプを区別する。この方法において示されるのは、批判の区別されたモデルを比較することは、今日ではただ、パラダイム的にニーチェから発展した「系譜学（Genealogie）」の形態に関係づけられて初めて完全なものとなることである（Ⅰ）。このことを背景として、私は第二歩として、ヘーゲル左派の伝統との繋がりが、最初からフランクフルト学派の構成員にとっては、社会批判の内在的な、「解釈的な（interpretaiv）」、または私の言い方では「再構成的な（rekonstruktiv）」方法を取ることを明白なものとして現れたことをはっきりさせたい。確かにこの点で、批判理論の代表者たちの特別な意図を特徴づけうるために、所与の社会のそのような規範的再構成を企てる異なる方法の、マイケル・ウォルツァーを越える差異化が必要とされるのである（Ⅱ）。しかし、私の短い見解の最後の歩みは、フランクフルト学派が少なくとも理念に従って追求した、社会批判のモデルの本来のポイントがどこにあるのか、を示すものである。というのもここで私が示したいのは、国家社会主義の経験を再構成的なプログラムへと加工することにおいて、ニーチェの系譜学の関係づけに負っているメタ批判的な観点が建てられるからである。このヘーゲルとニーチェとが融合するという結果はある社会批判の理念であり、この社会批判においては、内在的批判は与えられた諸関係において、要求された規範や原理はとっくの昔にその根源的な意味内容を失ったのかもしれないという系譜学的態度留保の下で生じるのである（Ⅲ）。

Ⅰ

マイケル・ウォルツァーは、その著作『解釈としての社会批判』において、私たちの問題設定に理想的な出発点を提供する社会批判のモデルの区分を企てた。(1) ウォルツァーの考えでは、さまざまなアプローチの間の違いは、それらの根底にある規範や原理の主張に到達する手続きがどのようなものであるか、によって測られる。このような基準が根底に置かれるならば、社会批判の三つの区別された形態が相互に浮かび上がってくる。それらは、相互に、「発見（Offenbarung）」[訳注1]、「発明（Erfindung）」、「解釈（Interpretation）」の手続きと対応している。この文脈では、最初のタイプとしては、普遍的に結合させる諸価値のそれまで社会的に閉ざされた領域に進みうるために、宗教的または認知的証拠という経験に依拠するすべての社会的アプローチが考えられる。したがってここでは、それぞれの理想や原理にとって哲学的背景をなすのは、明らかに一種のプラトン主義であり、この理想や原理の光のなかで、基礎づけられた批判に社会状態が従属させられるとされる。こんにち、このようなプラトン主義に新たに刺激を与える知的傾向が現れているかもしれないとしても、それは私には哲学的に十分重要だと思えないので、このタイプの社会批判を以下ではもはや取り扱わない。それに対して非常に重要であるのは、マイケル・ウォルツァーが根本的な基礎づけ方法に従って「発明」の題目で示した第二の種類の社会批判である。これによって考えられているのは、その現実的、または虚構的実施が正当化された規範に至るはずである、という普遍妥当的手続きの構想を出発点とするすべてのアプローチである。より論争的でない名称を用いるために、私は以下でこの手続きを「構成（Konstruktion）」と名づけ、社会批判の今日もっとも影響力のあるモデルとして扱いたい。このアプローチに対して今度はウォルツァーは、彼のリストでは最後のモデルである「解釈」の手続きを指し示す。それは、確かに彼自身の前提を背景としては社会批判の王道として説明されねばならないものである。これによって、今度はその強調が、文化的に現存する価値や理想の創造的な新しい開示（Neuerschließung）という解釈学的次元により強く置かれるとしても、かつて「内在的（immanent）」批判と名づけられたものにほかならぬものが示される。そのような批判手続きは、私が好む用語法では「解釈」ではなく「再構成（Rekonstruktion）」と名づけるが、その理由は私の議論の次の歩みで明確となる。それはさしあたり、マイケル・ウォルツァーがそうしたように、与えられた社会（Gesellschaft）の社会的（sozial）実践に根づいた道徳的規範を再構成する方法において、社会批判の規範的基礎に到達する試みを意味するにほかならない。

したがって、マイケル・ウォルツァーの提案に対するこのような考察から、こんにち相対的に広範囲に広がっていてある正当性を持っているように見える、社会批判の二つのモデルを暫定的に区別することが生じる。その際、目下のところ支配的であるのは疑いようもなく、その基礎づけの手段として「構成」の方法を取るアプローチである。現在における傑出した例だけを挙げるならば、ジョン・ロールズの初期の正義論が参照できる。そこでは、理想的な原初状態の虚構的条件の下で、社会の制度的秩序の批判に用いられる、一連の普遍的に合意できる原則が基礎づけられる。(2) 第一の批判モデルから区別される第二のアプローチは、「再構成」であり、本質的に、与えられた社会秩序において既になんらかの形態を持っている原理か理想のみが、社会批判の正当な源泉として妥当する、とするものである。したがってここでは、社会的現実そのものの内部で規範的要求や理念が再構成され、これらの規範的要求や理念の超越する性格は、現存する社会秩序を基礎づけられた批判に従属させる。マイケル・ウォル

（1） Michael Walzer, *Kritik und Gemeinsinn*, Berlin 1990; vgl., auch ders., *Zweifel und Einmischung. Gesellschaftskritik im 20. Jahrhundert*, Frankfurt/M. 1991〔『解釈としての社会批判』大川正彦／川本隆訳、ちくま学芸文庫、二〇一四年〕.

〔訳注1〕 英語の原語は、‘discovery’である。

（2） John Rawls, *Eine Theorie der Gerechtigkeit*, Frankfurt/M. 1975〔『正義論（改訂版）』川本隆史訳、紀伊國屋書店、二〇一〇年〕.

ツァーがこのアプローチの性格づけにおいて解釈（Interpretation）の解釈学的（hermeneutisch）次元に集中しているとしても、その歴史的先行者にマルクスのイデオロギー批判が同じく属することは忘れてはならないだろう。ヘーゲルのカント批判に触発されて、マルクスがしばしば展開した考えとは、与えられた諸関係の持つ悪しき現実は規範的要求に即して測られえねばならず、この規範的要求は自分において同時に理念的なものとして制度的に具体化されているというものである。その限り、「再構成的」社会批判アプローチは、その区別がさらに説明されねばならないだろうさまざまな一連のヴァージョンを含んでいる。

しかしながらまた、私には、「構成的」手続きと「再構成的」手続きとのこの区別もまだ、現在の思索において見出される社会批判のすべてのモデルを本当に含むためには、十分網羅的ではないように見える。その際私はけっして、根本的に新しい現実の見方の開示（Erschließung）、つまり今まで汲み尽くされていなかった価値地平の開示によって社会的現実の批判に到達しようとする思弁的アプローチを考えているのではない。おそらくこのような場合には、マイケル・ウォルツァーが「発見」と呼んださらに世俗的なヴァージョンだけが問題となっている。いやそうではなく私は第一に、例えばミシェル・フーコーの著作に見られる社会批判的手続きを考えている。そこでは、彼はまさに実証主義的に、規範的理念が屈辱的な規律化という社会的実践へと変化することを示すのである。[3] ここで私たちは、理念と現実とのイデオロギー批判的な対決に関わるのではなく、社会を、信頼できる諸理想によるどんな規範的正当化も全く欠いている社会的出来事として暴露することに関わる。そのような手続きを社会批判の第三モデルとして扱い、ニーチェを参照して「系譜学」と名づけることは、私には意味あることに思える。それによって意味されているのは、一定の理想と規範について、どの程度それらが訓練したり、抑圧的である実践の正当化にすでに動員させられているのか、ということを歴史的に示すことで社会秩序を批判する試みである。[4] 確かにこの最後の定式化が既に明確にしているのは、系譜学的な暴露というこのような手続きがなぜ社会的訓練や政治的抑圧がそもそも道徳的悪であるとされるのか、ということを規範的に正当化する更なる段階をつねに必要とすることである。この意味において、系譜学はある程度寄生的な批判手続きである。なぜなら、それはそれ自身で与えたり行ったりできない規範的基礎づけの前提によって生きているからである。

したがって、この導入的考察から結論を引き出すなら、私たちは社会批判の三つの明確なモデルの区別に到達するのである。モデルそれぞれに第一に適用される手続きに従って、モデルは順次に、「構成」、「再構成」そして「系譜学」の概念によって示されるだろう。既に見たように、構成的アプローチで扱うのは、普遍的に合意可能な正当化手続きの助けを借りて、規範的原理に到達する試みである。その規範的原理の光の下で、社会の制度的秩序は基礎づけ的な仕方で批判される。それに対して、再構成的アプローチにおいては、現存する実在の批判に適している規範的理念を、社会的現実の制度と実践とに即して露わにする試みが企てられる。最後に、系譜学的アプローチにおいて言われるのは、規範的理念が支配を安定させる実践に必然的に転化することを示すことによって、社会的現実が批判されるべきこと

（3） Vgl. etwa: Michel Foucault, *Überwachen und Strafen. Die Geburt des Gefängnisses*, Frankfurt/M. 1976〔『監獄の誕生——監視と処罰』田村俶訳、新潮社、一九七七年〕.

（4） そのような批判モデルについて以下を参照。Samantha Ashenden, David Owen (Hg.), *Foucault contra Habermas. Recasting the Dialogue between Genealogy and Critical Theory*, Londan 1999; Axel Honneth, Martin Saar (Hg.), *Michel Foucault. Zwischenbilanz einer Rezeption*, Frankfurt/M. 2003, v.a. Teil III; Martin Saar, *Genealogie als Kritik. Geschichte und Theorie des Subjekts nach Niezsche und Foucault*, Frankfurt/M./New York 2007.

である。これらの体系的区別を背景として、私には、社会批判のどんな理念がフランクフルト学派の伝統の根底にあるのか、という問題に次の歩みで向かっていくことができるように思われる。

II

今まで行ったことを少し考察するだけで既に、批判理論の代表者たちが一貫して従ってきた社会批判のタイプを規定するのに十分であるように見える。彼らの哲学的由来からすれば、彼らがカントにまで遡って手続き的な規範の基礎づけを行うことを検討できるにはあまりに強くヘーゲル左派の伝統に根付いているので、ホルクハイマー、アドルノ、マルクーゼは、つねに、社会批判の基礎づけの再構成的な道を行く努力をした。マルクスのイデオロギー批判の主導理念が最初から語っていたのは、社会的現実そのもののなかに規範的理念が探されねばならず、それを手掛かりに資本主義の実在が基礎づけられながら批判されえたことであった。ホルクハイマーが一九三七年に伝統理論と批判理論との区別のために発表したプログラム的論文において既に、それ以後研究所の作業を規定するはずの方法的原理が明確に浮き彫りにされていた。つまり、批判理論は伝統的アプローチと区別され、その社会的成立連関と同時にその政治的適用コンテクストとを意識しなければならなかったので、歴史的過程のある種の自己反省を表現していなければならなかったし、批判へと形成された規範や原理も、歴史的現実そのものになんらかの仕方で根づいたものである必要があった(5)。さらにフランクフルト学派の構成員たちも、後に始まる転回や歴史哲学的修正にも関わらず、実際にはこの方法論的教説をけっして放棄したことはなかった。ハーバーマスもまた、カント主義へと意識的になされた接近において今日に至るまでその教説に忠実であり、ロールズとは違って、討議的な基礎づけ実践としての手続き合理性を社会（Gesellschaft）の社会的（sozial）再生産へと移し変えようとしている。確かに、まさにハーバーマスの基礎づけ戦略は、批判理論のアプローチにおける「再構成」によってつねに、局所的に作用する社会批判の理想としてウォルツァーの下で現れるもの以上のものが考えられていたことを明確に示している。批判の手続きは、たんに解釈学的であるのではなく、まさにヘーゲル左派的であったはずである。今日に至るまでフランクフルト学派の批判モデルが特徴づけられる第一の特質を明らかにするため、このように示された〔解釈学的かヘーゲル左派的かの〕区別を簡潔に解明しなければならない。

　確かに社会批判のいずれの再構成的手続きもがぶつかる問題とは、自分の文化の準拠点へとその都度選ばれた理想が規範的にそもそも擁護したり希望したりしようとするものが、それ自身に基づいて本来基礎づけられないことである。というのも、所与の社会の価値地平において偶然的な仕方で見出される道徳的原理には、第一に、すべての構成員にある程度妥当するためのどんな保証も欠けているからである。その限り、このような内在的手続きの場合においてもつねに、系譜学の場合と同じように、なぜ自分の文化のその都度考慮された理想が規範的妥当性を持つべきかが最初に基礎づけられる補足的な方法が必要である。この観点において、再構成的モデルの内部ではかなりの数の代替案が現れ、異なったヴァージョンが可能となる。つまり、ウォルツァーは、すべての人間の文化のなかに、つねに創造的に

（5）　Max Horkheimer, »Traditionelle und kritische Theorie«, in: *Zeitschrift für Sozialforschung* (reprint: München 1980), Jg. VI/Heft 2, S. 245-294〔『哲学の社会的機能』久野収訳、晶文社、一九七四年〕; vgl. außerdem: Max Horkheimer und Herbert Marcuse, »Philosophie und kritische Theorie«, ebd., S. 625-647.

引き合いに出される相互性規範に関する最小道徳を見出すことによって、解釈学的解釈に信頼を与えるが[6]、その一方で、批判理論は、その規範的妥当性を内在的に考慮された理想に基づけうるとする理性概念を用いる。ここで出発点をなすのは、ヘーゲル左派的前提であり、それに従えば社会的再生産は、人間の理性の営みが具体化される社会的実践の諸形式を通じて行われる。今やこの理性の営みについてさらに想定されるのは、この理性の営みが社会的行為の連関のなかで学習過程によって少しずつ学ばれる進歩の歩みにしたがって展開することである。したがって、社会的再生産のすべての新しい段階において、人間的合理性もより高く発展した形態を取るので、人間の歴史の全体について理性の現実化の過程として語りうる。このずっと完全に不適切とは言えない根本想定は、今やある理論的背景を形成し、その前では批判の再構成的手続きがウォルツァーの下での解釈が持つ意味とは全く異なる意味を持つ。というのも、規範的再構成が今や意味するに違いないのは、規範的理想が社会的理性の具体化であるから、基礎づけられた批判の準拠点として提案される規範的理想を所与の社会の社会的現実に即して露わにすることであるからである。したがってフランクフルト学派のヘーゲル左派的傾向においては、社会批判のすべての内在的な形態に置かれる基礎づけ問題は、社会的合理化の概念の介入によって解決される。つまり、目の前にある理念によって、それが理性の現実化の過程において進歩を具体化することが示されるやいなや、所与の社会秩序を批判するための基礎づけられた尺度を与えうるのである。

フランクフルト学派の第一世代がこの極端に要求度の高い批判プログラムの置き換えに挫折したのは、今や全く疑いえない。労働の行為タイプを一面的に方向づけることは、道徳的妥当性の構成要素を信頼できる仕方で包摂しうる、社会的合理化の概念を展開するのを妨げた[7]。しかし、ここで重要なのは、その都度の特殊な把握ではなく、ただまさに、ヘーゲル左派的な批判モデルの方法論的構造なのである。

既に見たように、そのために決定的であるのは、内在的手続きとコンテクストを超越する合理性概念とを特殊に結びつけることである。つまり、社会の批判は、所与の社会秩序の内側の理想に基づいており、この理想が社会的合理化の過程における進歩の表現であることが同時に示される。その限り、フランクフルト学派の批判モデルは、まさに歴史哲学ではないとしても、人間の合理性の方向づけられた発展の概念を前提としている。[8] 私には、要求度の高いそのような種類の理論プログラムの下では、社会批判のほかのアプローチからなんらかの仕方で区別されうるべき批判理論の特別なアイデンティティについて語ることは可能ではないように見える。しかしながら、フランクフルト学派の批判モデルが、今までヘーゲル左派的な遺産について言われていたことに限られたことはこれまで一度たりともなかった。この点に関してはむしろ、補足的に、系譜学的態度留保を組み入れることとして理解される理論的構成要素がつけ加えられる。それによって私は、第三にして最後の、考察の要点に至るのである。

（6） Walzer, *Kritik und Gemeinsinn*, a. a. O., S. 37.

（7） Vgl. Axel Honneth, *Kritik der Macht. Reflexionsstufen einer kritischen Gesellschaftstheorie*, Frankfurt/M. 1985, Kap. 1〔『権力の批判』河上倫逸監訳、法政大学出版局、一九九二年、第一章〕.

（8） 進歩のそのような概念の方向の考察を、私は以下で展開した。Axel Honneth, »Die Unhintergehbarkeit des Fortschritts. Kants Bestimmung des Verhältnisses von Moral und Geschichte«〔「後戻りできない進歩――道徳と歴史との関係についてのカントの見解」本書第1章〕.

フランクフルト学派の構成員の間に、批判のために示される理想が、かつてもともと成立した意味内容を実際まだ持っているのかという疑いを登場させたのは、おそらく本質的なところ、ドイツ国家社会主義の破壊的な経験だった。社会的現実の規範的に再構成された原理が、その実践的に適用する文脈をも規定する堅固な、解釈の核心部分をあたかも持っているという確かな強い信頼は、それまで優勢であり続けた。しかし、国家社会主義的支配システムが確立するなかで示されたのは、同一の理想が社会的に通用する際に、その本来の道徳的意味内容から考えられないくらい離れた社会的実践が展開しえたことであった。このような歴史的な印象の下で成立したにちがいない疑いの状態を方法的に理解するために必要だったことは、もう一度ヘーゲル左派的な批判プログラムの前提を簡潔に思い起こすことである。つまり、既に見たように、このプログラムのなかでは、所与の社会秩序が規範的原理を手掛かりに批判されるはずであり、この規範的原理は一方では社会的現実の内部で理想として現に見出されるが、他方では社会的合理化の具体化なのである。しかしその際つねに前提されているのは、この原理が社会的悪用に対して免疫があるためには、十分固定された意味内容を備えたものでなければならないことである。この第二の前提は、国家社会主義の歴史的経験を公正に扱うために後ほど批判理論が疑いをかけねばならなかったものである。つまり、規範的理想や原理の意味内容は、それがもともとの批判プログラムのなかに見出されたときより、遥かに多くの透過性を持ち、より開かれた、まさに傷つきうるものであることが示されたのである。それに応じて結論も、道徳的規範は、それがどのように社会的に適用に至りうるかを、自分から前もって示すことはないことになる。むしろ、規範の意味内容は、気づかれずに意味がずらされる結果として、最後には、その成立することを本来基礎づけた規範的核心部分を失っているほど変化したのである。

この結論からすれば、一九三〇年代の終わりには批判理論の内部で、ニーチェの系譜学への体系的接近が行われたことは、今やもう驚くにはあたらない[9]。というのも、ニーチェの道徳心理学的な著作は、その最善の部分において、フランクフルト学派がその亡命中に展開した考察を正確に先取りしていた。しかし、ホルクハイマー、マルクーゼ、アドルノは、そのヘーゲル左派的な批判プログラムを、私が第Ⅰ節で大まかに描いた系譜学的批判の理念に置き換えただけではなかった。むしろ、私の考えが正しいならば、彼らはその再構成的モデルに、メタ批判的観点のようなものとして系譜学を加えた。ヘーゲルとニーチェとのこの総合から社会批判のモデルとして生じるものは、非常に短い言葉では以下のように言うことができる。つまり、社会的合理化の過程という前提の下で社会の内在的批判を営むすべての試みには、道徳的規範の実際の適用コンテクストを研究する系譜学的プロジェクトが属していなければならないのである。というのも、そのような歴史的吟味を付け加えなければ、批判は、自分が引き合いに出した理想が社会的実践のなかでなおも、かつてもともとそれを特徴づけた規範的意義を持っているのか、を確信できないからである。その限りで、啓蒙の弁証法から学んだ社会批判は、社会批判を行う規範を、同時に二つの側面から問うていくのである。つまり、一方では、規範は、社会的に具体化された

(9) 典型的には例えば以下。Theodor W. Adorno, Günther Anders, u. a., »Diskusionen auseinem Seminar über die Theorie der Bedürfnisse« (1942), in: Max Horkheimer, *Gesammelte Schriften*, Bd. 12, Frankfurt/M. 1985, S. 559-586.

理想が同時に社会的合理化の表出であるという基準を満足させねばならないし、他方でその後で、規範は、それが社会的実践においてそもそも本来の意義内容を持っているのかを吟味されねばならないのである。したがって今日ではいかなる社会批判も、社会批判を導く理想が社会的にその意義がずれていないかどうかを探り出すために、探知機の意味で系譜学的探究も用いないならば可能ではないのである。

したがって私の考察の最後に示されるのは、批判理論は以前区別した三つのモデルすべてをなんらかの仕方で唯一のプログラムにおいて統一することになるという、困惑させられる実情である。つまり、批判的立場の構成的基礎づけは、社会的合理性と道徳的妥当性との間に体系的な結合を作る合理性概念に提示すべきである。この合理性のポテンシャルによって、道徳的理想の形態において社会的現実を規定することを再構成的に示すべきである。そしてこの道徳的理想はもう一度、その本来の意義内容が、もしかすると知りえないほどにまで社会的にずれているかもしれないとする系譜学的態度留保の下に置かれるべきである。そのようにしない限り、この実に非常に高い要求水準の下では、批判理論のなかで社会批判の理念としてかつて意味されていたものが、こんにち擁護されえないのではないかと私は危惧するのである。

第4章　資本主義的生活形式の観相学

――アドルノの社会理論の素描

アドルノの資本主義分析を理解するために、彼の社会理論的な論文や論考だけを頼りにする人は、後々にまで響く、まずいやり方をはじめからしてしまっている。また、それに劣らず誤っているのは、アドルノの社会のコンセプトのさまざまな要素を、総じて記述的かつ説明的理論のかたちでとらえることができると思いこんでいる人である。確かに、アドルノ自身はつねに熱心に、ある説明的な理論に含まれるいくつかの部分が重要であるかのように、資本主義社会の構造変化について語っていた。例えば、「後期資本主義か、あるいは産業社会か」をめぐる講演は、四〇年代初期にまで遡ることのできる「階級理論の反省」についてと同じく、この傾向を示す一つの例である。[1] しかし、アドルノのそうしたテク

(1)　Theodor W. Adorno, »Spätkapitalismus oder Industriegesellschaft?«, in: ders., *Gesammelte Schriften*, Bd. 8, Frankfurt/M. 1997, S. 354-370; ders., »Reflexionen der Klassentheorie«, ebd., S. 373-391.

ストに見出せるものはすべて、あまり多くを教えてくれるわけではなく、もともとなんらかの着想を与えてくれるものでもなく、それゆえほとんど独断的である。とりわけ、私たちが受ける印象によるなら、ここに明快な分析はない。その代わりにあるように思われるのは、個人の心理、文化、あるいは法はもはや、資本主義的価値増殖の命法を満たすという機能だけしか担ってはいない、という機能主義的説明である。(2) 説明的な理論の諸要素としてとらえるならば、これらの社会学的論考には、社会的な行為圏域が持つ固有の意味への注意、さまざまな価値の革新的力を感じ取るためのセンス、そしてサブカルチャーの解釈パターンが持つ反抗の力のための感受性といったもの、それらのうちのいかなるものも欠如しているかのようである。それゆえ、学生運動が沈静化してまもなく、急激にアドルノの社会理論が影響力を決定的に失ってしまったことは、驚くことではない。したがって、アドルノの八〇回目の誕生日を記念したフランクフルト・アドルノ会議では、彼の社会学的著作をめぐり数々の報告がなされたが、それらはすでにかなり懐疑的なものとなっていた。(3) その後まもなく彼の社会学的著作の痕跡は、ポスト・マルキシズムとシステム理論に強く影響を受けた理論状況のまき砂に埋もれ、消え去ってしまったのである。

もちろん誤解は最初からすでに含まれていた。つまり、彼の著作の社会学的な部分を説明的な社会分析という独立した試みとして受け取ることは、哲学との内的連関、また、美学との内的連関をも解体させてしまうことだけを意味するのではない。そのことによる帰結は、本質的により複雑な社会理論に匹敵するかのようにほのめかされてきたことで、誤った競合関係が生まれてきたことにとどまらない。むしろここでは、次のことが視野から消えてしまったのである。アドルノは、一九三一年のフランクフルトでの教授就任講義においてすでに、自分自身の理論の目標として、自然史的宿命の解釈学を構想していたのである。そしてアドルノはその後も首尾一貫して、自らの社会学的分析についても、この解釈学の一部としてのみ理解されることを真に望んでいたのであった。[4] 歴史的現実の物象化された自然、すなわち第二の自然を、それに社会学的分析を用いながら解釈を試み、規定的な行為と意識のフィギュール〔形象〕を露呈させることで解き明かそうとする、このことこそが、アドルノが最初から彼の仕事の数々と結びつけてきた中心的なもくろみであった。そして、アドルノがのちに専門領域における所属の圧力の下で社会学的な、あるいは社会理論的な論考を執筆しようとするときでも、こうした解釈学的な意向を放棄することはもうなかったのである。それゆえ、アドルノの資本主義分析は、説明的な理論ではなく、誤った生活形式のための解釈学なのである。たとえそうであるにしても、そこには精神分析理論や文化産業テーゼのように、説明的な要素の方向を示しているものがあり、それらは先にも触れた行為と

(2) その種の批判を私は以下で展開している。in: Axel Honneth, *Kritik der Macht. Reflexionsstufen einer kritischen Gesellschaftstheorie*, Frankfurt/M. 1989, 2. Aufl., Kap. 3〔『権力の批判——批判的社会論の新たな地平』河上倫逸監訳、法政大学出版局、一九九二年、第三章〕. 私にとって当時決定的であった、ある特定のパースペクティヴを基礎づける際に私が最初に行った批判は、あらゆる点で維持されうる、と私は確信している。それにもかかわらず、私はこの論文において、アドルノの社会理論をもはや説明的な試みとしてではなく、ある解釈学的なプロジェクトとして解釈することによって、一つのオルタナティヴな解釈をはかる。つまり、そのように見方を変えることによって、かつての異議のいくつかはその妥当基盤を失うことになるだろう。なぜなら、理論のもろもろの要素は、ただ社会学的な説明アプローチではもはやなく、資本主義的生活形式の理念型を用いた、解釈のさまざまな断片として理解されねばならないからである。

(3) Ludwig von Friedeburg, Jürgen Habermas (Hg.), *Adorno-Konferenz 1983*, Frankfurt/ M. 1983, Kolloquium Gesellschaftstheorie (mit Beiträgen von Helmut Dubiel, Hauke Brunkhorst, Christoph Deutschmann, Alfons Söllner), S. 293–350.

(4) Theodor W. Adorno, »Die Aktualität der Philosophie«, in: ders., *Gesammelte Schriften*, Bd. 1, a. a. O., S. 325-344〔『哲学のアクチュアリティ』細見和之訳、二〇一一年、みすず書房、一—二八頁〕.

意識の特定のパターンがいかに成立するのかを仮説的に説明する機能だけを担っている。また、これらの行為と意識のパターンを正確に把握することは、分析を行うために本質的に重要なのである。

このようなもくろみをアドルノの社会理論の中心にすえるならば、彼の著作の個々の部分がなしている連関は一挙に様変わりする。すなわち、これまで形而上学的な歴史哲学の残滓と解されてきたものには、先に述べた第二の自然の発生を系譜学的に解釈するという課題が与えられるのである。この第二の自然と見なされるのは、資本主義における物象化され、硬直した生活状況である。そして、そのように素描されたブルジョア世界の病理の発生については、アドルノもまたすすんで認めていたように、ジェルジ・ルカーチの物象化分析にほとんどすべてを負うている（I）。それに対し社会学的な諸論考は、著者であるアドルノの言葉を借りれば、社会的現実の「観相学（Physiognomie）」のための寄与として理解されなければならない。このライトモティーフとして繰り返される表現を、アドルノは次の試みと結びつける。すなわち、社会のリアリティの規定的な行為のフィギュールに解釈を加え、それらのフィギュールが、身体的‐身振り的なものにまで及ぶ、資本主義的生活形式の表現形態としてはっきりと分かるようにするという試みである（II）。そして最終的に、アドルノの社会分析は、硬直し物象化された現実が変容する可能性を模索し続けるという困難な課題が与えられた、第三の層を含んでいる。「現実的なもののフィギュールが構成されると」、すでにそう就任講演で語られているように、「つねにそこからたちまち現実的なものの変革への要請が生じてくる」[5]。アドルノがフロイトの精神分析にならって示そうとするのは、精神的な苦悩において、そして刺激反応において、制約されない理性のはたらきへの関心もまたつねに潜んでおり、このはたらきが実現するということは、人間らしい生活形式に導くことになるのである（III）。私は以降において、社会理論に関わる著作のこれらの三つの層について順を追って再構成してみたい。したがって、その際に私の関心の中心にあるのは、アドルノの資本主義分析を現代において擁護できるかどうかを検証する試みである。

I

自然史の唯物論的な解釈学という着想を、アドルノは生涯けっして放棄しなかったが、これはヴァルター・ベンヤミンとの知的交流において得たものであった。[6] しかし、ベンヤミンと異なってアドルノは、早い時期にすでにこの着想に対し、ドイツ観念論から理性概念に決定的な影響を受けた合理性理論的な転回を加えたのである。[7] ベンヤミンとアドルノにとっては、同時代の多くの人びとにとってと同様、ルカーチが『歴史と階級意識』[8] で展開した物象化分析を読むことは、ある種の極めて重要な意味を持つ知的体験であった。彼らは第一次世界大戦の陰で蔓延していた、資本主義が及ぼした社会への壊滅的作用

(5) Ebd., S. 338〔同前、二六頁〕.
(6) Vgl. u. a. Walter Benjamin, »Über das Programm einer kommenden Philosophie«, in: ders., *Gesammelte Schriften*, Bd. II.1, Frankfurt/M. 1997, S. 157-179〔「来たるべき哲学のプログラム」、『来たるべき哲学のプログラム』道籏泰三訳、晶文社、二〇一一年、九四―一二四頁〕.
(7) 理解を異にするものとして次の論文を参照。Vgl. u. a. Jürgen Habermas, »Walter Benjamin. Bewußtmachende oder rettende Kritik«, in: ders., *Philosophisch-politische Profile*, Frankfurt/M. 1981, 3., erweitere Aufl., S. 336-376〔「ヴァルター・ベンヤミン――意識させる批判あるいは救済する批判」、『哲学的・政治的プロフィール――現代ヨーロッパの哲学者たち』(下)、小牧治/村上隆夫訳、未來社、一九八六年、一二九―一八四頁〕.
(8) Georg Lukács, »Die Verdinglichung und das Bewußtsein des Proletariats«, in: ders., *Werke*, Bd. 2, Neuwied/Berlin 1968, S. 257-397〔「物象化とプロレタリアートの意識」城塚登/古田光訳、『ルカーチ著作集9　歴史と階級意識』、白水社、一九六八年、一五九―三六六頁〕.

に直面した世代に属していた。この世代が哲学的な修養を積む際に、ルカーチのわずか一〇〇ページほどにすぎない論文が果たした影響は、いくら高く評価してもしすぎることはない[9]。ルカーチによれば、商品交換が社会で拡大することになれば、それは主体たちに、自然に対してだけではなく、自分自身にも、そして相互行為のパートナーに対しても対象化という態度を取ることを強いるがゆえに、人間たちの実践を歪めるにちがいなかった。この考えが、いわばベンヤミンとアドルノの眼を開かせたのである。それ以降、アドルノとベンヤミンはともに、モデルネの歴史的‐社会的世界を、「第二の自然」へと硬直化した空間として認識した。この空間で人間のあいだの関係は、単なる「自然の出来事[10]」へと取りこまれてしまっているので、実践的な根拠に媒介された、明瞭な意味を失っていたのだ。さらには、こうした歴史的な出発状況から哲学のために導き出されるという方法論的帰結においても、ベンヤミンとアドルノは一致していた。すなわち、近代世界が、商品形式が拡大するとともに物象化過程の手に落ちてしまったならば、「観念論の危機[11]」は、ジンメルの生の哲学によっても、フッサールの現象学によっても、そしてハイデガーの現存在分析によっても、シェーラーの実質的価値分析によっても、克服はできないというのである。なぜなら名指しされた諸潮流はそれらの基本概念においてすでに、簡単に述べてよいのであるならば、本質的に社会的な構造転換の帰結であった意味の空疎化を考慮することができなかったために、歴史性の事実を捉え損なっているからである。社会的なものから自然への退行を正しく把握するためには、そうではなく、社会的な事象をなによりもまず、そうであるままに、すなわち、盲目で、理解できなくなった出来事の関連として受け取ろうとする、哲学的方法が必要だったのである。そして、ベンヤミンとアドルノは一致して、今のところは意味を喪失している、こうした資本主義の「自然」はただ、次のような解釈学の特殊な形式によってのみ解読できると考えたのである。彼らによるならばこの形式の解釈学こそが、経験的にすでにある素材を可能なコンステレーションにもたらして変容させ、ついにはそのようにすることでいくつかのフィギュールを生みだすのだが、これらのフィギュールのうちの一つに、客観的な意味内容を伴う暗号が示されるというのである。

この解釈学という着想が細部において意味しうることについては、もちろん最初からベンヤミンとアドルノのあいだで論争があった。ベンヤミンは、よく知られているように、次のように解釈する傾向があった。つまり、彼の解釈によると、意味を含んだフィギュールを生み出すことは集合的無意識そのものの産物でもありえ、その無意識においては造形的想像力のアルカイックな潜勢力が含まれているのだという。それゆえベンヤミンにしたがうならば、必要なのはただ、そうした夢と類似したイメージを方法的にたくみに再構成し、資本主義の社会生活において商品フェティシズムが引き起こした薄暗い秘密を突き止めることである。(12) それに対しアドルノにとって、解釈という哲学的課題についてはまったく異

(9) Vgl. dazu u. a. Martin Jay, »Georg Lukács and the Origins of the Western Marxist Paradigm«, in: ders., *Marxism and Totality*, Cambridge 1984, S. 81-127〔「ジョルジ・ルカーチと西欧マルクス主義の起源」荒川磯男他訳、『マルクス主義と全体性』、国文社、一九九三年、一二六―二〇一頁〕. また現在では、私が行った活性化の試みもまた参照。vgl. Axel Honneth, *Verdinglichung. Eine anerkennungstheoretische Studie*, Frankfurt/M. 2005〔『物象化――承認論からのアプローチ』宮本真也他訳、法政大学出版局、二〇一一年〕.

(10) Theodor W. Adorno, »Die Aktualität der Philosophie«, a. a. O., S. 355〔「自然史の理念」、前掲、『哲学のアクチュアリティ』、五九頁〕.

(11) Ebd., S. 326〔同前、四頁〕.

(12) 典型的なものとしては次のものを参照。Walter Benjamin, »Charles Baudelaire. Ein Lyriker im Zeitalter des Hochkapitalismus«, in: ders., *Gesammelte Schriften*, Bd. I. 1, a. a. O., S. 509-690.; 全般的には次のものを参照。Axel Honneth, »Kommunikative Erschließung der Vergangenheit. Zum Zusammenhang von Antholopologie und Geschichtsphilosophie bei Walter Benjamin«, in: ders., *Die zerrissene Welt des Sozialen*, erw. Neuausgabe, Frankfurt/M. 1999, S. 93-113.

なったものとして現れる。つまり、アドルノは解釈学的方法に、ベンヤミンよりもより近く、かつ、より遠い距離を取るのである。アドルノが解釈学にきわめて近い場所にとどまるのは、アドルノがベンヤミンに対して、意味を歪曲され、謎に満ちた現実の解釈は、解釈者だけに限られた理論的な仕事であると主張するためである。そののちの彼自身による批判を先取りするように、アドルノはすでに就任講演で次のように語っている。「歴史的なイメージは、たんにそれ自体として与えられているものではない。それらのイメージは歴史のうちに出来上がったかたちで有機的に存在しているわけではない。それらに気付くためには、いかなる観ること（Schau）も直観すること（Intuition）でも役に立たず、それらはけっして歴史の魔術的な神像でもない。むしろ、歴史的イメージは人間によって作り出され（hergestellt）なければならず、最終的にそれらが正当化されるのはひとえに、その周囲に現実が決定的に明らかに結集して現れることによってのみなのである」[13]。しかし、この最後の文にある生産（Herstellung）という概念にすでにまた表れているのは、広くディルタイを想い起こさせる同時代の解釈学から、アドルノをはっきりと分かつ距離である。すなわち、社会的現実は一般化した商品交換の圧力の下で全般的に志向を欠いた出来事の連関となってしまっているので、研究者が模倣を通じて感情移入をすることができる、そうした歴史に媒介された意味なども、もはや存在しないのである。むしろここで必要であるのは、構成的に「分析をつうじてバラバラとなった要素をつなぎ合わせ[14]」、そのようにすることで歴史的状態の客観的意味の指標でありうるフィギュールを、「完全ではなく、矛盾に満ちた、壊れやすい[15]」、社会的なものというテクストにてらして最終的に生み出すことなのである。しかし、「解釈しながらグループ分けする[16]」というこの着想をより詳細に特徴づけるためにアドルノが用いた方法論的な定式の多くは曖昧なままであり、それゆえ、わずかな助けにしかならない。だが、彼が同じ連関でいつもきまって〔現実を〕

こじ開ける「鍵カテゴリー」という言い方をしている事実は、「理念型」というヴェーバーのカテゴリーが、アドルノの考察に強い影響を与えていたことをほのめかしているのかもしれない。

ここでの議論に対応するマックス・ヴェーバーのテクストにわずかに目を向けただけでも、実際に次のことが分かってくる。つまり、アドルノの就任講演において、『経済と社会』の著者であるヴェーバーによってすでに定式化されていないような方法論的思考は、ほとんど見出させないかのようである。アドルノとほぼ同じ言葉を用いながら、ヴェーバーの「客観性」論文では、理念型とは「ここには多く、かしこには少なく、ところによってはまったくない、というように、分散して存在している夥しい個々の現象を、[…] 統一された一つの思想像への結合[17]」として理解しなければならないということが語られている。さらにヴェーバーが述べるように、このように概念的に構成することは、「実在の特定の要素を思考のうえで高める[18]」ことで、ある事象の「文化意義」を明快にする、いわゆる「客観的可能性」のために役立つ。こうしたことを通じてヴェーバーにおいて、この概念的な構成は、道具的機能のみを

(13) Adorno, »Die Aktualität der Philosophie«, a. a. O., S. 341〔前掲、「哲学のアクチュアリティ」、三二頁〕.
(14) Ebd., S. 336.〔同前、二二頁〕.
(15) Ebd., S. 334〔同前、二〇頁〕.
(16) Ebd., S. 340〔同前、二九頁〕.
(17) Max Weber, »Die ›Objektivität‹ sozialwissenschaftlicher und sozialpolitischer Erkenntnis«, in: ders., *Gesammelte Aufsätze zur Wissenschaftslehre*, 3. Auflage, Tübingen 1968, S. 146-214, hier: S. 191〔『社会科学と社会政策にかかわる認識の「客観性」』富永祐治／立野保男訳、岩波文庫、一九九八年、一一三頁〕.
(18) Ebd., S. 190〔同前、一一二頁〕.

持つとされるのである。「文化意義」については私はすぐにもう一度戻って述べることにしたいが、この概念を例外とするならば、ヴェーバーの方法上の提案はアドルノの考察とまったく重なり合う。アドルノが哲学的な解釈作業の目標として想定している「フィギュール」も、経験的素材に基づいて現実を誇張して「構成」することの成果なのである。アドルノによると、「社会分析のもろもろの要素」は、それらの要素の連関が、個々の契機がいずれも止揚されるフィギュールをなすようなやり方で、「グループ分け」されねばならない[19]。これらのフィギュール、あるいは「理念型」を概念的に構成するためには、アドルノがヴェーバーとまったく同じ言葉で語るように、「精密な想像力」が必要なのである。この「想像力」は、すでにある経験的な素材の「特徴」を際立たせ、あるいは軽視し、まとめて新しく秩序づけることによって、元々の素材を超えていく想像力である[20]。ヴェーバーにおいてこれに当てはまる思考によると、理念型を用いる（idealtypisierend）構成作用は、結合されたもろもろの要素を現実において十分存在するものとして、「客観的に可能である」として体現させる、そうした「想像力[21]」を必要とするのである。そして最終的に二人の著者たちは、そうした理念型の、あるいはフィギュールの構成と結びついているべき研究実践上の目標を定義するにあたっても一致するのである。すなわち、ヴェーバーにおいて読み取ることができるように、理念型そのものは「仮説」ではけっしてなく、「仮説形成」にただ「方向を指示すべき[22]」であるとされ、それと同様にアドルノにおいても、構成的に作り上げられたフィギュールについては、「ラチオが検証したり、確かめたりしながら、法則を拒絶する現実に近づいていくためのさまざまなモデル[23]」であるとされる。後になるとアドルノにおいては、科学論的説明と連関して、ヴェーバーが語っていたことへとさらにもっと強く向かう多くの表現が見出されるようになる。つまり、理念型を用いることで現実を構成することは、経験的仮説がそれに沿うかたちで措定されねばならない、ある種の導きの糸を紡ぎ出すのである。

しかし、アドルノの方法論的考察においては、この概念に対して、いかなる等価物があるのだろうか。ヴェーバーは理念型を基礎づける際に、「文化意義」の概念にきわめて重要な役割を担わせていた。このように問うことでやっと私たちは、アドルノが彼の就任講演において、資本主義的な生活形式の唯物論的解釈学という着想を素描するために説明を試みた、プログラムの中心に迫ることになる。ヴェーバーは、概念が、特定の事象や現象の文化意義を具体的に示すために理念型が役に立つと主張する場合に、彼は周知のように新カント派にならっている。この連関で文化意義とは、超人格的で、歴史的にすでにある価値の観点を意味する。この観点にしたがうことではじめて、個々のデータの混沌とした寄せ集めは全体として、研究にとって有意な出来事の束と行為の連鎖がそこではっきりと姿を現すようなありかたで、組織されるはずなのだという。[24] ヴェーバーは、具体的に説明するために例を引いてくるのだが、その選び方はまるで、後にアドルノが挙げる例を、直接指し示しているかのように見える。ヴェー

(19) Adorno, »Die Aktualität der Philosophie«, a. a. O., S. 337〔前掲、「哲学のアクチュアリティ」、一二三頁〕.
(20) Ebd., S. 342〔同前、一三三頁〕.
(21) Weber, »Die ›Objektivität‹ sozialwissenschaftlicher und sozialpolitischer Erkenntnis«, a. a. O., S. 192〔前掲、『社会科学と社会政策にかかわる認識の「客観性」』、一一六頁〕.
(22) Ebd., S. 190〔同前、一一二頁〕.
(23) Adorno, »Die Aktualität der Philosophie«, a. a. O., S. 341〔前掲、「哲学のアクチュアリティ」、一三一頁〕.
(24) Vgl. Dieter Henrich, *Die Einheit der Wissenschaftslehre Max Webers*, Tübingen 1952; Michael Schmid, »Idealisierung und Idealtypus. Zur Logik der Typenbildung bei Max Weber« in: Gerhard Wagner, Heinz Zipprian (Hg.), *Max Webers Wissenschaftslehre*, Frankfurt/M. 1994, S. 415–44.

バーは次のように述べている。「「資本主義的」文化のユートピア、つまり、私的資本の価値増殖の利害関心によってのみ支配されている文化のユートピアは描こうと思えば可能である。それには、近代の物質的ならびに文化的生活に散在している個々の特徴を、それぞれの固有のあり方について思考したうえで高めて、私たちの考察のために矛盾のない一つの理想像に一体化しなければならないだろう。それは、資本主義文化という一つの「理念」を描き出す試みとなるだろう[25]」。しかしそのような包括的な理念型を構想することが、すでに一九三一年においてアドルノが意図したことだったとしても、彼は資本主義的価値増殖の文化意義だけを、理念型のための妥当基盤として主張するはずはなかっただろう。むしろアドルノはその年には、ルカーチの物象化分析を事実として正しいと確信していたので、ヴェーバーの学問論が帯びる文化的パースペクティヴィズムを頼りにすることはできなかったのである。資本主義の「第二の自然」を、構成的に、理念型を用いて解釈するというプログラムのためにアドルノが行う正当化は、完全にヴェーバーのものとは異なるものであり、むしろヘーゲルの前提にしたがっている。つまり、ルカーチとともにアドルノが確信していたのは、人類の理性にしたがった形成過程は商品交換による一般化によってあまりにも深く破壊されてしまい、ついには資本主義の下での生活状況が全体として、全方面にわたって物化された関係のかたちを帯びてしまうにいたっているということである。社会的なものがそのように自然に類似した状況へと退行してしまっているという主張は、けっして特定の価値パースペクティヴを受け入れることの帰結ではなく、それ以外のあらゆる伝統的な理論的アプローチの失敗という事実から生じている。同時代の哲学と社会科学が危機に陥っているという動機は、アドルノにとってはルカーチあるいはホルクハイマーにとってと同様に、正当性を判断する審廷という役割を果たしている。すなわち、彼らからすれば歴史的にこれまであった思考の試みはすべて、近代の現存在様式の特別な固有の有りようを把握することに体系的に挫折してきたのであり、それゆえ消去法的に考えると、ただ解釈学的アプローチのみが物象化現象においては理論的に適切であるということが示されるはずなのである。あらゆるポスト観念論的な理論が、現在に生きるいずれの主体にも等し並みに関わってくる現象をめぐって当然の結果として失敗したという、この証拠こそが、アドルノにとっては十分な根拠を与え、彼自身の立場が優れていることを示すのである。

しかし、アドルノの解釈学的アプローチのヘーゲル的前提においては、とりわけ次のことが重要である。つまり、この前提によると、必然的にアドルノは社会の状態と理性の有りようを直接的にパラレルな関係に置かざるをえなくなる。このように均しく扱うことがけっしてたやすい試みではないのは、物象化という社会的な病理が本質的に人間の理性の能力の歪曲と関連していることを説明しないといけないからである。確かにルカーチはそのような方向へと大胆に進もうと試みた。そのために彼は、客体化する行為を、人間が理性を付与された存在としてその特徴にしたがって合理的な現実へと埋め込まれている、そうした包括的な実践に一種の中断をもたらすものと理解しようとしたのであった[26]。しかし、この着想にアドルノは、その理性観念論的な前提を理由に、けっして実際には納得はしていない。それゆえにアドルノはその都度くり返し、自分自身で根拠づけを試みるのであった。アドルノは彼の著作にお

(25) Weber, »Die ›Objektivität‹ sozialwissenschaftlicher und sozialpolitischer Erkenntnis«, a. a. O., S. 191f〔前掲、『社会科学と社会政策にかかわる認識の「客観性」』、一一四―一一五頁〕.

(26) Lukács, »Die Verdinglichung und das Bewußtsein des Proletariats«, a. a. O., S. 301, 307, 327, 338, 385f〔前掲、「物象化とプロレタリアートの意識」、一九六八年、二二八、二三五、二六五―二六六、二八一―二八二、三四九―三五〇頁〕.

いて、どうして商品交換が一般化することが同時に人間の理性の歪曲（Verformung）を意味することになるのか、ということを説明するためのアプローチを提示していた。こうした箇所がたくさん見出されるなかでも、私にとってもっとも有益だと思えるのは、「模倣」の概念で説明を試みるところである。『ミニマ・モラリア』の長い、九九番目のアフォリズム（「試金」）に、ある短い文章があるが、これは適切な理論を示す鍵として役立ちうるかもしれない。「模倣を離れて人間性はありえないのであり、人間は他人を真似ることではじめてそもそも人間となるのである」[27]。それに加えてこの箇所は、同じように模倣に人間の心の発達にとっての重要な意味を認める最近の社会人類学の観察とも符合している[28]。この箇所から再構成しうるのは、アドルノがなぜ商品交換の物象化を、同時に理性の歪曲の原因として見たのかである。すなわち、模倣的な振る舞いによってのみ、つまり、アドルノにとってそもそも愛情に満ちた慈しみという情動から生じてくる振る舞いによってのみ[29]、私たち人間は理性能力（Vernunftfähigkeit）に到達することができるのである。なぜなら、私たちの相互行為のパートナーから私たちに向けられた関心の志向性が次第にはっきりと分かってくるにつれて、私たちは他者のパースペクティヴからも自分自身を世界に関連づけることを学ぶからである。つまり、現実はもはや私たちにとって、適応反応をしなければならない、ただの挑戦領域ではない。現実は、ますます増えていく意図と、願望と態度に満たされていくのであり、これらを私たちは、私たちが行為するに際して理由として配慮することを学習するのである。このいわば「内側から」世界を知覚する能力を、アドルノは人間どうしの振る舞いの領域に限定して見なかった。むしろ反対に彼は、私たちに特殊な、模倣に基礎づけられた理性能力をまさしく、言葉を話さぬ存在という、たとえ事物であったとしても、それらの適応の目標を、合理的な配慮を要求する意図として経験することに見ていた。それゆえアドルノは次のことを確信していたのである。すなわち、真理の認識はいずれにせよ、私たちのパースペクティヴから見て合理的である世界の構造に正しく対応できるためには、愛情に満ちた模倣という原初的な刺激を、自らのうちに保持していなければならないのである。こうしてアドルノは、商品交換の制度化と、他者のさまざまな意図を合理的に尊重するという能力をなんども退行させるように私たち人間を導く、そうした行為図式とが結びついていると見なすのである。それゆえ、物象化は、アドルノにとっては人間の「再中心化（Rezentrierung）」の過程を意味する。なぜなら人間は、他者の意図と願望のパースペクティヴから世界を知覚することをいったんは身につけていながらも、交換の命法にしたがうことで忘れてしまうからである。そうした他者の意図と願望の意味は、人間にはそもそも模倣することによってのみ理解できたのだった。その限りでアドルノが次のことを主張するのは、ある程度までは正しい。すなわち、商品交換の拡大は同時に、理性の歪曲過程でもあるのだ。交換の行為図式にのみしたがい、ますます増大する行為領域において行為することへの強制は、人びとに対してその理性能力を、価値増殖可能な所与をもっぱら自己中心的な計算に限定して用いることを強いるのである。

（27） Theodor W. Adorno, *Minima Moralia. Reflexionen aus dem beschädigten Leben*, Frankfurt/M. 2001, Nachdruck der Originalausgabe von 1951, S. 292〔『ミニマ・モラリア』三光長治訳、法政大学出版局、一九七九年、二三四頁〕.

（28） 例えば以下の書籍の、特に二章と三章を参照。Michael Tomasello, *Die kulturelle Entwicklung des menschlichen Denkens*, Frankfurt/M. 2002〔『心とことばの起源を探る』大堀壽夫他訳、勁草書房、二〇〇六年〕. また次の書籍の特に三章と四章を参照。Peter Hobson, *Wie wir denken lernen*, Düsseldorf/Zürich 2003. 人間の思考の「ミメーシス的」、あるいは感情的－相互主体的前提については、次の論文を全体にわたって参照。Martin Dornes, »Die emotionalen Ursprünge des Denkens«, in: *WestEnd. Neue Zeitschrift für Sozialforschung*, H. 1/2005, S. 3-48.

（29） Adorno, *Minima Moralia*, a. a. O., S. 292〔前掲、『ミニマ・モラリア』、二三四頁〕.

理性の社会的な病理という、この着想こそが今や、アドルノの理念型を用いる解釈手続きが資本主義分析の枠組みにおいて取るとされる方法的適用ポイントを説明する。[30] 社会状況の再自然化、そして、私たちの模倣の能力が消え去ってしまうことにその本質があるという物象化は、まさしく、社会的なものという現象領域に、参加者のパースペクティヴから内的に接近することを禁じるのである。研究者はむしろ、観察者のパースペクティヴで満足しなければならず、彼にとって社会的世界は意味を空疎化された出来事の連関として与えられており、この連関は効用計算する個別主体たちによって占められているのだ。もちろん研究者もまた、社会的なものの退行過程の社会的な原因が分かっているので、いかなる歴史的な、それどころか客観的な意味が、経験したことのない事象に与えられるのかを知っている。それゆえ研究者は、社会的な行為の経過が持つこうした客観的な意味を、要点をとらえて明らかにするのに適した方法を得ようと、力を注ごうとするのである。このことがまさに、アドルノが理念型を用いた構成に託した課題なのである。この構成の仕方は、社会的な現実の特定の要素を概念的に高めることによって、一般化された商品交換によって起こる理性の病理が典型的なかたちでそこに映し出される、フィギュールを生じさせる。アドルノは、彼の著作においてこのプログラムをやり遂げる、そのタイトルを、資本主義的生活形式の観相学と名づける。

II

アドルノにおいて社会理論的関連でもしばしば一種の「誇張術[31]」の帰結として表されるものは、これまで述べてきたことにしたがうなら、それはただ理念型を用いた概念形成によるものである。すなわち、既にある現実が帯びる個別の特徴は、新しくグループ分け（Neugruppierung）されることで、理性の社会的な病理が箇にして要を得た描写がなされるような仕方で様式化され、まとめられるのである。そのような概念の構成においては、解釈が、すなわち「理解の特殊な形式」が重要であるという考えにしても、それはこの関連では、ある厳密な意味合いを持っている。つまり、事態に相応しく明らかにする機能を伴った特定の「フィギュール」をうまく生み出すことができれば、ただちにそれと同時に、またある解釈も行われているのである。なぜならその場合に、制度化された習慣行動（Prakrik）、態度、あるいは規制からなるアンサンブル全体が、形成過程が忘れ去れてしまう一つの兆候としてはっきりと分かっているからである。アドルノの資本主義分析においてライトモティーフとして見出せる概念のうちで、そうした解釈的な性格を持っていないものはどれ一つとしてない。数多くの社会現象はつねに閉じられた統一体へと、つまり「フィギュール」へとまとめられる。そして、この「フィギュール」によって私たちは、新しいグループ分けに助けられて、多くの社会現象においてはつねに私たちの原初的な理性能力が変形されるという現象のあり方に問題があることを示すことができるのである。アドルノの資本主義分析は根本的に、そしてその遂行において、人間の理性の社会的な病理のための深層解釈学なのである。つまり、交換価値にだけ方向づけられた行為を表現する、そうした理念型によって純化され強められた

（30） この点については本書における以下の章を参照。Vgl. Axel Honneth, »Eine soziale Pathologie der Vernunft. Zur intellektuellen Erbschaft der Kritischen Theorie«〔「理性の社会的病理——批判理論の知的遺産をめぐって」、本書第2章〕.

（31） Bert van den Brink, »Gesellschaftstheorie und Übertreibungskunst. Für eine alternative Lesart der ›Dialektik der Aufklärung‹«, in: *Neue Rundschau* 1/1997, S. 37–59.

行動パターンは、資本主義的な生活形式がどれほどまでに道具的で、自己中心的でしかない、私たちの合理的な能力の使い方を強いるのかを明らかにするのだという。社会分析と理性診断がこのようにきわめて緊密に引き合わされる点においては、確かにアドルノの資本主義理論と並ぶものはないのである。

しかしこのように特徴づけてもまだ明らかになっていないのは、次の点である。つまり、アドルノ自身は自分の資本主義分析をなぜ解釈学ではなく、私たちの生活形式の観相学ととらえていたのだろうか。「観相学」という概念、あるいは「観相学的な」という概念は、アドルノの著作に非常に広く散見される。つまりそれらの概念は、文学作品の解釈における印象的な部分に登場し、音楽分析にも当然ながら決定的な作用を及ぼすのだが、決まって同じように社会学的な分析においてもくり返されるのである。[32]さしあたり、このカテゴリーから言えることは、せいぜいのところ、これまですでに「客観的」解釈学、「唯物論的」解釈学、あるいは深層解釈学という概念を手がかりに説明されてきたものである。つまり、アドルノの資本主義分析においては本質的に、理念型による構成を用いて様式化された私たちの生活形式の表層の現象から、それらの現象の根本的な特性を、すなわち私たちの才能として与えられた理性が社会的に歪曲されていることを導き出す試みが重要なのである。しかし「観相学」という概念には、アドルノの次のような確信とも関連する、それをさらに越える意味が含まれている。つまり、特定の種類の人間の精神活動は、人間の身体的本性（Natur）にも浸透しているという確信である。人間の身振り、擬態、それどころか世界のなかでの、そして世界とのあいだの実践的な交流のあり方はいずれも、それらが他方で自然の強制への反応形成を示すのとまったく同様に、人間の理性の活動のそれぞれ個別的なプロフィールの表現である。自然と精神がそのように絡まり合っているがゆえに、アドルノからすれば、社会分析はそもそもの対象領域を越えて拡張しなければならなかった。ただ言語による、あるいは書かれた表現だけではなく、生活形式の物理的形態が全体として、理念型を用いた解釈の対象とならねばならなかったのであり、その解釈は表層現象を越えて私たちの理性の歪曲の決定的な特徴に到達することを目指すのである。それゆえ、アドルノの社会分析を狭義の社会学的著作に限定させてしまうことは間違いかもしれない。そのことは建築における装飾の復古の診断にも[33]、『ミニマ・モラリア』における身振りの一面化の観察と同様にあてはまる[34]。伝統的な観相学者が、類型化的な雛形に基づいて人間の顔の特徴から規定的な性格の特徴を推論するとされているのと同様に、社会分析を行うものもまた、社会生活の物理的な表層に接近しなければならず、そうして私たちの生活形式の性格を逆向けに推論することを可能とする「フィギュール」を、理念型を用いた構成を頼りに際だたせるのである。

アドルノの資本主義分析が帯びるこうした「観相学的な」特徴よりさらに決定的なのは、言うまでもなく、理念型による概念形成をその都度次のように構想するというもくろみである。すなわち、アドルノは、さまざまな現象を過度に様式化して示すことで、根本的に私たちの理性能力（Vermögen）が歪曲

（32）Vgl. etwa Theodor W. Adorno, »Aufzeichnungen zu Kafka«, in: ders., *Gesammelte Schriften*, Bd. 10, a. a. O., S. 279; ders., »Karl Korn. Sprache in der verwalteten Welt«, in: ders., *Gesammelte Schriften*, Bd. 20, a. a. O., S. 517; ders., »Mahler. Eine musikalische Physiognomik«, in: ders., Gesammelte Schriften, Bd. 13, a. a. O., S. 193〔『マーラー――音楽観相学』龍村あや子訳、法政大学出版局、二〇一四年〔ただし、該当部分（編集者による注釈）は訳出されていない――訳者〕; ders., »Anmerkung zum sozialen Konflikt heute«, in: ders., *Gesammelte Schriften*, Bd. 8, a. a. O., S. 194.

（33）Theodor W. Adorno, »Funktionalismus heute«, in: ders., *Gesammelte Schriften*, Bd. 12, a. a. O., S. 375-395.

（34）例としてはここでは『ミニマ・モラリア』の二つのアフォリズム十八番（「ホームレスの収容所」）と十九番（「ノック不要」）だけを挙げておけばいいだろう。

した状態が露呈するように、理念型による概念形成を行おうとしているのである。アドルノが彼の社会理論的な著作において重要な構造概念（資本主義、交換、価値増殖）の数々を越えて用いていた主たるカテゴリーはすべて、個々の諸現象を独自のあり方で束ねており、そのことによって、どのように相応する現象において模倣的な理性が効力を失うという事例が問題となるのかが、はっきりと分かるように構成されている。すなわち、アドルノの資本主義分析はおそらく、そのような理念型を用いたカテゴリーからなる、一つの網の目全体を構想するという試みにほかならないのである。そして、それらのカテゴリーは、互いに協奏するなかで、ヴェーバーの言葉を引用するならば、「資本主義文化という考え方」を分かりやすく描き出すことを可能とするのである。アドルノが、彼の社会学的な鍵カテゴリーを理性診断という点にまで描き出すことに成功しているかどうかは、実例を挙げるとすれば、「組織」と「集合的ナルシシズム」の概念を例にとって説明することができるだろう。

アドルノの資本主義分析に見られるカテゴリーのネットワークにおいて鍵となる地位を占める「組織」という概念の構成については、ある特徴がまず私たちの目を引くが、この特徴はこれまで、あまりにもわずかにしか考慮されることがなかった。つまり、理念型的な「フィギュール」にまとめられる個別の現象は、ある種の経験のための導きの糸として紹介される。そして、この経験には、現在、あるいは近代にとってのみ意味を持つために過去の時代に遡ることのできない、そうした歴史的な性質が内在しているのである。資本主義の自然状況を視界に収めている社会分析者はしたがって、歴史的に特殊な精神の状態と期待のことが分からないというほどに、社会と疎遠なわけではない。彼が社会的な病理をはっきりと説明するために集めなければならない所見には、つねにまた歴史的にのみ説明できる初期経験もまた含まれる。「組織」の場合にアドルノは、その概念形成を次のような観察から始める。つまり、

「ますます多くの生活圏域が組織によって覆われていくこと」[35]は、それが今日では特に、個体的自由という歴史を通じて拡大してきた期待と衝突するがゆえに、無力の感情を引き起こすのである。字義的にはヘーゲルとほとんど一致して語られるように、個体的自律の「潜勢力」が一般に「可視的」になった、[36]そうした社会的時代においてのみ、官僚組織の拡大には、自分自身がますます無力になっているという感覚が伴いうるのである。しかしながら、本質的な現象として理念型の構成へと含み込まれざるをえない、こうした精神の状況が広まっている理由としては、近代的組織の二つの展開傾向が働いており、これらの展開傾向は今やすでに、ただ合理性の理論概念においてのみ説明がなされうる。一方で「意識的に作り出された」、技術的〔公共施設の建設など共同目的のために地方自治体が結成する〕目的連合[37]として組織が設立されることが一旦は役立つとされた理性的目的は、単純に「機能する」経過のなかでつねに不透明になっていくのであり、その結果としてその目的は最後にはそのそもそもの「権原」[38]〔ある行為を正当化するための法的根拠〕から乖離しはじめたのである。今日では、アドルノが彼自身の概念構成においてこの現象を確認しているように、組織の道具的「手段」から、ある「自己目的」が生じてきたのであるが、その際に主体たちには、影響を行使し、あるいはそれどころか制御する機会すら、もはや残されてはいなかったのである。[39]しかしこの独り歩きの過程の裏面を見ることによってこそアドルノは、彼が

(35) Theodor W. Adorno, »Individuum und Organisation«, in: ders., *Gesammelte Schriften*, Bd. 8, a. a. O., S. 440-456, hier: S. 440.
(36) Ebd., S. 443.
(37) Ebd., S. 441.
(38) Ebd., S. 442.
(39) Ebd.

カテゴリー形成の中心に持ってくる分析結果にいたることができるのだが、この結果、彼はそのカテゴリー形成を援用し、理性診断への橋渡しを完成させるのである。彼の分析結果によると、単に機能することのためだけに組織がルーティン化した手続きを経過してゆくようなかたちで、組織内部で目的が独り歩きする度合いが高まれば、その分だけはっきりと、特定集団のメンバーが恣意的に排除される傾向が高まる。「すべての人を包み込む組織には、まさしく」、アドルノが述べるように、「逆説的なことに排除するという性質、特殊であるという性質が内在しているのである［…］。人がある組織から締め出されうるということは、まさに組織の概念に含まれていることであり、同じように排除手続きは、集団の意見を通じて行使される支配の痕跡を含んでいる」[40]。この文章の後半部分こそが、なぜ行政的な「法に基づいての恣意」がそもそも歪曲された理性の兆候を示すというのかを説明する。なぜならアドルノにとって排除は、「支配的な集団意見とは一致しないもの」[41]に対して閉ざされる、という原理に基づくのである。まさに非同一的なものを排除する傾向は、彼の「組織」のカテゴリーの構成を理性診断において先鋭化することを可能とする消尽点なのである。すなわち、他者をまず模倣することができず、それと同時に自分自身の特殊な観点を放棄できないことこそが、支配的な道具的理性を、それがそもそも持っているはずの潜勢力からはっきりと乖離させてしまうのである。アドルノの「組織」概念においてはしたがって、三つの現象が、つまり、あらゆるところに偏在する無力感、手段の目的への転化、「非同一なもの」の恣意的排除への拡大する傾向といった現象が、ただ一つのフィギュールへとグループ分けされている。そして、このフィギュールを過剰に様式化することによって、私たちの現代の生活形式が、どれほどまでに人間理性の病理的な歪曲に拠っているのかが明らかになるというのである。

アドルノの意図、つまり理念型を用いた先鋭化によって資本主義分析を理性診断として遂行するという意図が、さらにはっきりと現れてくるのは、彼の社会心理学のカテゴリーに即してである。ここではフロイトの精神分析に基づく重要な概念がすべて整理されており、さまざまな振る舞いの様式と性質をただ一つの類型にまとめて、そこでパースペクティヴの受け入れ能力が価値増殖の強制によって制限されて退行している、そのさまが描き出されるようにしてある。そのことは典型的に「集合的ナルシシズム」の概念において手短に説明されうるが、この概念は後のアドルノの社会心理学において本質的な役割を果たしている。[42]「組織」概念においてと同じようにアドルノは、この場合においてもまた、「無能力」、あるいは「無力」のような表現を彼があらためてそのために用いている。[43]精神状態に限定した諸現象からまず出発する。しかし「集合的ナルシシズム」と関連して、彼の著作のほかの箇所よりもより特徴的であることは、次のことが明らかになるという点である。つまり、この蔓延している気分の状態は、実際に起きている自律の喪失という具体的経験から生じてきているのである。「政治と神経症についての注釈」で述べられているように、「テクノロジーによる失業」というはっきりと感じ取ることができる苦しみ、「自分自身の力で生活を支配することが経済的にできないこと」[44]、したがってまとめて言

(40) Ebd.
(41) Ebd.
(42) 以降で私はアドルノが一九五四年に執筆した短い「政治と神経症についての注釈」を手がかりにする。Adorno, »Bemerkungen über Politik und Neurose«, in: ders., *Gesammelte Schriften*, Bd. 8, a. a. O., S. 434-439.
(43) Ebd. S. 438.
(44) Ebd.

えば「支配的な社会的機構のなかで自分は余計なものであるという、ますます大きくなっていく感覚[45]」は、互いに結びつき合って個々人の無能感というとてつもなく強い感覚となっていく。この集合的精神状況が、「集合的ナルシシズム」の概念の構成へと受け入れられる第一の現象だとすれば、第二の現象は、今日、新生児期の社会化過程において、対象との恒常的な関係形成がうまくいかないケースがますます増えている、という社会心理学的診断に由来する。すなわち、他者への愛情のなかへと流れ込むのではなく、自分自身の自我へとリビドーのエネルギーが向かってゆくのである[46]。これらの概念要素がどれほど経験的な豊かさをはらんでいようとも——ここでは確かにかなり疑わしいと指摘されるだろうが——アドルノにとって社会心理学的なカテゴリーの最初の現象と第二の要素のあいだで、第二の要素は、不可避で、いわば因果的なかすがいを形成している。すなわち、自分自身の自我が形成過程において弱すぎるとして、力が不足しすぎるとして経験されるがゆえに、個人は「万能で、肥大化し、そしてその場合に自分自身の弱い自我と深いところで似ている集合的形象のうちに」、ナルシシズム的な「補償[47]」を求めるのである。この最後の現象でアドルノが考えていたのは、もちろん、全体主義運動の権威主義的な指導者の下に従属することだけではなく、「内集団〔排他的小集団〕」との「頑固な同一化[48]」のメカニズムもまた彼は想定していた。他方でまた、「集合的ナルシシズム」概念においては個々の現象が、次のようなかたちでつなぎ合わされている。つまりそこで個々の現象は、全体的なフィギュールとして、個別の振る舞いの様態と私たちの理性の歪曲のあいだの本質的な関連がはっきりと見て取れるようなかたちで、つなぎ合わされているのである。すなわち、他者に対して「情動を欠いている」状態で自分自身の集団の信念体系にみずからを固定するという傾向は、集合的ナルシシズムのかたちで、同時に模倣的理性の退行もまた表現しているのである。

おそらく、資本主義分析のためのほかの鍵概念についても、どのようにしてそれらの概念が、私たちの理性の社会的な病理をはっきりと説明するための導きとして、理念型による構成となっているのかを示そうとしても、それは難しいことではないだろう。すなわち、例を挙げるならば、「文化産業[49]」の概念にしても、同様に「半教養[50]」の概念にしても、次のように形成されている。つまり、それらの概念の下でまとめられている諸現象は、構成の最後のポイントで、模倣するという振る舞いが実際に不可能になるあり方として露わになるように考えられているのである。したがって、いずれの場合においても理念型的なフィギュールは、経験的な仮説形成のための指標として用いることができるように構想されている。しかしながら私は、最後のステップでさらなる事例を扱うことはせずに、手短に次の問いについて明らかにしたい。すなわち、どのようにしてアドルノは、理念型を用いた自らの思考の進め方を、放棄することのできない抵抗の潜勢力の証明と結びつけたのかという問いである。

(45) Theodor W. Adorno, »Individuum und Organisation«, a. a. O., S. 446.
(46) Adorno, »Bemerkungen über Politik und Neurose«, a. a. O., S. 437.
(47) Ebd.
(48) Ebd., S. 436.
(49) Theodor W. Adorno, »Résumé über Kulturindustrie «, in: ders., *Gesammelte Schriften*, Bd. 10, a. a. O., S. 337-345.
(50) Theodor W. Adorno, »Theorie der Halbbildung«, in: ders., *Gesammelte Schriften*, Bd. 8, a. a. O., S. 93-121〔「半教養の理論」三光長治他訳、『ゾチオロギカ――フランクフルト学派の社会論集』、平凡社、二〇一二年、二一〇―二四九頁〕.

アドルノは、構成するという手続きを用いて私たちの生活状況の病理を可視化しようとするのだが、彼は実際に一度たりとも次の問いを見失うことはなかった。つまり、こうした生活状況の病理を、はたして私たちは、理性があらゆるかたちで制限されているにも関わらず、乗り越えることができるだろうか、という問いである。確かに彼は、現実の歴史的な変革力についてのいかなる模索に対しても、つねに多大なる疑惑の念を寄せていた。それは、彼が実践のすべてのかたちが、ある程度までは道具的態度によってすでに貫徹されていると見なしていたからである[51]。そして、アドルノの社会学的、時代診断的著作で重要な役割を果たしている「幻惑連関」のカテゴリーは、見まがうことなく、資本主義的現実が集合的に認識される機会について、アドルノが抱いている疑惑をあますことなくはっきりと分かるようにしている。それにも関わらず、彼の作品の多くにおいて私たちがいつもつねに見出すのは、理性能力が歪曲されているという事実は主体たちにも、独特なかたちで今なお知ることができるという確信である。「物象化」に根本的に気づくことができるだろうという、この信頼の鍵は、アドルノの「苦悩（Leiden）」のカテゴリーに見出すことができる。確かにこの「苦悩」概念もまた、もちろんのこと、すでに述べた理念型による構成手続きの「フィギュール」がそうであったように、純然たる経験的な観察概念ではない。アドルノが用いる「苦悩」の概念は、言語的に分節化された、明示的な経験を確認するという意味で考えられているのではない。むしろこの概念は、理由づけられた推測、つまり人間はその合理的なもろもろの能力を制限されることによって、無傷の自己実現と幸福が失われていると感じ取るにちがいないという推測がなされる、ありとあらゆるところで、「超越論的に」仮定されるのである。どのようなかたちで理性が制限されるにしても、いかなるかたちで私たちの合理的潜勢力が喪失されるにしても、それらは客観的に精神的な苦悩をはらんでいるというテーゼを、アドルノは、フロイトの学説のうちに隠れている人間学から学び取る。つまり、フロイトとともにアドルノは、私たち人間はそもそも生まれながらに、私たちの合理性に支障を来した場合には、それに苦悩という身体的な感覚で応答するものである、[52]と確信している。無意識的な感覚として、あるいは「刺激」として弱い認識上の内容を持つそのようなもろもろの感覚に、アドルノは彼の確信の拠り所を見る。すなわち、資本主義的生活形式が損なわれているとしても、そのことを主体は知覚できる状態にあり続けるという確信である。

しかしながら、アドルノの著作においてこの思考の歩みがはっきりと正当化されていることを模索しようとしても、それは無駄に終わる。確かに、身体的な苦悩を惹起する刺激（Leidensimpuls）が避けがたいことへの言及は、無数の場所で見出すことができる。しかし、その苦悩刺激を、規範的に、あるいは社会批判的により高く評価するための根拠づけは、きまっていつも姿を現さない。それゆえ、アドルノの資本主義分析の内部で苦悩概念の体系的な役割を正当化できるもろもろの論拠に、事後的に寄与することこそが、補完的な解釈の課題なのである。その際に行うべきと思われるのは、連続的に絶えず仮説を複雑にすることによって、苦悩刺激と抵抗能力とのあいだにあると推察される連関を、最終的に視界に収めることができるようにすることである。

(51) Theodor W. Adorno, »Marginalien zu Theorie und Praxis«, in: ders., *Gesammelte Schriften*, Bd. 10, a. a. O., S. 759-782.

(52) この点については本書における以下の章を参照。Vgl. Axel Honneth, »Eine soziale Pathologie der Vernunft. Zur intellektuellen Erbschaft der Kritischen Theorie«,〔本書第2章「理性の社会的病理——批判理論の知的遺産をめぐって」〕; ders., »Aneignung von Freiheit. Freuds Konzeption der individuellen Selbstbeziehung«, S. 172ff.〔本書第7章「自由の獲得——個人の自己関係というフロイトの構想」〕.

きわめて規則正しく、アドルノの資本主義分析の理念型的なフィギュールは、主体たちの苦悩という反応に言及することによって、何度もくり返し中断される。なるほど、それどころか、これまで示してきた解釈にしたがうと、そのような言及は、相応するかたちで構成された現象の内容の一部となり、したがって、アドルノにとって資本主義的生活形式の理念型を用いた描写は、その種の苦悩刺激を受け入れることなくしては、まったく不可能であるかのように見えるのである。方法的に見ればそのことは次のことを意味している。すなわち、アドルノは現象のグループをそれぞれ作るときに、生の資本主義的な組織化は、軋轢なく再生産する機能連関へといずれ一体化しうる、という印象ですら予防線を張って排除したいと考えていたのである。特定の資本主義的現象について言うならば、それらの現象における苦悩と同じように、それらが機能することは「類型的」であり、この事実は反対に、この社会の再生産が必然的にいつもくり返し拒絶反応と不快感を生み出す、ということを告げているというのである。この分析結果から主体が抵抗可能であると主張ができるようになるために、アドルノは彼の「苦悩刺激」の概念を補うかたちで、決して通常の言葉の用い方には含まれない意味を、補充しなければならなかった。すなわち、そうした種類の刺激について示されえなければならないのは、次のことである。それらの刺激は、ある種の認識された内容をはらんでいるのであり、その内容の核心は、すでに有る、病理的な生活状況の克服への意図、あるいは願望に存するのである。私の確信によれば、アドルノは彼の「苦悩」概念をそのように充実させるために、その「苦悩」概念を目立たないかたちでフロイトの精神分析の諸要素で補っているのである。このようにカテゴリー的に充実をはかったことによって、主体たちが資本主義的な生の条件に反応する際に伴う刺激としての苦悩から、前反省的な願望が生じてくるのである。そしてこの願望は、模倣的な理性に備わっている私たちの潜勢力を縛りつける、そうした状況から解放されることへの願望なのである。

アドルノがそうした結論にいたるためには、「苦悩」概念について分析的に見て二つのステップで意味の深化を行わなければならない。まずアドルノが行わなければならないのは、彼が苦悩として表す刺激への反応に、理性が制限されているという感覚を含んでいる認識上の内実を与えることである。フロイトにしたがうなら神経症の兆候がそうであるように[53]、そうした苦悩刺激には、まとめて言うならば、前反省的な意識が、つまり、合理性を行使することが阻害されている、あるいは妨害されているという事実についての知覚が、備わっているにちがいない。アドルノはこの第一のステップを、次のような言い方で表現している。つまり、身体的な刺激はいかなるものであれ「内的な」反省形式を持っているのである。「[苦悩の（A・H）〔ホネット〕]身体的契機は、苦悩がけっして別様ではあるはずがないという認識を表明する[54]」。この文においてはもちろん、「苦悩刺激」と主体の「抵抗能力」のあいだに内的なつながりを打ち立てることができるように、すでにまたアドルノが実際に進んでいたにちがいない、そうした第二のステップが先取りされているのである。すなわち、苦悩の感覚は、自分自身の理性の潜勢力が展開しうるのはただ限定されてのみであるという認識を、痕跡として含んでいるだけではなく、同時にそうして感じ取られる歪曲から解放されるという願望も、孕んでいるにちがいない。ここでもまた

（53）　Vgl. etwa Sigmund Freud, »Zur Einleitung der Behandlung«, in: ders., *Gesammelte Werke*, Bd. VIII, Frankfurt/M. 1969, 5. Auflage, S. 454-478〔「治療の開始のために」道籏泰三訳、『フロイト全集13』、岩波書店、二〇一〇年、二四一―二七〇頁〕.

（54）　Theodor W. Adorno, »Negative Dialektik«, in: ders., *Gesammelte Schriften*, Bd. 6, a. a. O., S. 7-412, hier: S. 203〔『否定弁証法』木田元他訳、作品社、一九九六年。この部分は二四七頁〕.

アドルノは暗黙裡に再度、神経症的な苦悩は「回復への欲求」[55]を動機づけているという考えを受け入れて、フロイトにならっている。アドルノがその内部で主体たちの「苦悩」について語っている資本主義批判の準拠システムに転用してみるならば、この思考の歩みからは次のことが導かれる。すなわち、理性の歪曲という否定的な感覚は、その都度また社会的な病理から解放されることへの願望を自らに引き寄せるということである。それゆえ苦悩の刺激は、強調して言うならば、資本主義的な生活形式の道具的な過大要求に対して、主体には抵抗能力があることを保証するのである。

しかしながら、もしかするとアドルノは、彼の資本主義解釈のこの箇所において、さらに別の考えを明らかにしているのかもしれない。つまり、彼が思いをこめて幼年時代を語るところでは、いたるところで登場する、あの考えである。すでに見てきたようにアドルノが出発点とするのは、人間の理性は、自らが愛情を寄せる人びとを子どもが模倣する、その過程で形成されるということである。他者のパースペクティヴをミメーシス的に後から遂行することではじめて、子どもには自分自身の見方を脱中心化する機会が与えられ、実情について慎重に考慮し、したがって合理的な判断を述べることができるにいたるのである。私たちの思考が愛によって形づくられるという、この新生児の経験状況について、アドルノがここで仮定しているように思われるのは、それらの状況が記憶の痕跡として、社会的に強いられる私たちの精神の道具化の過程においてもまた、なおも維持されているということである。資本主義的な生活形式の道具的強制にまったく順応的に振る舞う成人ですら、感情移入と慈しみという早期の契機からその思考が由来することについての弱い記憶を保っているのだ。そのような経験の残滓こそが、アドルノがさまざま箇所で、彼の確信、すなわち、主体たちはあらゆる幻惑にも関わらず、なおもその理性の解放への関心を保持しているという確信の拠りどころとするものなのである。したがって、幼年時代の記憶は、道具的な生をあらゆるかたちで営むなかでもたえずくり返し、私たちの精神の活動に降りかかる社会的な制限から解放されるという願望を、呼び醒ますことができるのである。したがって、これこそがアドルノの強固な確信の背後に潜んでいる決定的な考えなのであり、それゆえに資本主義的な生活形式の彼の観相学は、幼年時代の規範的なイメージに繋ぎ留められているのかもしれないのである。(56)

(55) Sigmund Freud, »Abriß der Psychoanalyse«, in: ders., *Gesammelte Werke*, Bd. XVII, Frankfurt/M. 1972, S. 63-138, hier: S. 107〔「精神分析概説」津田均訳、『フロイト全集22』、岩波書店、二〇〇七年、一七五—二五二頁。この部分は二二一頁〕.

(56) この点については、『ミニマ・モラリア』の特にアフォリズム二番、七二番、七九番を参照のこと。

第5章　遂行される正義
――アドルノ『否定弁証法』の「序論」について

『否定弁証法』の「序論」を読む者は、アドルノがみずからのテクストを「編み物」や音楽の「作曲」(S. 44=45)(1) のように語ることによって、なにを目論んでいるのか、すぐにも気付くことだろう。この五〇ページ程度の長さの章は、なんらかのテーゼの導出にも、また、それについての段階を踏んだ説明や基礎づけにも関わることはない。この章は、たえず変奏されるいくつかのわずかな論考のモティーフから精巧に編み出された網の目として姿を現している。そこには論証が直線的に高められていくようにはとうてい思えないだけにとどまらず、見た目においてもテクストの流れは堰きとめられることなく進行し続ける。どれもが膨大な分量となっている各節どうしの間には、合計三箇所にだけ幅広い余白が置かれていて、訳注1 そのことよってなんらかの新しい始まりが示唆される。それゆえ外観からするなら、この「序論」は学術的なテクストというよりも、現代的な散文作品に似ている。つまり文章は、ある一つのテーゼを基礎づけたり、議論を先に進めたりすることなしに、ただいくつかの同じ根本思想だけをくり返していき、それらをつねに新たなニュアンスとともに変奏していくのである。

このような性質を持ったテクストは、注釈者に対して、ほとんど解決できない挑戦となる。楽曲的な編み物のなかからある一つの論拠を抜き出そうとすれば、たちまち叙述されたことの本質の少なからぬ部分もまたその表現的性格とともに失われてしまうことになる。そして逆に、さらに注釈のなかでこのテクストのスタイルをも正しく評価しようとするあらゆる試みをしてみたとしたところで、結局のところ、単なるパラフレーズへと行き着いてしまうことになるだろう。このような困難な状況に直面した際に賢明に感じられることは、この「序論」のなかの美的な性質に対するいかなる敬意をも放棄して、ほかのあらゆる哲学的著作に対するときと同じような冷めた論証的な態度で論じるということである。このような方法は、アドルノがあらかじめいかなる章句においても総合に向けて精巧に編み上げてきたものを好き勝手に解体していくことによって、ある種の解釈学的な不注意の危険を承知のうえであえて冒すことでもある。だが、このような方法を採るならば、アドルノの「序論」においては、それぞれ別の

(1) テクストのなかに含まれている引用ページ（括弧のなかにある）はすべて以下のものから。Theodor W. Adorno, »Negative Dialektik«, in: ders., *Gesammelte Schriften*, Bd. 6, Frankfurt/M. 1979, S. 7-412〔『否定弁証法』木田元／渡辺祐邦／須田朗／徳永恂／三島憲一／宮武昭訳、作品社、一九六六年〕.
〔訳注1〕 アドルノの主要な著作は、ときに数ページに及ぶ長い段落が並び、ページの上部にその段落のための見出しが書かれるといういささか変わった叙述スタイルが取られている。『否定弁証法』の邦訳においては、読みやすさを考慮してか、この叙述法は変更されており、各段落が節として独立し、その節内で段落が新たに設定されるという形式になっている。そのため、ここでの説明は邦訳版のみを参照した場合、理解しにくいかもしれない。なお、ここで言われる余白は、邦訳版で言うと一四節と一五節の間、一八節と一九節の間、二四節と二五節の間に置かれている（目次において、この余白部分が分かるようになっている）。

箇所で、その都度違った論拠によって基礎づけられている三つの異なったテーゼを区別できるようになる。最初にアドルノが主張するのは、ヘーゲル的な「弁証法」から、彼が「否定的」と呼ぶ新たな弁証法の形式に向けた移行は、今日において避けがたいということだ。第二に彼は、この新たな歴史的に不可避な弁証法の遂行形式への移行が起こるのだとすれば、「認識主観」にも「認識対象」にも、その双方にさらに大きな権利が授けられるようになるであろうということを想定している。そして、最後の三番目に彼は、このような哲学的思惟の方法だけが、現代の社会状況を批判的に超越するという機能を引き受けうると確信している。むろん、この順序は、これらのテーゼが互いに依拠し合う論理的な手順に対応しているわけではない。確かに「序論」においては、文章が醸し出す雰囲気からしても、また分量から見ても、「否定」弁証法への移行の必然性に関するテーゼがもっとも大きな比重を占めている。しかし、このテーゼは、現代における批判的哲学の機能や課題に関する最後のテーゼを前提にしてのみ、理解されなければならない。よって、私は、この「論理的」な順番に対応した再構成を以下のように行ってみようと思う。まず最初に現代の哲学的課題に関するアドルノによる規定を紹介する（Ⅰ）。そして、「肯定的」弁証法とは対照的な「否定的」な弁証法に関する彼の叙述に目を向けたい（Ⅱ）。最後に、新たな弁証法の構想から生じた、さらにその先にある、本質的にスタイルに関する帰結について粗描したい（Ⅲ）。

Ⅰ

「序論」における議論の個々の層を抜き出しはじめるためにはそもそも、『否定弁証法』全体の文脈と目標設定を簡単にふりかえっておくことが必要となるであろう。アドルノは一九五〇年代初頭からすでに、つまり亡命からの帰還以降、彼自身の思考作業における方法論的手続きのあり方を、哲学的に正当化するための著作を執筆するという計画に着手していたにちがいない。しかしその際にアドルノは、彼が執筆した多くの文章を理解しようとする者に対して与える困難を、明らかに自覚していた。その困難とはすなわち、もろもろのテクストや具体的な事態の分析において、それらの文章が、自明のように主観的感覚を強調していることによって生まれるものであった。純然たる個別的な経験を分節化することによって、事実と規範についての普遍妥当的な諸命題を導き出すという試みはおそらく、アドルノにとってはじめから彼固有の哲学的方法の真骨頂なのである。こうした理由から、五〇年代後半に彼が『否定弁証法』というタイトルを持つ本に向けた断片的なメモと草稿の数々をしたため始めた時点で、この一風変わった手続きを取ることに対する包括的な基礎づけを与えるという目標は念頭に置かれていた。最終的に一九六六年に刊行された完成された著作のなかでは、哲学の不可避な「具現化」が、なぜ、「否定的」に把握された弁証法を経てのみ実現されうるのかが、哲学的な伝統における古典的な問題とそれぞれ関係する三つの部のなかで説明されている。

だが、五〇〇ページにわたるこの著作の「序論」に関して言えば、その意図や目的設定についての明確なイメージを把握することはまったく簡単なことではない。簡潔に書かれた「はじめに」では、確かに「哲学的経験」(S. 10=4)という概念をあきらかにしようとしているものの、それは、ここで奇妙なかたちで省略を含んで取りあげられるテーマや考察の大部分を詳らかにするとはとうてい言えないものだ。そこで、このいささか不自然に感じられもするアドルノの課題規定を脇に置いて読んでみると、むしろここで、具体的な議論を展開する前に、一旦すでに、「否定的」弁証法の意図や意義に関する予備理解を与えようとしているという印象が湧いてくる。その印象を裏付けるのは、テクストが、その錯綜した道の上に新たな手続きを正当化するために不可欠な要素をほぼすべて含んでいるというだけでなく、この手続きを叙述の形式の内でほとんど自らもう実行しているということでもある。その意味で、この「序論」をアドルノの哲学的方法論の基礎づけとして理解すると同時に、その方法の提示としても理解することは十分に有効であろう。

このような新しい手続きが必要であることについて、アドルノがテクストを進めるなかで持ち出す論拠はすべて、最終的に、その基盤を哲学が取り組むべき課題に関するある特殊な見解に置いている。もちろん、彼にはこの種の課題規定を体系的に先取りするつもりも、説明の基盤としてこれをさらに説明するつもりも微塵もない。だが、やはり「序論」の最初の一文ですでにこのような考察が持ち出されているという事実は、なんといってもそれらの考察に論述を進めるうえでのある種の優位性が与えられていることの証拠ともなる。アドルノは、現代における哲学の変化した役割を話題にあげる際に、その変化の「社会史」的理由と哲学史的理由を結びつける。先に述べたように、すでに第一稿の時点でテクストの冒頭に見出される（S. 15=8）歴史的考察は、明らかにマルクスをほのめかしながら、哲学が「実現」の契機を逃してきたことに言及している。その際、アドルノは確かに、なにをもって厳密にそのような「実現」と理解すべきなのかという問いを棚上げにしてはいる。しかし、文脈全体からすれば、支配なき社会というマルクスによって描かれた理想を社会的現実に転化しえたはずの社会革命は消え失せたと考えられていたこともはっきりと分かる。アドルノはこの革命の頓挫と同じ関連からさらに、もはや哲学は世界の合理化に貢献することができると主張できないのならば、自身の役割を変化させせなければならないという結論を導き出す。すなわち、哲学によって「現実と一致するとか、現実を生み出すことに直接向かい合うとかいった約束」が履行されぬままになってしまった後では、哲学は「自分自身に仮借なき批判」を行わなければならないのだ（S. 15=8）。

ただし、この重要な結論のために持ち出される基礎づけの土台は、確かにとても脆弱なものだ。というのも、一哲学的プロジェクト、すなわちヘーゲル左派が理性の実践的実現という試みに失敗したという歴史的事実があるからといって、どうしてそこから、哲学全体にとって、純粋な自己批判に自らの将来を制限しなければならないということが導き出されるのだろうか。せいぜいのところヘーゲル左派の後継者たちからなるほかに例を見ない伝統についてだけ妥当と見なしうる結論を、アドルノは哲学という分野全体に押し付けようとしているかのように感じられる。この基礎づけのはなはだしい隙間を埋めるためにおそらく、アドルノはつねに、第一の論拠である歴史的論拠との関連において、彼がよく哲学史的と呼んでいる二番目の考察を展開しているのである。内容的に照らしてみると、この思考過程はすでに一九三一年という早い段階の就任講義に見ることができる(2)。しかし、その時点ではまだ（ドイツにおける）同時代の哲学についての批判的概観として目論まれていたものは、この『否定弁証法』の「序論」では今や、いくつかの箇所において、哲学的発展のあらゆる方面でよく知られている論理の純然たる想起としてのみ示される。それによれば、ヘーゲルの体系は、哲学の理論形成史における最高点にして転換点である。というのも、一方で、ヘーゲルの体系は、最も大胆で明確な形式で、現実性全体を概

（2）　Theodor W. Adorno, »Die Aktualität der Philosophie« (1931), in: ders., *Gesammelte Schriften*, Bd. 1, Frankfurt/M, 1973, S. 325-344〔『哲学のアクチュアリティ』細見和之訳、みすず書房、二〇一一年〕.

念的に見通すことができるという哲学理論形成に内在する主張を代表するものであるが、他方では、その理論形成が劇的に挫折してしまったがゆえに、それ以降のあらゆる試みは「観念論の危機」からの打開策として理解されえなければならないからだ。「序論」には多数の哲学史的な補論が集められており、それらはともに、ヘーゲルが挫折した点において反転する運動という、このイメージを正確に描き出している。つねに包括的なものになっていく全体性が認識に向かうのではなく、この運動は今や、具体的な諸現象を可能な限り精確に解明することを目指すのである。それゆえアドルノは彼のテクストのなかで、ベルクソン（S. 20=15）やフッサール（S. 20=15）、サルトル（S. 59f=64f）について詳しく語っているが、彼らの哲学的アプローチは、理性的観念論への応答として、直接的に、つまり概念的に可能な限り純粋なかたちで現実に近づき続けようとする、そうした挫折した試みにアドルノには思えたのであった。

マルクスの革命理念の挫折を真摯に受けとめるべきあらゆる哲学的努力の運命的契機にするという意味で、哲学史についてのこれらの断片的粗描は、一つ目の社会史的な議論と関連する。革命が起きなかったことは、世界改革についてのなんらかのプロジェクトのみならず、理性的認識という観点に従って現実をかたちづくるというすべての哲学にこれまで内在してきた願望にも終止符を打つのだ。本質的に、アドルノは、ヘーゲルとマルクスの間に体系的な裂け目を生じさせることすらしない。というのも、マルクスが、彼の革命という目論見において実践へと転化させているのは、理性を現実のなかで具体化させるという目標設定だけだからだ。それゆえ、世界の全体を概念的に獲得するというヘーゲルの体系へと通じるあらゆる試みの運命を、革命の失敗によって決定づけるのである。

しかし、哲学における本来的で古典的な観念が、ヘーゲルとマルクスにおいてうまく行かないまま完結されてしまったというさまざまなところに見出される考察はすべて、「序論」のなかでは今や、アドルノが当初から行おうとしていた推論を認めるという機能だけしか果たしていない。テクストのなかで幾度も繰り返される思想によれば、理性の実現という哲学的なプロジェクトが実践的にも理論的にも失敗したのであれば、哲学はそれ以降、純然たる自己批判に自らを限定させなければならない。そのようにしてのみ哲学は自身の概念に忠実でありうるからだ。言うまでもなく、このようにまとめられる歩みのなかにも、アドルノの哲学理解を全般的に特徴づける本質主義的な傾向は潜んでいる。あらゆる哲学的努力が最終的には、概念と現実、精神と現実性の間にいかに一致を見出せるのかについての堂々めぐりであるということに納得できない者は、その失敗によってそれ以後、概念的な要求を批判的精査に限定しなければならないという結論も共有しはしないだろう。だが、マルクスによって決定的になったヘーゲルの失墜以後、哲学に残されているのはこれまでのそのさまざまな前提に対する自己批判という道以外にはもはや取るべき道はありえないということをアドルノは確信していた。ヘーゲルやカントのポスト形而上学的な自然化でも、[3] 控えめである合理性概念の再構築でもなく、[4] ひとえにすべての概念的努力の原理的な限界の暴露だけが、理性的認識論の失敗以降に彼がまだなお哲学に可能であるとみなすものなのである。

むろん、このプログラムは、「自己批判」のカテゴリーのなかでその真価を発揮しうるほどに、狭いものでも一元的なものでもない。アドルノは、概念的に語られるあらゆる全体性認識の原理的な失敗の

(3) Vgl. etwa Richard J. Bernstein, *Praxis und Handeln*, Frankfurt/M. 1975; Sami Pihlström, *Naturalizing the Transcendental: A Pragmatic View*, New York 2003.

(4) Vgl. etwa Herbert Schnädelbach (Hg), *Rationalität. Philosophische Beiträge*, Frankfurt/M. 1984; Jürgen Habermas, *Nachmetaphysisches Denken*, Frankfurt/M. 1988〔『ポスト形而上学の思想』藤澤賢一郎/忽那敬三訳、未來社、一九九〇年〕.

認識論的《エピステーミッシュ》根拠についての単純な解明をさほど考慮に入れていない。むしろ、ヘーゲルの方法を反転させ、自己批判が「否定的」な弁証法として展開されるような手はずによって、体系的な要点をいま一度、自己批判そのものに置こうとしている。このように示される理念の粗描が、『否定弁証法』の「序論」の中核にある。

II

アドルノは、不可避となった哲学の自己批判を、「否定的」な弁証法というかたちで展開しようとする。この戦略の前提となるのは、ヘーゲルの体系がなんらかの先鋭点や絶頂点であるにとどまらず、あらゆる哲学的努力がそもそも行き着く先であるという想定である。というのも、このような仮説がなければ、次の疑問に根拠をもって答えることはまったくできなくなるだろうからだ。すなわち、たとえば私たちをとらえて離さない虚偽的な像からの治療的解放(ヴィトゲンシュタイン)や、すべてのあらゆる反証不可能な命題の批判(ウィーン学団)などといったほかのかたちを取らずに、どうして哲学の自己批判は、こともあろうに、否定的になった弁証法という形態を受け入れるというのか、という疑問である。アドルノはこれらの隣接思想を確実に意識していたはずではあるが[5]、彼にとって、弁証法の自己批判的な転換がいわばすべての哲学の本質、つまり現実全体を合理的な連関として把握しようとするすべての努力の本質を成すものであったから、そのような弁証法の転換を志した。だとすれば、あらゆる哲学の自己批判にふさわしい形態であると主張する、この「否定」的弁証法なるものの独自性はいったいどこにあるのだろうか?

否定弁証法というプログラムを紹介するためにアドルノが最初に着手することは、間接的な性質だけを持つものであり、そこではあらゆる「肯定的」な弁証法の体系的性質の可能な限り精緻な特徴づけを行うことに主眼が置かれる。彼の全著作にわたって一貫した主要モティーフの如く、このようなヘーゲルの哲学の閉鎖的で自己完結的な形態を規定する試みが徹底して行われている。[6]「序論」においてアドルノがそのためにくりかえしているのは、これまですでにほかの場所で絶対的観念論の体系的性格について詳解してきたことだけである。弁証法的方法論、すなわち、把握しようとする対象を鑑みた場合の「概念的規定の不十分さ」に関する証明（S. 17=一一）は、現実全体の合理的なあり様を示すことを目指して進められるや、たちまち、「すべての質的な差異」（S. 17=一一）を排除し、一つの閉鎖的な体系になることを強制されてしまう。ここから言えることは、体系的な切り捨てと閉鎖性に向かうこの傾向が、弁証法それ自体の使用に最初から備わったものであるという確信を、アドルノが持ってはいないということだ。というよりもむしろ、おそらく、「序論」でそう述べられているように、「思考」という目的、現実の把握という目的に用いられた場合に、それとともに「同一性という仮象による純粋な形式」（S. 17=一一）があらわれるのだから、そこで弁証法的方法は、はじめてこの傾向に向けて駆り立てられたり、導かれたりするようになるとされる。その限りにおいて、アドルノは、彼がしばしば「肯定的」や「観念的」と呼ぶような問題のある弁証法の使用と、適切な、つまり「否定的」な弁証法の使用とを区別している。

（5）　Vgl. etwa Theodor W. Adorno, »Aktualität der Philosophie«, a. a. O., S. 327ff.〔前掲、『哲学のアクチュアリティ』、六頁〕.
（6）　Theodor W. Adorno, »Drei Studien zu Hegel«, in: ders., *Gesammelte Schriften*, Bd. 5, Frankfurt/M. 1971. S. 247-380〔『三つのヘーゲル研究』渡辺祐邦訳、ちくま学芸文庫、二〇〇六年〕.

肯定的とは、現実の合理的な規定という目的に向けられた弁証法の使用法のことであり、それに対して、否定的な使用とは、そのような「同一化を行う」目的設定とは無縁のものである。

このように規定された弁証法の方法の下でなにが想定されているのかをさらに問うていく前に、まず、アドルノが「肯定的」な弁証法に関して行っていた、二つのさらなる考察について言及しておくべきであるだろう。これまで語られてきたことによれば、彼のこのような肯定的弁証法の概念が非常に幅広いもので、それがヘーゲルの体系だけに限定されるものでは決してないことはすでにはっきりとしている。すなわち、概念規定の不十分さをそのまま残しておくのではなく、つねにさらなるかたちで駆り立てられている概念と現実の一致への動因としてその不十分さを用いるような弁証法的方法の使用のいずれもが、むしろアドルノにとっては肯定的なものと呼ばれうるようである。だから、アドルノが弁証法の「唯物論的」展開のうちに、弁証法の観念論的な形態への対案を見ていないことも驚くべきことではない。というのも、どちらの弁証法のあり方も、世界を合理的に見通そうとしているからだ。それゆえに、ある箇所では、弁証法の「観念的形態が文化財になりさがったのと［まったく（A・H）〔ホネット〕］同じく、その非‐観念論的形態は次第にドグマに堕してしまった」と、すげなく言い放たれている(S. 19=13)。

しかしながら、その際に「否定的」な弁証法と呼ばれるものによって特別重要であるのは、肯定的な弁証法の体系的性格に関わるアドルノのもう一つの考察の方だ。「序論」の重要な箇所に(S. 31ff=29ff)、体系形成に向かう傾向、そして現実を弁証法的に見通さんとする傾向を系譜学的に説明しようとする試みが見出される。ニーチェを大まかに参照しつつ(S. 31=30)、アドルノはここで、このような弁証法の全体化を伴う使用をある種の太古的衝動からいかにして理解しうるのか、という提案を行っている。しかし、この説明の内容はそれほど興味深いものではなく、――完璧な現実認識に向かおうとする体系的欲求は先祖返りした「獲物への狂暴さ」（S. 33=32）に基づくものであるという『啓蒙の弁証法』のなかですでに主張されているテーゼに結局、行き着いてしまうものであり――数ページを割き詳細に言及している事実の方が私たちの関心を引く。この説明の内容の内に、アドルノがこのような系譜学的説明を彼自身の手続きの内在的な構成要素としてとらえていたという事情への示唆を見ることは、おそらく正当化されよう。そうだとするならば、「否定的」弁証法とは、その肯定的なあり方とは異なり、あらゆる精神的現象の前精神的、衝動的、もしくは実践的な根幹を明るみに出すという試みにも、つねに果敢に取り組まねばならないということになる。[8]

この予測は、これからアドルノが否定弁証法それ自体の手続きについて行った考察に目を向けるとき、そこで確証されることになる。この段階で肯定的弁証法との対照から推測できるのはただ、概念的規定の不十分さの証明はここでは、克服されるべき欠如としてではなく、本質的な結果として評価されるべきであるということだけである。思考はある意味で、このような不均衡を確認することから逃げ出すことを望んではならず、世界における自身の立ち位置にとってのその不均衡の帰結の真の意味を探ろうとしなければならない。当然、この出発点は、言語的にも、あるいは精神的にも媒介されていない「所与

（7） Max Horkheimer, Theodor W. Adorno, *Dialektik der Aufklärung. Philosophische Fragmente*, Frankfurt/M. 1969, S. 188ff.〔『啓蒙の弁証法』徳永恂訳、岩波文庫、二〇〇七年、八二頁以降〕.

（8） このようなヘーゲル的弁証法に対する系譜学的な対立プログラムに関しては以下を参照。Vgl. Christoph Menke, »Geist und Leben. Zu einer genealogischen Kritik der Phänomenologie«, in: Rüdiger Bubner, Gunnar Hindrichs (Hg.), *Von der Logik zur Sprache. Stuttgarter Hegel-Kongreß 2005*, Stuttgart 2007, S. 321-348.

物」の存在に関するなんらかの想定を前提とするものである。このような前提条件がないのであれば、概念と対象の間、思考と事物の間の克服できない不均衡に関する知識を私たちが備えているということを、アドルノが主張することは絶対にできないはずである。むろん、射程が広く、カント以来、再三議論されてきたこのテーゼの論拠を、「序論」の文脈において追い求めても空しいだけである。むしろ、もし独立した世界がすでにあることをなんらかのかたちで前提としないのだとすれば、私たち自身による言語的もしくは精神的な働きに私たちは完全に内在している、という立場に陥らざるをえないはずである(9)という直観を、アドルノは信頼しているように思われる。それだけでなく、彼はさらに痕跡として残された媒介されない所与の性格についての指摘を、くりかえし口にすることによって、そうした所与についての主張をさらに越えていくのである。すなわち、アドルノによれば、この具象的世界は、認識を通じてそれをとらえようとする場合に概念が不完全で「不十分」なものであることが明らかとなるが、そうした世界は質的な「個別性（Einzelnem）」「特殊性（Besonderem）」「異質性（Heterogenem）」の総体という性格を備えるものであるとされている（u.a S. 20=14, 23=19, 24=20）。

もちろん、アドルノは、前提としているこの所与性のさらなる規定に深入りしないように、十分に用心している。だが、そうであるにせよ、彼の論証のなかで、その所与性の特性描写を、認識論的《エピステーミッシュ》に避けがたい境界設定という意味でなにか質的で個的なものとして理解させたいのか、それとも、存在論的な性格付けとしてとらえさせたいのか、は不明瞭なままにとどまっている。いずれにせよ、ここで前提とされている「非-同一的なもの」（S. 24=20）や「非概念的なもの」（S. 23=18）は今や、アドルノがそれに照らして否定弁証法の理念を肯定的に説明するための最初の準拠点をなすものである。彼自身の言葉にしたがえば、合理性と現実の間の同一性という哲学的想定はさしあたり断念され、「客体」に対する完全に変化した関係のなかに思考はある。

アドルノがこの文脈のなかで詳述していることの大部分は、すでに間接的に言及されていたものであったり、もしくはそこからの直接的帰結として生じるものであったりする。否定弁証法の出発点が、個的な対象を、それについての潜在的などのような概念よりもはるかに複雑で異質なものとして考えるという理念であるのだとすれば、同時にアドルノにとって、客体に対する思考の位置は変化することになる。この客体はもはやある単一の「図式」(S. 25=21)のうちに思惟的に純化されるものでも、また、個別の観点に合わせてカテゴリー的に調整されるものでもなく、不可欠な「概念的反省の媒体」(S. 25=21)がまさに認めうるだけの、可能な限り多くの見方と質において確認されるものなのである。

このような推移に伴って、いかなる私たちの認識する際の態度の変更が立ちあらわれるべきであるとされているのかをより詳細に思い浮かべることは、簡単なことではない。しかし、「序論」でのアドルノのさまざまに異なった定式化を集め、彼が折に触れどれくらい強く規範的な言い回し(「正しく評価する(S. 53=57)」)に向かう傾向があるのかを考慮してみれば、まずはじめにある印象が湧いてくる。すなわち、知的もしくは認識論的《エピステーミッシュ》な美徳(Tugend)に関する規定が、ここで彼にとっては重要である、という印象である。認識過程それ自体の実質でも、またそれの言語的媒体への依拠の仕方でもなく、私たちが認識を遂行する際の志向や態度においてなんらかの変化が生じるとされるのである。私たちがその認識の際の注意を向けるように促されるのは、がむしゃらに結果を得ようとすることではなく、それでも

(9) このような問題関心については以下を参照。Vgl. John McDowell, *Mind and World*, Cambridge, Mass. 1994〔『心と世界』神崎繁／河田健太郎／荒畑靖宏／村井忠康訳、勁草書房、二〇一二年〕.

まだなお対象に属しうるだろう、かのあらゆる質的性格の可能な限り完全に精緻な把握に対してである。アドルノがこの客体への集中という認識論的《エピステーミッシュ》美徳に用いた、規範的に響く表現として、「繊細さ（Differenzierheit）」（S. 55=59）や「非暴力性」（S. 53=57）、「精度」（S. 62=69）、そしてテクストのなかでつねにくりかえされる「精神的経験」などがある。

客体に対する変化した関係を、より強く受動的で、多様な観点に開かれた態度の美徳という意味で理解するという提案には、認識過程それ自体を言語から独立した、完全に別の土台の上に置こうとする試み全般を批判する際の、アドルノの苛烈さが合致している。「序論」のこの箇所だけでなく、彼の著作のさまざまな場所で、ベルクソンの直観主義が持ちだされるが、それは古典的な認識モデルのこのような誤ったかたちでの克服を示すもっとも際立った例として紹介されるにとどまっている。確かに彼、ベルクソンはつねに抽象化に支えられ続ける概念的認識が不十分であることを、正しく、巧みなやり方でまとめてはいる。だが彼はそこから、代わりに非合理的な源泉、すなわち直観に認識を委ねてしまうという、完全に誤解を招くような結論を引き出してしまっている。というのもアドルノがきっぱりと続けるように、あらゆる「認識も、まさにそれが具現化すべきであるとするなら、彼［ベルクソン（A・H）〔ホネット〕］によって見下されていた合理性を必要とする」（S. 20=15）からだ。しかし、もしそうであるのならば、つまり、いかなる認識による成果も言語的な合理性という媒体を必要とするにとどまるのであれば、客体に対して変化した関係はただ、客体に対峙し概念的認識が遂行される過程のなかでより強い応答能力、そして繊細さと精度を発揮させることにおいてのみ現れてくることになる。そして、それに応じて、否定弁証法における「非同一的なもの」の役割についてアドルノが語る内容は、ある知的な態度の推奨へとたどり着くのであり、そこでは、なんらかの客体の質的な地平に、より大きな注意が向けられるのである。

しかし、ここからアドルノが弁証法の否定的な転換から引き出す帰結は、客体に対する関係についてのものだけでなく、認識する主観に関するものでもある。概念的認識の原理的な不十分さに関しての洞察から導き出される自己関係の変化したあり方は、彼の詳説における二つ目の肯定的なテーマである。もちろん、そこでアドルノが念頭に置いているもろもろの変化は、認識される客体について物語ったものよりはるかに内容が豊富で複雑なものである。ここで分析の成果がより繊細で豊かに生みだされるかどうかは、個々の自己経験により良く接近できることにかかっている。まず最初に、現実を概念的に見通すという見込みが断念されるという事態によって、主観性の脱中心化という傾向が生じる。世界を概念的にわがものにしうるということをもはや信じられなくなった主観は、それとは逆にその世界によってともに自らが規定されているということが分かっており、ゆえにこれまで想定していた自らの卓越性の一部を失わざるをえなくなることだろう。アドルノは、それとともに示唆される主観性における構造変化のためのいくつかの異なった一連の言い回し（S. 38=38, S. 49=52-53, S. 52=56-57）をしているが、それらはすべて、否定弁証法への転換とともに主観が自律的な意味措定の権限を失うという考えに通じるものである。そのことに代わり、主観は、つねに非概念的な現実の断片を前提として必要としなければならないのだから、自らを「一つの（現実の側からの）被媒介物として意識」（S. 49=52）せざるをえない。ゆえに、ここでは「脱中心化」という表現――アドルノは「序論」ではこの表現を使っていないのだが――は、二つのことを意味することとなる。一方では、主観はもはや現実を概念的に構成するという意味での現実の中心点として自身を把握してはならないということであり、他方では、この喪失の結果として、外部から、つまり概念的に媒介されていない世界から、自らをより深く理解することを学ばなければならないということである。

アドルノにしたがうのならば、系譜学的な反省水準がつねに否定弁証法が遂行される際にその一部を成すという、すでに言及された思想も、この「脱中心化」についての二つ目の意味との連関に属している。つまり、主観が概念的にまだ明らかになっていない自らの周囲という境界部分から、自己をより強く把握するように促されるようになるや、同時に、「精神以前の」(S. 33=32)自分自身の思考の起源をも思い起こさざるをえなくなる。というのも、アドルノがニーチェとフロイトを引き合わせてくりかえし主張してきたように[10]、私たちのすべての信念や理念の本来の源泉は、衝動備給や幼児期の不安や憧憬といった前合理的な層のなかにあるからだ。したがって、私たちの精神が獲得してきたものの由来が、欲動の力動が支配している、私たちの生におけるより深い諸層にあるという系譜学的直観は、すべての概念的はたらきが原理的に不十分であることに関する理解に内在する要素なのである。

しかし、論証における次の一歩によってこそいよいよ、世界における主観の変化した位置についてアドルノが行った考察のなかで、真に激しい論議を呼ぶほど危うい核心部が現れる。ここまで、彼の考察はまだ、親しまれた領域での展開に完全に終始してきた。主観の脱中心化という思想は、アドルノ以前にすでに長い間、精神分析と言語理論を通じて世にあらわれていたものであるし、私たちがたどり着いた合理的な獲得物について、系譜学的に検証するという着想はニーチェにまで遡るものである[11]。しかし今や、アドルノがこの潮流を理解したうえでさらに踏み越えていくところは、逆説的にも感じられる、次のような主張である。いわば、この主張によれば、まさに主観の脱中心化からは、主観の価値の引き上げがなされ、主観があらゆる客観的な認識のための決定的な媒体となるという帰結が生じるはずなのである。このような思考の道筋を辿っていけば、無力化された主観の鋭敏さは、客体の質的な性質が感知されるに至るための保障であるということになる。アドルノは、主観の変化した立場に関する彼の説明の核心を成す連関を、あきらかに次のように想定している（S. 52=56）。主観が、現実を徹底して合理的なもので満たすことがもはや不可能であることを悟ったのであれば、すぐさま、自身の意味付与のための卓越さが失われ、そのことによって、自分自身の経験に信頼を寄せ新たな「とらわれない仕方」を手に入れることになる。というのも、今や、主観は自らの知識の統一への強制から解放され、対象と出来事から成り立つ制御され得ない世界を通じて自身のなかに引き起こされるあらゆる感覚の運動を、開放的で繊細な仕方で追い求めることができるようになるからだ。この繊細さと鋭敏さの高まりによって、自らの知覚を確認する際の精緻さを主観が発達させることになるのだが、この精緻さは、客体すべての「非同一的な」、すなわち質的な地平を経験するための前提である。このように、否定弁証法への転換に伴った主観の卓越さの喪失によって、主観の経験の価値は、重要な認識媒体にまで引き上げられることになるのだ。

アドルノがまさにこの論拠を、主観のもろもろの経験の体系的な使用に関する自身の手続きを正当化するためにここで持ち出していることは明白なことだ。もし事実として、現実への共鳴が個々人の感覚に強く刻まれれば刻まれるほど、その現実の質的で本質的な特性はより明確にとらえられうるのであれ

（10） Theodor W. Adorno, *Minima Moralia*, Frankfurt/M. 2001, S. 224 ff.〔『ミニマ・モラリア』三光長治訳、法政大学出版局、二〇〇九年、一八〇頁以降〕.

（11） Axel Honneth, »Dezentrierte Autnomei«, in: ders., *Das Andere der Gerechtigkeit*, Frankfurt/M. 2000, S. 237-254〔「脱中心化する自律」、『正義の他者』加藤泰史／日暮雅夫他訳、法政大学出版局、二〇一三年、二六一―二七七頁〕.

ば、いかなる真摯な認識も主観性を方法論的に導入することを必要とすることになる。「通常の科学の理想とはまったく正反対に、弁証法的認識の客観性は、主観の持ち分がより少なくするのではなく、より多くなることを要求する。さもなければ、哲学的経験は萎縮してしまう」(S. 50=54)。したがって、否定弁証法の手続きは、系譜学的な反省水準と並んで、ある論証の層をつねに含み込んでおり、その層では個々の研究での主観的鋭敏さへの作用に照らして、扱うべき現象が描き出されるのである。アドルノが確信していたことは、この主観の経験を主題化することを通じて、ようやく、経験されるべき対象がその事実上の客観性のなかへと現れ出るようになるということだ。なぜなら、図式化する概念からでは近づけず、繊細な経験からのみ近づくことができる、その質的な性質もまた、事実上の客観性に属しているからである。

言うまでもなく、このような個的な経験の導入とともに、アドルノがその危うさもはっきりと理解していた、主観性が恣意的であることの可能性が認識過程のなかに入り込んでくる。科学的な客観性の理想は、十分な根拠をもって、主観性の中立化という前提と結びついているものと思われる。というのも、そのような予防措置を通じてのみ、言明の普遍的な検証可能性が保障されうるからだ。従来の見解に従えば、個々人の印象と感覚を付加することに対する制限が考慮されないのならば、認識は主観的な考え次第でいかようにもなってしまうのだから、それは自身の真理要求を失うことになる。アドルノはこのような科学的理念に対して、認識理論的な検討と道徳的な検討との総合判断に基づいた論拠を提起する(S. 50f=54f)。かなりの重みを備えた認識理論的な考察をたった今、私たちは知ることとなった。曰く、なんらかの客体についての適切な表象には、その客体が認識主観のなかに引き起こす主観的な印象と感覚が不可避に含まれる。むろん、すでに私たちが見てきたように、アドルノはこのような主観的経験に、それらが十分に繊細で、精緻で、明瞭である、そのような場合に限り、認識的な価値を認めている。そのことに対応して、彼は、このような尺度に適った感受性を備えた主観にのみ、純粋で包括的であるような認識のための能力を認めることができる。このような社会的限定には「反民主主義的」エリート主義（S. 51=54）の危険が伴っているという異論を、アドルノはある道徳的な論拠によってはねのける。すなわち、十分に繊細な経験能力を備えた者には、対象のただ主観的にのみ与えられる性質を「代理的に」（S. 51=55）名指しする義務や使命があるのだ。この論拠は、様式化のためのある種の感覚とともに、代弁的認識論《エピステモロジー》への支持表明として理解されうるものでもある。「その精神的連関において、現行の規範に完全には適合しないという過分の幸運を授かった人びとには、[…] 彼らが語りかける多くの人たちが見ることもできなければ当然の成り行きから見ることを禁じられてもいることを、道徳的な努力によって、いわば代弁者として発言する義務がある。真理の基準は、それが万人へ直接伝達しうるところにはない」（S. 51=55）のだ。当然、このような思考の道筋は、ここでもはやこれ以上検証することができないようなある仮定に依拠したものである。その仮定とは言うなれば、大多数の主観はパーソナリティの喪失という傾向ゆえに、質的で配慮に満ちた経験がもはやできなくなってしまっているとする社会学的主張である。このように示唆された前提が、――むろん、それについて経験的に裏づけるものはほぼないのだが[12]――、もし容認されるのであれば、繊細な経験にのみ接近可能なもろもろの現実的な連関を代理的に分節化する権利を、十分に敏感な個々人だけに認めることはまったくもって適切に感じられる。

（12） Vgl. dazu: Axel Honneth, *Kritik der Macht. Reflexionsstufen einer kritischen Gesellschaftstheorie*, Frankfurt/M. 1989, Kap. 3〔『権力の批判』河上倫逸訳、法政大学出版局、一九九二年、第三章〕.

特権的な経験の認識論的《エピステーミッシュ》地位に関するこの指摘によって、アドルノが否定弁証法への転換と結びつけて見ていたさまざまな含意が検討される。概念的規定の不十分さがひとたびはっきりと分かってしまうと、客体という考えの変化と主観の脱中心化とともに、認識関係の全体も同時に変化することになる。自らの「前精神的」で自然的な来歴を意識した主観は、自分自身の環境についての体験をより深く信頼するようになるだろう。その結果として主観は、これまで肯定的弁証法の優位の下での概念的な一面化の裏で遮られていたままである、もろもろの対象についての多様な意味の観点を知覚できるようになるのである。

III

アドルノが、否定弁証法への転換から導き出す結論は、今や認識関係についての新たな規定に関するものだけでなく、哲学全体の叙述形式に向けられるものでもある。互いに関連付けあった哲学的論証のスタイルのために彼が行ったいくつかの考察はともに、「序論」のテクストのなかで見出される三つ目のテーゼを物語るものである。アドルノがこのテーゼに関連する箇所で特に検討していたのは、二つの主題である。一方で彼が取り組んだ問いは、どのような言語を「否定弁証法」という形態を備えた哲学の自己批判は選ばなければならないのか、という問いである。そして他方で彼は、そのような学説はどのような形式で展開されるべきであるのか、という問いに取り組んだ。この二つの問いに答えるために、見通しを得ることを可能にしてくれる適当な鍵概念も、「序論」のテクストのなかに見出される。「否定弁証法」の言語を論じるために持ち出される見出し語が「表現と的確さ」(S. 29=27)であり、それに対して叙述形式についての見出し語の名称は「モデル分析」(S. 39=39)とされている。

対立的な二つの概念である「表現」と「的確さ」の結びつきからまさにはっきりと分かるのは、アドルノが自身の哲学的言語の性格を、認識についての彼の考察を導いたものとも同様の原理に基づいて規定しようと試みていることである。いかなる現実的な認識でも、主観の経験のなかで客体に共鳴していなければならないように、彼の考えによれば、哲学的な言語においても主観性の要素が欠けていてはならない。対象は、それが「密着した接触において」(S. 29=26)体験された場合、言語の表出的な層、つまり「表現」で叙述される情動的な反応を主観に強制する。言うまでもなく、哲学的な言語のなかでこの表現的契機は優位性を獲得してはならない。というのも、アドルノによれば、そのような場合、言語は「世界観」の単なる担い手にまで落ちぶれてしまうからだ。というよりも、言語の表出的要素は、テクストのなかでは「的確さ」という概念が請け負っているような理論的な正確さへの努力による制御をつねに必要とする。つまり、哲学が自らにふさわしい言語を、主観的な感覚が事態を精緻に規定する能力を損なうことなしに、選択された概念の内でなお響き合うような場所に見出すということを、アドルノは確信している。そして、そのことと対応して、彼がこの様式についての理想のために用いる言い回しは、「表現と的確さ」の総合について物語る。アドルノが彼の「否定弁証法」における言語のなかで、このようにまとめられた要求そのものを満たしているのかどうか、つまり、彼が自分自身の用語法のなかで表出的な内容と事実としての明確性とを実際に融合することができているのかといった問いは、ここで深く論じるべき問いではない。だが、疑うべくもなく、彼は以降のテクストのなかで、哲学的な伝統における主要概念に関して、どのような情動的な運動がそれらの概念の内に注ぎ込まれているかを証し立てる表現内容を見つけ出そうとつねに苦心している。

ある意味でこの最後の指摘は、アドルノが彼の『否定弁証法』の展開をそこで提示したいと考えていた叙述形式についてすでにいくつかのことを主張している。ここまでで私たちが「序論」からすでに心得ているのは、これほどに変化した弁証法がどのような反省水準を含みうるとされているのかということだけにすぎない。そして言うまでもなく、私たちは読解に際して、そこで論拠の直線的な提示という通常の形式によらず、独特な迂回する形式で進められるという体験をしてきたのであり、その結果、用いられるすべての考察は精神的な焦点から等距離にあるかのように見える。しかし「序論」はまた「否定弁証法」の理念だけを、まさに先取るかたちで伝達するものとされる。もしかすると「序論」にとっては、本の主要部、つまりプログラムの展開の根底にあるとされる原則とは、さらにまったく別の叙述原則が妥当するかもしれないのである。であるとしたら、「否定弁証法」という形態を備えた哲学の自己批判の遂行を、どのようにアドルノは思い描いているのだろうか？

この問いに答えるに際してアドルノを導く理念が、「モデル分析」ないしは「思考モデル」(S. 39=39)というものだ。まず最初にこの二つの概念が述べているのは、どのようにして否定弁証法の過程が実際に進められるのかが、もろもろの「モデル」の内に垣間見られるはずであるということだ。そして、ここでおそらく「モデル」が意味しているのは、哲学の主要理念という典型的な事例をもとにして次のことを示して見せようということである。すなわち、現象が概念による全体的媒介という観点によってではなく、概念的な不十分さを導きとして明らかになるならば、いかに異なったかたちで「モデル」によって把握された現象が示されるのか、ということである。確かに、このようなモデル分析の展開をどのようなかたちで詳細にイメージすべきであるのかについては、テクストのなかでは、いまだ不明瞭なままに留まっている。具体的な手続きに関する解説として理解しうるようなヒントはほとんどわずかしかない（S. 39f=39）。おそらく、ここでもアドルノはふたたび、根本的な方法論的原理はそれが実際に展開されるなかで、ようやく明らかになりうるとするヘーゲルの格率を支持している。もっとも、これまで述べてきたことを思い起こしてみただけでも、「否定的」弁証法の遂行形態としてのこのようなモデル分析が果たさなければならないことについての大まかな概略は見て取ることはできるはずだ。哲学の自己批判としてのモデル分析は、ある現象それ自体に向けて開始されることは決してなく、現象について哲学的に伝承されてきた定式に向けて、つねにはじめられる。この種の理念のなかには、ある特定の事態がどのように体系思考のなかで概念的に媒介されてきたのかが堆積しているのだから、それらの理念は否定的に展開する弁証法の模範的な出発点を生み出す。概念的総合によって、それによって規定される事態は哲学的体系のなかで規定されている。その総合を追体験する際に批判的手続きは、そこで少なくとも二つの地点で伝統的規定を、概念の向こう側にある構成要素の方向へと、つまり非同一的なるものの方向へと、超越しなければならない。第一に、否定的に着手された分析は、現象が概念によって媒介されていることを、「精神以前」の反動形成や欲動備給にその根を持つことが系譜学的に明るみに出る地点にまで遡って、たどることができる。この方法によって明確にすることができるのは、哲学的理念は、人間の理性のはたらきによる自足的で独立した領分に属するものではなく、人間の自然な感情によって突き動かされる、これまで見抜かれてこなかった点で生じるものである、ということだ。第二に、批判的手続きは、ある現象が概念的に媒介されていることを、主観の経験が共鳴するなかでその現象の質的な特性が浮かび始める地点にまで追求することができる。この方法によっても、従来のもろもろの規定が概念的なものへの還元によって、どれほどまでに事態についての媒介しえない周辺域を切り詰めてしまったのかが、明らかにされる。

これら二つの超越化への運動はともに、おそらくはアドルノが「モデル分析」と呼ぶものの基本的な内容を構成している。すなわち、哲学の伝統における主要理念の個々の事例について、概念的な諸規定が、原初的な欲動充足の状況から生じたという自らの来歴も否認するのと同じく、それらの規定の主観的にのみ接近することができる質性も認めないがゆえに、それらによって意味されているはずの事態をどれほどまでに正しく判断していないのかが典型的なかたちで、暴露されるというのである。それゆえ「否定弁証法」は、その遂行において、このような思考モデルをただ並列させていくだけなのだ。アドルノが言うように、それは「思考モデルのアンサンブル」(S. 39=39) である。むろん、このような分析の遂行の過程では同時に、その内実をアドルノが「序論」のなかで「宥和」という概念で表現している、規範的なもくろみが展開されることとなる。言ってみれば、「否定弁証法」を実行すると、現象において間接的に、「客観に対する備え」(S. 31=29) を通じてこれらの現象から失われたものの主題化を試みることになる。この試みによって、同一化する思考によってそれらの現象に不正に付け加えてしまったものに対して「個々の部分で償いを」(S. 31=29) 行うのである。その意味において、――ここではきっとそのように理解されるにちがいないが――、哲学の弁証法的な自己反省の遂行とは、つねに元の状態へと再生する正義の実践でもあるのだ。

第6章　神聖なるものの歴史哲学的救済
――ベンヤミンの「暴力批判」論

ヴァルター・ベンヤミンのほかの多くのテクストと同様に、この「暴力批判論」もかなり困惑させられる扱いにくいテクストである。というのも、この論文は客観的で冷静な、文字通り学術的に主要な問いから始められているのだが、それに続く論証ではひそかに宗教的問題の考察に移っているからだ。このテクストが書かれたのは一九二〇年から一九二一年にかけての年の変わり目[(1)]、つまり二八歳の著者ベンヤミンがエルンスト・ブロッホの『ユートピアの精神』を読んだ、その強い影響下にまだあった時期である[(2)]。どうやらこの論文は、ロシアとドイツで起こった革命の直後、その余韻が漂うなか、同時代人

(1)　論文「暴力批判論」成立の経緯については以下を参照。Walter Benjamin, *Gesammelte Schriften*, Bd. II.3, Frankfurt/M. 1977, S. 943-945.

(2)　Walter Benjamin, *Gesammelte Briefe*, Bd. II (1919-1924), Frankfurt/M. 1996, S. 44; S. 46f; S. 57; S. 62; S. 67; S. 72f.; S. 74f.〔『書簡 I

の多くが取り上げ追求した問いに応じているらしい。ヴァイマール共和国の黎明期には、憲法制定に関わるあらゆる脈絡を飛び越え、革命の騒乱のなか突如現れた国家権力はいかなる正統性を求められ得るかという問いが、法理論と政治哲学に対してもっぱら突きつけられていた。ただし、ベンヤミンは、この問いに関連する多少とも法哲学的な問題という狭い領域に留まらず、すでに数頁先ではその範疇を越え、彼が「歴史哲学的」(S. 182)[3]と呼んでいる、まったく別の問題圏に踏み込んでいる。ベンヤミンがそもそも関心を持っている主題は、明らかに、近代法における暴力の位置づけではない。また、単に、法の暴力性に関する問題をさらに深く考察しているわけでもない。後者の問題については、むしろ自明のことなので肯定的に答えられるとベンヤミンはみなしている。結局、ベンヤミンの関心を引いていたのは、強制力のある法制度全体に終焉をもたらしうるほどの革命的な暴力の源泉と形式である。やがてテクストのなかで明らかにされるように、このように変容する暴力の基盤と源泉としてベンヤミンにとって問題となるのは、もっぱら一神教的な、つまり、ユダヤ＝キリスト教的な伝統における神である。それゆえ、論文「暴力批判論」も、それ以前およびそれ以後にベンヤミンが書いた多くの著作と同様、宗教哲学的論考の一つにほかならない。

知識人らしい論文の書き出しは、ベンヤミンが首尾よく博士号を取得した後、ドイツの知的世界で適当な地位の確保が焦眉だった時期のものである。住居の頻繁な変更——一九一九年はまだベルンにいたが、次の冬にはウィーンに移り、そこから一九二〇年にはベルリンに戻っている——だけでなく、職業上の不安定も、学位を取得したばかりの研究者が、今後の仕事に関するプロジェクトについてはっきりと認識できる展望をなかなか示せない要因となっていた。ベンヤミンは生涯いつもそうであったように、受ける知的影響が極端に異なることに対して偏見がなかったので、『ユートピアの精神』の詳細な書評

——残念ながら現在では失われてしまったが——の仕事をしながら、スイスのルガーノでの短い休暇のあいだには論文「運命と性格」[4]を書き、おそらく雑誌の創刊について最初の構想を考えていたと思われる。[5]もっとも、このような多様な活動があったからこそ、しっかりと纏まった決定的なプロジェクトもその殻を破って生まれてきたともいえる。プロジェクトの基本テーマは政治となるはずであった。いずれにしても、ベンヤミンは友人ゲルショム・ショーレムに手紙でこの仕事の計画について知らせていて、テクストの最初の構成案を示したり、折に触れて読むべき文献に言及することで、全体の知的見取り図が伝わるようにしていた。[6]しかし、このプロジェクトの関連でベンヤミンがショーレムに報告している三つのテクストのうち現存するのは、唯一、論文「暴力批判論」だけである。この論文は公刊されたゆえに現在まで残っているが、ほかの二つのテクスト——そのうちの一つは「生と暴力」に関連した短めの論文で、もう一つは「政治」について書かれた長い論文だったはずである——は行方知れずになって

一九一〇—一九二八』（ヴァルター・ベンヤミン著作集14）野村修訳、晶文社、一九七五年、一一八、一一九頁以下、一二四、一二六、一二七、一二九頁以下、一三一頁以下〕.

（3）本論に挿入された数字は、以下のヴァルター・ベンヤミン著作集に収められた論文「暴力批判論」の頁数である。»Zur Kritik der Gewalt«, in: Walter Benjamin, *Gesammelte Schriften*, Bd. II.1, Frankfurt/M. 1977, S. 179-203〔「暴力批判論」、『暴力批判論 他十篇——ベンヤミンの仕事1』野村修編訳、岩波文庫、一九九四年、二七—六五頁〕.

（4）Benjamin, *Gesammelte Schriften*, Bd. II.1, a. a. O., S. 171-179〔「運命と性格」、前掲『暴力批判論 他十篇——ベンヤミンの仕事1』、一一一—一二五頁〕.

（5）Benjamin, *Gesammelte Briefe*, a. a. O., Bd. II, S. 182ff.

（6）Ebd., S. 109; S. 119; S. 127〔前掲、『書簡I』、一三九、一四〇頁。S. 109 に対応する邦訳はない〕.

いるようである。(7)

この論文の執筆にあたってベンヤミンがどのような理論的関心を抱いていたのかという疑問に答えるためには、当時ベンヤミンが持っていた知識人としての自己理解に少し目を向ける必要がある。青年運動時代からベンヤミンの模範であり教師であったグスタフ・ヴィネケンとは、すでに第一次世界大戦が始まったとき、学生だったベンヤミンは、政治的理由により最終的に訣別していた。以前は、この教育改革者がベンヤミンの知的ネットワークの中心に位置していたが、次第に、ゲルショム・ショーレムという強力な人物がその場所を占めるようになった、ということについて疑う余地はない。しかし、ヴィネケンからの訣別と同様、その頃に始まる左翼化傾向によっても、ベンヤミンは、彼の青少年期の知的特徴である「宗教的脱シオニズム」(8)から離れることはなかった。さらに、ベンヤミンは、目的に縛られず自由であるという意味での神的な本質が真実らしく内面世界に現前されうるのならば、その場合にのみ、単なる目的思考へと衰退する現在に抵抗できる、と考えていた。確かに、このような宗教的素地をもつ文化批判のなかで混じり合う二つのモティーフは、ベンヤミンの学生時代、しばしば強調点が新しく変えられたが、モティーフそれ自体は彼の思考の定点として変わらず維持されていった。ベンヤミンは、一方では、社会的現実、特に文化的状況に取り組むことにより、同時代の社会がその根底において、目的と手段の関係に基づき「計算する」といういわば純粋な観点のみにしたがって懸案事項すべてを処理する病を患っている、と確信するにいたる。他方、この診断結果に対峙するのは、そのような単なる道具的利用の関係に陥った状態の打開は、文化的形成物の同定を通じてのみ可能であるという治療的直観だった。この文化的形成物とは、ベンヤミンによれば、自己に対する反省的関係において目的を持つことすべてから絶対的に逃れている点で、神に類似するものである。(9)この二つ目のモティーフは、奇妙な不整合を表明しているが、それは学生時代を遙かに過ぎて成熟したベンヤミンの思考の特徴である。いわば硬い表皮に覆われてしまった現在の克服は、自己を目的とするゆえに神聖な領域にのみ期待されうる、という考えに対するベンヤミンの固執は、そのような特性をもった領域を捉えるべく、彼をつねに新しい試みへと駆り立てていたに違いない。このような過程において、まず、若いベンヤミンにとって言語は、神の自己啓示という特性を担う可能性を有する媒体であることが明らかとなり、その後、文学と文学批判に取り組むことで、そこにも類似の特徴を見出すのである。そして、今や、その知的道程で立ち止まることになった三番目の段階を、政治の分野に想定することは、単なる憶測以上のものがある。

このような曖昧な推測も、第一次世界大戦終結後、ベンヤミンが強く関心を向けていた学術文献の分野を考慮するならば、さらに核心に迫ることができる。一九一八年から一九二一年にかけてベンヤミンが友人のゲルショム・ショーレムとエルンスト・シェーンに定期的に書いていた手紙には、文学作品やブロッホの『ユートピアの精神』のほかに、とりわけ三人のさらなる作家に関する言及を見出すことができる。彼らが及ぼす影響範囲は、遠近に差があるとはいえ、いずれも政治理論の分野である。すなわち、シャルル・ペギー[10]、ジョルジュ・ソレル[11]、エーリッヒ・ウンガー[12]の三人である。三番目のウンガー

（7） Benjamin, *Gesammelte Schriften*, a. a. O., Bd. II.3, S. 943.
（8） Margarete Kohlenbach, *Walter Benjamin. Self-Reference and Religiosity*, Basingstoke, Hampshire 2002.
（9） Ebd.
（10） Benjamin, *Gesammelte Briefe*, Bd. II, a. a. O., S. 45; S. 94f.; S. 101〔前掲、『書簡I』、一一八頁。S. 94f.; S. 101 に対応する邦訳はない〕.
（11） Ebd., S. 101; S. 104.
（12） Ebd., S. 127.

は今日ではすっかり忘れられているが、ほかの二人は現在に至るまで歴史的重要性以上の意味がある。最初、社会主義者だったペギーは、後に愛国主義的カトリック教徒となるが、彼の衝撃的な論文が、宗教の公共的意味に関する理論の重要な基礎とみなされたので、[13] さらに近年では遅ればせながらの名声を得ている。ソレルの著作には二〇世紀全体を通じて一定の関心が集まっていたが、そのソレルとペギーは大衆の英雄的行動力に対する感動を共有し、その際に築かれた交流関係をしばらくのあいだは活発に維持していた。[14] ベンヤミンは、この三人の著作から熱心に知識を吸収していたのだが、彼らの著作の射程は、政治の概念に、新たな思考秩序および道徳秩序を根本から創出するような潜在力を供給するため、政治の概念を利益追求の思考からできる限り離そうとする意図で一致している。しかしながら、政治的なもののそのような起爆力の源泉になるものは何かという問題を考慮に入れると、彼らのあいだには決定的な差異がくっきりと浮かび上がる。ソレルの場合、革命的エネルギーとして政治行動を促進するものは、公正な未来の具体的イメージだが、[15] ペギーは、そのようなエネルギー源をむしろ神秘宗教的体験のなかに認める。[16] しかし、三人の思想家は大きく開いた互いの差異にも関わらず、「反功利主義」という点では一致していた、[17] と主張するアイザイア・バーリンの言い回しは的を射ている。この「反功利主義」は、政治的なものを目的のための手段というよりも、遙かに強く未来を見透す幻視的な道徳の表現として捉えようとしていた。第一次世界大戦後、ベンヤミンの関心を強く引いたのは、政治を目的手段図式という括りから解放するという、このような彼らの一貫した意図だったに違いない。

もちろん、これらの政治的著作に対するベンヤミンの熱狂は、功利主義に対抗する共同戦線上の立場に限られてはいなかっただろう。三人の思想家の試論は、明らかに形而上学的特徴を持った、政治的なものの非目的的性質を経験領域のなかでつきとめようとするものであり、それゆえ、彼らの試みも、むしろ、一九一八年の終わりにベンヤミンが論文「来たるべき哲学のプログラム」[18]で集中的に取り組んだ考察の系列に位置していた。ソレルの場合、神話的意識のなかに、ペギーの場合には神秘的体験に、ウンガーならば「形而上学的な雰囲気」[19]においてではあるが、いずれにせよ、三人とも、政治行動の本来の形式はつねにある一つの経験に根ざしていたというのである。その経験とは、それまで知られていなかったものが姿を露わにすることにより、社会的生の連続性が突如断ち切られたという経験である。また、この突如現れた新しいものは、根本的に変えられた道徳秩序および社会秩序の観念的輪郭を備えていなければならないと確信している点でも、三人の見解は十分に一致している。ベンヤミンが、このような非日常的なものの政治概念を格好のチャンスとして捉えずに、宗教の自己目的性という見取り図を

(13) A. E. Pilkington, *Bergson and his Influence*, Cambridge 1976, S. 27-90.
(14) Marjorie Villiers, *Charles Péguy, A Study in Integrity*, New York 1965, Kap. X.
(15) Georg Sorel, *Über die Gewalt* (1920), Frankfurt/M. 1981, 4. Kap.〔『暴力論(上)』今村仁司/塚原史訳、岩波文庫、二〇〇七年、第四章〕.
(16) Villiers, *Charles Péguy*, a. a. O.
(17) Isaiah Berlin, »Georges Sorel«, in: ders., *Wider das Geläufige*, Frankfurt/M. 1982〔「ジョルジュ・ソレル」田中治男訳、『思想と思想家——バーリン選集1』福田歓一/河合秀和編訳、岩波書店、一九八三年、三三九—四〇七頁〕.
(18) Benjamin, *Gesammelte Scriften*, Bd. II.1, a. a. O., S. 157-171〔「来たるべき哲学のプログラム」、『来たるべき哲学のプログラム』道籏泰三訳、晶文社、二〇一一年〕.
(19) Erich Unger, *Politik und Metaphysik* (1921), Würzburg 1989, S. 38. Vgl; vgl. Auch Margarete Kohlenbach, »Religion, Experience, Politics: On Erich Unger and Walter Benjamin«, in: Margarete Kohlenbach, Raymond Geuss (Hg.), *The Early Frankfurt School and Religion*, Hampshire 2005, S. 64-84.

手に政治的なものの領域を探索しようともしなかった、などとは考えにくい。あらゆる目的設定を打ち破るという考え、世界を開闢する経験に背後で結びついていること、歴史の連続性から抜け出ること、これらすべては、この政治的なものの形而上学の構想において継ぎ目なく重なり合っていたので、ベンヤミンにとって、それは、彼の関心事を実質的に拡張するにふさわしい基盤と思われたに違いなかった。

　ただし、上述の三人に対するベンヤミンの取り組みから分かることは、彼が自分のプロジェクトのなかでとくに関心を向けていた政治概念がどのようなものであったのかということに過ぎず、第一次世界大戦終了後のあの時期に、いったいなぜ、政治的なものの分野に新たに取り組まねばならないとベンヤミンが考えたのかという理由を示すものではない。それまで行ってきた、言語における啓示という宗教的特性に関する仕事も、文学批判における自己言及的構造に関する研究も、おそらく満足のいく結果、むろん「ハッピーエンド」などにはいたらなかったと言えるのだろう。だからこそ、ベンヤミンは、いずれの研究もできる限り早々に継続するつもりであることを、終戦直後から手紙でもたびたび仄めかしている。それにも関わらず、彼は二年ほどのあいだ、まずは優先的に政治に関するプロジェクトに専念するため、これまでの研究を進める速度を遅らせたようである。いずれにせよ、ベンヤミンが、一九一九年から一九二〇年のあいだ、新しいテーマ分野のために行った思考の鍛錬と注ぎ込んだエネルギーの量は、これまで研究してきた二つの領域のためにこの時期に残されていた余力すべてを遙かに凌駕していた。ベンヤミンの仕事の重心が、このように極めて短期的に移行していたことを説明するには、おそらく伝記的な知的状況を参照するしかないだろう。むろん、伝記という性質からすると、そこには大きな推測の余地を残すことになるのだが。一九一八年のドイツ革命の勃発とその失敗の体験、ショーレムに刺激されて以来パレスチナ問題の緊急性に対して膨らみ続ける意識、そしてついには資本主義的な経済方式による社会的貧困という結果の不可避的経験——これらを通して、ベンヤミンは、病的な印象を与える現代社会からの脱出は、政治行動の新たな急進的使命に邁進することによってのみ可能である、という確信をますます強めるようになったと思われる。要するに、彼の研究の関心は政治の分野にその中心を移していたのだが、それというのも、凝固した生の諸関係を力ずくで破壊し豊かな展望を創出するためには、このような政治的共同体の領域においてのみ、十分にその力が発揮されるように思われたからである。

もちろん、このような説明の試金石として、次のように問うことができるだろう。すなわち、実際のところ、ベンヤミンは、宗教によってエネルギーを供給された世界革新への決意が、集団行動という媒体に背後で結びついている必要があると、すでに初期の段階において確信していたのか、という問いである。確かに、ベンヤミンは、若い頃も共同体的実践の諸観念ですっかり頭をいっぱいにしていた。というのも、ベンヤミンは、芸術的および宗教的に育まれた青少年期——要するにこれは一貫して「社会運動」を指しているのだが——だけが既存の目的思考を覆すことができる、という見解をヴィネケンと分かち持っていたからだ。しかし、この「集団」概念には、あからさまな精神貴族主義的特徴が備わっていたので、ベンヤミン自身は、通常、政治行動の理念から連想されるような地平に、真の意味で接近できていなかったのである。しかしながら、研究テーマとして政治に向き合うことにより、そのようなエリート教育主義的傾向は直ちにすべて拒んだようである。というのも、アーシャ・ラツィスと知り合う五年前、ベルトルト・ブレヒトと知り合う十年前にあたるこの時期、共同体的実践の概念においてベンヤミンの念頭にあった想像上の世界に、突如プロレタリア大衆が溢れ出てきたからである。このような思考の激変に対して、数々の外的および内的衝撃のなかから、とりわけブロッホの『ユートピアの精神』から受けた影響が前景に現れてくる。この一九一八年に出版された著書に対してベンヤミンがどれほど両義的に反応していたとしても――すでに述べたように、書評原稿は残念ながら失われてしまっているのだが――、すべての現存する証言によれば、ベンヤミンがこの著書から極めて強い印象を受けていたことは間違いなく、その印象は、この著書に関する彼の観念世界に触れずに置くことなど不可能なくらい強烈なものだった。過剰な観念に満ち、表現主義的色彩を帯びた著作において、二六歳のベンヤミンがことのほか感銘を受けたと思われる数々の思考のなかでも、おそらくマルクス主義的革命概念に終末論的世界観を充塡している記述が最も印象深かったことだろう。この新しい解釈とともに、プロレタリアートを神の再来である内面世界の前衛部隊そのものとして出現させるという、宗教的な希望とエネルギーの社会的な位置づけも同時に現れてくる。[20]このような労働者大衆の神聖化が、ひょっとすると当時ベンヤミンにかなり強い影響を与えていたのではないかと思われるのだが、それは、彼が生涯にわたりこの神聖化をその根本的意味において決して手放さなかったことから十分明らかだろう。先々ベンヤミンがプロレタリアートにおける階級意識の覚醒について語るときには、つねに若干の宗教的色彩が混ざっているが、おそらく、このような色彩にベンヤミンが初めて出会ったのは『ユートピアの精神』だったと思われる。いずれにせよ、ベンヤミンは、これをきっかけに自身の社会的認知領域を変更したと思われるほど、このブロッホの思考に対して熱狂的な賛同を示していたようである。それまで、ベンヤミンは、彼の文化批判における宗教的な推進力をどのような実践に移すべきかという問題については、もっぱら教育学的な範囲における再教育と教育改革という形で考えることができたが、今や、プロレタリアート大衆の出現とともに、ベンヤミンの思考には、制度を変える政治的実践を遙かに強く意識させる社会的に重要なものが現れたのである。このようにして開始された転機こそが、政治というテーマに関するベンヤミンの計画に息吹を与えたに違いない。ベンヤミンは、宗教的な自己目的性の構造が政治的なものに見出せることを、ペギー、ソレル、ウンガーの著作を手がかりにして確かめるという形で、彼の計画を進めていくのである。

ただし、論文「暴力批判論」において驚くべきことは、政治的現象そのものに対する注意が、全体からみるとごくわずかしか向けられていないようにみえることである。議論の中心として決定的な役割を果たすのは、むしろ、「暴力」の概念と「法」の概念である。この二つの概念は、伝統的な分析方法では、政治的なものに有効ないずれの分析においても、対立軸の両端に位置づけられる。近代的伝統にしたがうならば、あらゆる理性の政治において、その限界は「暴力」にあり、反対に、その正統性の始まりは「法」にある。ベンヤミンの「暴力批判論」における試みは、まさに、この二つの概念をそれらの核心的意味において厳密に置き換えることである。その結果「暴力」は源泉および基盤として、それに対して「法」は政治の限界として現れる。このように意図された意味の交換は、それ自身においては目的に束縛されない、あらゆる人為的な目的設定から解放され、その限りで、「宗教的」な出来事としての政治という解釈を可能にすべく機能するのである。

(20) Ernst Bloch, *Geist der Utopie* (1918, 1923(2)), Frankfurt/M. 1964, S. 293-317.〔『ユートピアの精神』好村富士彦訳、白水社、一九九七年、三〇七―三三三頁〕

批判の方法と構成

このベンヤミンの論文における論証は極めて難解で多層的であるが、それを解明する可能性の一つとして、実際にテクストのなかで手がかりとなるのが、最終段落の冒頭の文章である。慣例的な叙述方法にしたがい最終段落で要約を示すことは、確かに著者ベンヤミンには馴染まない書き方であったかもしれないが、この段落には、目的設定とその遂行という観点から結論が要約されている。最終段落の導入文は、「暴力の批判は、その歴史の哲学である」（S. 202）と不動の簡潔さで述べられている。ベンヤミンの場合、いつもそうなのだが、ここでも一語一語に同等の重みがかかっている。このベンヤミンの論文が、批判という観点から暴力の現象に接近するものであることは、すでに全体のタイトルが示す通りであり、ベンヤミンは「批判」の概念を自分の仕事を特徴づけるものとして好んで使っている。それゆえ、この概念が綱領的な章句の最も重要な箇所に現れることは、珍しいことではない[21]。その際、ベンヤミンがカントの批判哲学の遺産に挑んでいることは明々白々である。ただし、カントと違い、ベンヤミンは、カントがその認識批判に合わせて裁断した諸経験のスペクトルは貧弱すぎる、と最初から感じていた。認識主体とその対象を対置させる、という貧相な図式に収めることのできなかった諸経験にも目を開くことで、認識批判の対象領域は、コミュニケーション的な意識内容、それどころか宗教的な意識内容をも正当に含むことが許されるほど拡張される、というのである[22]。それゆえ、ベンヤミンの「暴力」批判のプロジェクトのためには、まず、批判的な分析としては、カントの狭い経験概念によって強調される観点だけで現象を判断する誘惑に陥ってはならない。その意味では、「暴力」概念においても、古典的な主観客観図式に収めるのではなく、この図式における道具主義をいずれかの方向に向けて破壊する経験の層が考慮されねばならない。もちろん、この連関では、ベンヤミンが「暴力」という概念によってそもそも何を把握していたといえるのか、はっきりしない。ただ、この論文のまさに冒頭部分、厳密にいえば、すでに第二番目の文章で、おそらくテクストの残りの部分すべてに妥当する簡潔な定義が示されている。そこでは「恒常的に効力のある動機が、言葉の簡明直截な意味における暴力に変容するのは、そのような動機が倫理的関係に介入したときに初めて起こる」(S. 179) と述べられている。ここで、ベンヤミンは、「暴力」概念を、人間の生活実践における諸々の変化という前提条件に、極めて密接に結びつけて用いている。つまり、強権的な力が発動されるときに、道徳問題に発展するほど人間の相互関係に影響を及ぼすものだけが「暴力」とみなされるのである。このような定義では、ベンヤミンが厳密にはどこまでを「暴力」の範囲として定めているのか、一見したところ、完全に明らかなわけではない。ベンヤミンがテクストから排除しているとみられる男性的な暴力は、確かに、たいていの場合、私的な家族関係の範囲内では依然として残っているが、そのような暴力も、変化しつつ男女間の道徳的関係に影響を与えている。同様に問題なのは、地震や火山噴火のような自然が原因となる場合である。このような自然に起因する場合も、それ相応な規模のときには、間違いなく共同体の倫理的関係に不可避的な影響を及ぼす可能性があるが、ベンヤミンはそのような原因による暴力を彼の論文における「暴力」に

(21) Uwe Steiner, »Kritik«, in: Michael Opitz, Erdmut Wizisla (Hg.), *Benjamins Begriffe*, Frankfurt/M. 2000, S. 479-523.

(22) Benjamin, *Gesammelte Schriften*, Bd. II.1, a. a. O., S. 157-171〔前掲、「来たるべき哲学のプログラム」〕. Steiner, »Kritik«, S. 480-489. Axel Honneth, »Kommunikative Erschließung der Vergangenheit. Zum Zusammenhang von Anthropologie und Geschichtsphilosophie bei Walter Benjamin«, in: ders., *Die zerrissene Welt des Sozialen. Sozialphilosophische Aufsätze*, erw. Neuausgabe, Frankfurt/M. 2000, S. 93-113.

は含めていない。したがって、このようなベンヤミンの「暴力」概念における綻びに鑑みれば、彼の概念規定は、明らかにもっと狭い意味である。つまり、ベンヤミンの「暴力」概念において考えられているのは、「倫理的関係」に介入するだけでなく、それ自身が倫理的に妥当する力も備えているような強権的な諸力だけである、と解されねばならない。そのような概念規定に応じて、ベンヤミンは、この論文における議論を、道徳的正当性を有するゆえに、社会に対して倫理的変化を強制できる暴力形式の議論に限定している。

もっとも、このように概念を説明するだけでは、ここで道徳的に理解されている「暴力」の「批判」が、方法論的にどのように行われていくべきであるかについては、何か述べられたわけではまだない。つまり、荒っぽくカントを暗示しても——このような暗示は、「批判」という単なる概念よりも「暴力批判論」以前に書かれた論文の「来るべき哲学」という方が、分かりやすいのだが[23]——ここではもうほとんど役に立たない。というのも、カントの批判は、実際にはもっぱら認識の領域を対象としていて、社会的な対象物は扱わないからである。このような暴力批判の方法への問いに対するベンヤミンの簡潔な答えは、寡黙に響く。「暴力の歴史の哲学」である、と（S. 202）。

すでに最終段落の第二番目の文章では、暴力の批判は、暴力に専心した歴史哲学という形でのみ遂行されうるという考えに、どのような意味があるのか、手短に述べられている。この簡潔な根拠づけに、テクストのこれより前の部分で、歴史哲学的考察の必然性が指摘されている箇所をさらに付け加えるならば（S. 181f.）、以下の論証に納得がいかないわけでもない。ベンヤミンは、「批判」というものはすべて、その考察対象となる領域において基準となる「尺度」あるいは「区別」の「価値」についての判断をその課題としなければならない、ということを、まずはカントに結びつけて示そうとしているようである。しかし、批判が、そのような「区別する」、あるいは「判定する」とも言われている「物の見方」（S. 202）となりえるのは、上述の尺度や区別に基づき該当する領域において歴史的に用いられてきた方法（あるいは「適用」）（S. 181）が容易に踏襲されえない場合だけである。というのも、もし批判がそのように制限されるのならば、つまり、批判がもっぱら該当する領域特有の尺度を適用して「時代の事実のデータ」を捕らえようとするものであるのならば、確かに、批判は、事実のデータの内的「意味」（S. 181）の分析には貢献できるだろうが、その価値判断にまでは進めないことになってしまうからだ。ある与えられた尺度に対して価値判断するためには、むしろ「尺度の適用範囲」の外部に、そこから適用範囲全体に「光」が降り注ぐような「立脚点」（S. 181）の獲得が求められる。そのような立脚点を提供できるのは、歴史哲学、すなわち、適用範囲内の「諸形態における浮沈」（S. 202）に対して距離を置くことでき、それゆえに唯一の「歴史上の〔新しい〕時代」（S. 202）の原理として、諸形態の諸々の変化を見透せるようにする歴史哲学だけである。つまり、このとき、ある一定の尺度が限られた時代の表現または産物であるという考えとともに、与えられているものを超越する可能性、あるいは、該当する領域に特有な区別と基準の価値を適切に判断する可能性の基盤となる「新たなもの」〔＝歴史上の新しい時代〕（S. 202）に向けた展望が開けるのである。

このような論証が結論の段落を手がかりに暴力の特殊領域へと持ち込まれる前に、これまで再構成された歴史哲学に対する見解を、もう一度テクストの文面から離れて検証することは、おそらく無意味で

（23） Benjamin, *Gesammelte Schriften*, Bd. II.1, a. a. O., S. 157-171〔前掲、「来たるべきプログラム」〕.

はないだろう。ここで、ベンヤミンが、ある一定の範囲内で支配的な尺度と区別を判断するという課題に対して、歴史哲学を自明のように参照項目として示したのは、おそらくジェルジ・ルカーチの『小説の理論』を模範にした結果であろう[24]。しかし、もちろん、ベンヤミンの叙述は、ルカーチ自身が小説を「完全に罪に陥った時代[訳注1]」の表現形態として類型学的に特徴づける際に依拠している、フィヒテやシェリングの歴史哲学的思弁とも関係している[25]。このようなタイプの歴史哲学における方法論的な重要性は、明白に価値判断に依拠することなく、現在に対して否定的判断をする企てが許容されるように考えられる点である。規範的な諸基準との関連は、ここでは、過去または未来を構成することによって補われるのだが、この構成は、その都度の時代の固有性を当該時代の「真なる」否定的特性に認めることのできる特権的視点を提供するほど適確なものとして、あるいは、諸々の災いから解き放たれたものとして特徴づけられる。ベンヤミンは、その論証において明らかに歴史哲学的伝統に依拠しているのだが、この伝統においてそのように歴史を諸々の異なる時代に分類できるのは、遠い先の、ある特定の未来において改めて人間の世界に戻るために人間の世界から退いた、あるいは、背を向けた、といわれている神が受け入れられているからである。その際、現在は、つねに、神の不在にもとづく「腐敗」（シェリング）あるいは「堕罪」（フィヒテ）の状態が支配している中間的時代として理解される。もちろん、個々の人間の主体は、この状態をそのように見抜くことはできない[26]。その意味では、この幻惑された関係の外部に置かれた立脚点を方法論的に取り入れることが、現在のあらゆる制度と実践の実際的な「価値」判断を可能にするための認識論的前提である。

このような歴史哲学的背景を受け入れることは、今日私たちには少なからず疑問を感じさせるとしても、間違いなくベンヤミンの論文の理論的基礎であり、この基礎の上にベンヤミンの暴力批判は築かれている。つまり、該当領域に固有な尺度が有する「価値」に対する判断を可能にすべく取り入れられた、外部の「立脚点」を示すということは、現在の幻惑されている関係を越えたところにある歴史上の一時機に身を置くことが求められる。というのも、現在、実地に適用される尺度や区別がどこで拒絶されたり間違いを犯したりするかについて、実際に認識できるのは、そのような超越的見地においてのみだからである。ベンヤミンが考察しようと考えている範囲は「暴力」の範囲なので、そのような外部の観点から、当該範囲で当時支配的であった尺度の特性の解明を試みなければならない。これについて、ベンヤミンは、むしろ要約を提示するという方法論的に期待された最終段落の導入部分の直後に続く文章において、すでに彼の考察を導く仮説に対する情報を提供している。すなわち、今日、暴力行為において規定されている諸々の尺度と区別は、どれもこれも法制度に由来するのだが、法制度の側からすればそ

---

(24) Georg Lukács, Die Theorie des Romans. Ein geschichtsphilosophischer Versuch über die Formen der großen Epik (1920), Darmstadt/ Neuwied 1988〔『小説の理論——大叙事詩の諸形式に関する歴史哲学的試論』大久保健治訳、『ルカーチ著作集　第2巻』白水社、一九六八年〕.

〔訳注1〕 フィヒテ著「現代の根本特徴」(柴田隆行訳、『フィヒテ全集　第一五巻』所収、哲書房、二〇〇五年)。シュトゥットガルトで行われたこの講演の第一回目に、理性の人類史的展開が説明され、その第三段階が「完全に堕罪の状態」であり、ここで引用されている部分に当たる。訳出に際しては、既刊邦訳を参照しつつ、本論文の語彙に合わせて適宜変更した。

(25) Ebd., S. 12.〔同前、一九頁〕

(26) この伝統については以下を参照。Vgl. Jürgen Habermas, »Dialektischer Idealismus im Übergang zum Materialismus – Geschichtsphilosophische Folgerungen aus Schellings Idee einer Contraction Gottes«, in: ders., *Theorie und Praxis*, Frankfurt/M. 1963, S. 108-161〔「唯物論への移行における弁証法的観念論——シェリングの《神の契約》理念に由来する歴史哲学的必然」細谷貞雄訳、『理論と実践』、未來社、一五九—二四六頁〕.

れ自身が手段と目的の概念図式にはめ込まれているのである。

ただし、このような基本的説明によって個別に示されるべきものを、ベンヤミンは、彼のテクストの最終段落ではいくつかの中心となる概念においてのみ説明する。その際に用いられる諸規定は、もちろん、全体の分析に対して新たな再構成の手がかりとして利用できるほど決定的である。ベンヤミンは、まず現在、暴力は、もっぱら法の形において問題にすることができるという彼の確信を強調するが、そのために、同時代においては倫理的に重要なものの一般としてのみ議論可能であった、二つの暴力形態を取りあげる。すなわち、「すぐ目の前のものだけを見ていては、せいぜいのところ、法を制定するものとしての暴力と法を維持するものとしての暴力が、暴力の諸形態において弁証法的に浮沈することに気づく程度である」(S. 202)。ここには、ベンヤミンの論証全体の土台を形成する三つ、ないし、四つの暴力概念のうちの二つがすでに支柱の如く示されている。現在という「時代」には、法制度と最も密接に結びついている二つの暴力形式、すなわち、一方は、法を定める暴力、もう一方は、法を維持する暴力という、そもそもこの二つ形式だけが与えられているようである。これから検討するように、ベンヤミンからみれば、このテーゼには、法の構造的特異性も現在における暴力の制限も含まれている。つまり、このテーゼによって、法に関しては、法の制度化(「制定」)と法の再生産(「維持」)は、もっぱら暴力の脅威とその行使によって保証されるがゆえに、法は公的な自己表明とは裏腹に、強権の使用を構造的に必要とすることが示されている。一方、暴力現象そのものに関しては、暴力の形を取る行為は、現代においては、法的機能という狭い意味においてのみ考えられると述べられている。

このような規定の後に続く数行に、ベンヤミンの分析が基本的に依拠している三番目の概念が最終的に示される。この概念の思考は、法の支配を打ち破る可能性を示すという、現代を超越する一歩によって始められる。ベンヤミンがここで示唆しているような状態であれば、この暴力は、もはや法の目的手段図式には収められず、「神的」産出の「純粋」な形式を持つといえるのかもしれない。もちろん「純粋」な暴力というこの第三の概念も、最終段落の連関では、それまでに展開された分析のもっぱら想起であり、それゆえ、わずかな言葉でもう一度説明されているだけである。そこから導かれる結論は、ここでは「純粋性」という属性が、あらゆる目的手段関係に対立するものとして示されるべきであること、つまり「純粋」な暴力は、あらゆる目的設定と道具主義的な考量から解放されていなければならない、ということである。さらにこれに加えて重要なことは、この論文が終わる直前の数行で、「神的」暴力と並んで、純粋な暴力の第二の形態、すなわち、ベンヤミンが「革命的」と呼ぶ、純粋な暴力の人間的形態が示されていることである（S. 202）。この暴力によって、極めて曖昧な説明ではあるが、純粋な暴力の「存続」は法の彼岸に必然的に「確保される」とみなされ、その限りにおいて、純粋な暴力の「可能性」は「真に証明される」と主張されている（S. 202）。

これら暴力の三つ、ないし、四つのカテゴリーによって、暴力の歴史哲学的批判の展開が可能となるためのベンヤミンの論文の基盤となる概念ネットワークが形づくられる。批判の出発点は、諸区分の分析のようだが、この分析によって現代という時代における「暴力」現象の把握が試みられている。それゆえ、通常「暴力」と呼ばれているものはすべて、法を定める暴力と法を維持する暴力の二つの形式に分かれ、いずれの暴力の正当性も不問に付された法支配に帰せられる。まだ十分に明確とはいえない説明の仕方ではあるが、ベンヤミンは、さらに、法の特性は厳密に目的手段図式にしたがって振る舞うことにある、と主張する。その意味では、ベンヤミンにおいても、目的手段図式の対象として扱うことが許される二つの暴力形式は、手段あるいは目的としてこの図式の座標系の内部で理解されなければならない。しかし、その際、このような区別の「価値」を実際に判断することについて、ベンヤミンは、別の「新しい」時代の観点に自分の観点を移すことによってのみ成功できると考えている。この「新しい」時代の卓越した性質としては、ここでは、まず、法を失効させることのみが言及される。確かに、最終段落では「神的」という表現もそのような未来の時代を表すために繰り返し現れるのだが、規範的意図として決定的であるのは、この未来の時代が来れば、法とともに目的手段図式の支配も消滅するという状況のようだ。明らかなことは、とくにベンヤミンが「新しい」時代を創るといわれている二つの暴力形式を、代わる代わる「聖なる」および「純粋な」と呼んでいることである。いずれの表現も、間違いなく、ベンヤミンは、強権的な影響力を持った行為の非目的論的な性質――もっと分かりやすく言えば、おそらく、そのような行為自体の表出的な性質――を強調するために使っている。このような、現在の「不純」な暴力形式と新しい「純粋」な暴力形式を対置する考え方は、ベンヤミンのテクストの最後の二つの文章に、若いハイデガーを想起させるような、古いドイツ語から概念を造り出す試みによって、もう一度示される。そこでは、「法を制定する」暴力は「執行の」暴力、「法を維持する」暴力は「管理の」暴力と呼ばれるのだが、それに対して、新しい時代の「純粋」な暴力は「〔神の意のままになる〕摂理の」暴力と呼ばれる（S. 203）。とはいえ、三つの概念すべてを順に明らかにしていく前に、まず、このテクストにおける「法」の意味を確認しておく必要がある。というのも、現に支配的な暴力の区別の価値に対してベンヤミンが試みる批判全体の根拠は、これらの区別が「法」制度のなかに根を下ろしているという前提にこそあるからだ。

ベンヤミンにおける「法」の概念

「法」は、論文「暴力批判論」では、現代という時代を一貫して特徴づけているとされる精神構造を保証する機能を引き受けている。このようなベンヤミンの「法」理解は、三年後にジェルジ・ルカーチが示す価値判断を先取りしている。この判断は、ルカーチの論文集『歴史と階級意識』のなかでも最も著名な「物象化とプロレタリアートの意識」において、資本主義的物象化の産物として近代法を叙述する際に描き出されている。[27] 近代的思考の形式的法則性を規定するためにマルクス的な「物象化」概念を導入するには、ベンヤミン自身はまだなお遠い位置にいたとしても、法の法則化の特異性というベンヤミンによる特徴描写は、さしあたりルカーチのそれと広く一致している。この二人の理論家の最終的な確信によると、法的領域は純粋に「形式的な計算体系」を形成していて、「それを使えば、特定の行動に対する法的な必然的結論が、できるうる限り厳密に予測されることになっている[28]」ということである。もちろん、ベンヤミンは、このような法の抽象性を、法を批判的論証の基礎に置くルカーチよりも厳密に規定し、その際には、ルカーチとは異なる一対のカテゴリーを用いる。すなわち、『歴史と階級意識』の著者ルカーチは「形式」と「内容」の対置に依拠して、社会的生活条件としての「物質的土台からの

(27) Georg Lukács, »Die Verdinglichung und das Bewußtsein des Proletariats« (1923), in: ders., *Geschichte und Klassenbewußtsein. Frühschriften*, Bd. II, Neuwied/ Berlin 1968, S. 257-397〔「物象化とプロレタリアートの意識」城塚登訳、『歴史と階級意識』城塚登・古田光訳、『ルカーチ著作集第9巻』白水社、一九六八年、一五九―三六六頁〕.

(28) Ebd., S. 284.〔同前、一九九頁以下〕

距離」が拡大していると近代法を非難するのだが[29]、同じ事態を、ベンヤミンは、任意の社会的関係が目的手段図式に適合させられた結果とみなす。つまり、ルカーチからすれば、法学的形式に都合よく内容を空疎化しているものは、ベンヤミンにとって、目的から解放された倫理的現実存在の領域へ、法の目的思考が介入していることを意味する。このような功利主義の諸問題の先鋭化は、「暴力批判論」の著者ベンヤミンが、法理論においては、ジョルジュ・ソレルの忠実な弟子であることを示している。近代法に対するソレルの攻撃をベンヤミンは取り上げ、それを同時代の法理論に組み込むことにより自分の構想を実り豊かなものにしている。

これまでに見てきたように、ベンヤミンは、論文執筆に先立ち、ソレルの著書『暴力論』に習熟していた[30]。それにより、ベンヤミンは、ソレルの道徳的に基礎づけられたプロレタリア的暴力の理念——これは有名なゼネスト賛歌へと流れ込んでゆくのだが——だけでなく、著書において極めて重要な役割を担っている法制度に対する極めて激しい議論にもすでに馴染んでいた。しかし、ベンヤミンが、法批判の根拠をさらにはっきり示している、ベルグソンの弟子ともいえるソレルのほかの著作も知っていた可能性は残念ながら不明である。いずれにしても著者ソレルは、ベンヤミンに法体系と現在の意識状態が平行関係にあるという考え方をもたらした思想家であった、とはいえるだろう。ソレルの著書『暴力論』では、支配階級が自分たちに有用な社会秩序を正当なものとして承認すべく擁護し拡充するために、彼らがその都度用いる形式的な正当性の媒体として見せかける場合に限り、法はその役割を果たす。すなわち、権力に対する関心を一見ニュートラルな法的な文言に移し替えることは、そのような関心に普遍妥当性という道徳的雰囲気を装わせることであり、そうした雰囲気がまさに抑圧された階層にとっては、威信と説得力を文言に与えるのである[31]。それゆえ、あらゆる真正な道徳が、諸々の価値や名誉観念

――それは素朴な初期の社会化において獲得されたものだが――の表現であるのとは対照的に、法は、道徳から離れた権力維持への関心に仕える道具にすぎない、とソレルはみなす[32]。このようにして法と道徳の区別が、ここでは「崇高」な道徳と目的に仕える法とのあいだに為されている区別として示唆されるとすれば、ソレルの比較的短い論文、特に彼の主著『暴力論』の前に書かれた諸著作においては、そのような対立関係はさらにはっきり強調されている。そこで繰り返し指摘されていることは、法体系全体がもっぱら社会秩序の維持にのみ役立つ一方で、抑圧された大衆の道徳は、政治的支配の歴史的連続性を中断し、真に自由な時代を切り開く革命的な力を持つという真実であった。

ベンヤミンは、二〇世紀初頭のこれらの理念に由来した極端に二分された問題提起を、もちろん必要な変更を加えて、彼の暴力論に取り入れた[33]。しかし、法と道徳のあいだ、すなわち、法則の普遍妥当性と正義の要求のあいだには、架橋できない亀裂が存在するというソレルの考えは、ベンヤミンのなかで、法が社会的な組織媒体としては問題の多い、まさに病的な装置であるという確信を着実に熟成させたのである。このような問題意識の主たる根拠は、ルカーチの場合のように、法の空疎化した形式主義や抽象性によって構成されているわけではない。むしろ、あるものが当然有用であること、要するに、ある

(29) Ebd., S. 285.〔同前、二〇二頁以下〕

(30) Georges Sorel, *Über die Gewalt* (1908), Frankfurt/M. 1981〔『暴力論』(上下) 今村仁司・塚原史訳、岩波文庫、二〇〇七年〕.

(31) Vgl. ebd., S. 316〔同前(下)、二一七頁〕.

(32) Vgl. Axel Honneth, *Kampf um Anerkennung*, Frankfurt/M. 1994, S. 242ff.〔『承認をめぐる闘争――社会的コンフリクトの道徳的文法(増補版)』、法政大学出版局、二〇一四年、二〇一頁以下〕.

(33) Vgl. Michael Freund, *Georges Sorel. Der revolutionäre Konservatismus*, Frankfurt/M. 1972.

目的に仕えているという、そのような事態そのものが、すでにそのあるものの価値の低さの徴憑となっている。というのも、それによって真の倫理や正義を表現することができないからである。すなわち、そのような倫理は、次のように考えられるのだが、目的設定を可能にするような関心に配慮することが許されないゆえに、つねにあらゆる目的設定から解放されている。しかも倫理的といえるのは、おおよそカントの場合のように、自分自身のなかに道徳的な妥当性を持つものだけであり、それゆえ、いかなる目論見によっても目的に合わせて制限されることは一切認められない。したがって、この文脈ではソレルの忠実な弟子であるベンヤミンにとって、その時代の倫理的事項が法の言語で表される「時代」は、目的手段図式が誤った場所で覇権を与えられているがゆえに、質が劣るのである。

もちろん、ベンヤミンは、彼のテクストにおいて法の基本的性格を叙述する部分を書く前に、ソレルの精読に加えて、いくつかの同時代の法学論文に通じていたに違いない。確かに、ベンヤミンは、法が単なる目的手段図式に制限されていることを暴露する際、例外なく極めて個性的な文章やフレーズを用いるが、洗練された表現方法や援用された事例、歴史的連関の系譜は、ベンヤミンが当時の文献にかなり習熟していたことを示している。とりわけ一冊の法理論に関する著作――この著作は今日では伝説的な名声を博しているが――については、たとえ手紙や論文でその名に触れられていなくても、ベンヤミンは集中して学んでいたに違いない。その著作とは、ルードルフ・フォン・イェーリングが、法学の基礎づけに心血を注いで著し、『法における目的』というタイトルの下、一八七七年に第一巻、一八八四年に第二巻が出版された二巻本である。ベンヤミンは、彼の論文において狭い意味での法理論の文脈に立ち入るところはどこであれ、この古典的著書に依拠していたようである。確かに、ベンヤミンは、フォン・イェーリングの一連の論証を全面的に受け入れているわけではないし、もちろん、フォン・

イェーリングの肯定的な法理解すべてを共有しているわけでもないが、概念選択および根本規定においては、まったく疑念の余地がないほど著しく合致している。フォン・イェーリングの場合、『法における目的』で示されているのは、あらゆる法は「社会の生活条件の保証」という一つの目的に仕えるが[34]、そのような目的に比べれば、正当な手段の選択の重要性は従属的なものである、という基本テーゼだけではない[35]。さらに、この著書のなかには、ベンヤミンによって少し表現は変えられているが、彼の考察を基礎づける中心部分で援用されている「自然な目的」と「法的な目的」の区別が見出されるだけではない[36]。最後には、法を定める暴力と法を維持する暴力の二つの形式を導入するときに、ベンヤミンが論文の基礎にしている法における暴力の役割に関する規定と同様の規定が、ほとんど文字通り一致した表現で見出されるだけでなく[37]、それどころか、フォン・イェーリングは、その著書のなかで、人間的な生の連関のなかに法という強制的制度に替わる非支配的な可能性——これは「倫理」の自発的な利他主義と間主観性において構想されるのだが[38]——が見つけ出されるという、ベンヤミンのねらいからすれば、おそらく決定的といえる理念も先取りしている。この場合、フォン・イェーリングが、ベンヤミン同様に(S. 199)念頭においている道徳の実践とは、作法と礼儀という節度ある交流形式である。

(34) Rudolf von Jhering, *Der Zweck im Recht* (1877), 2 Bde., Leipzig 1884, S. 439.〔『イェーリング　法における目的』(第一巻前半、第二巻一部訳と解題) 山口廸彦訳、信山社、一九九七年。該当箇所の邦訳は含まれていない。〕
(35) Ebd., S. 451f.
(36) Ebd., S. 452ff.
(37) Ebd., S. 457ff.
(38) Ebd., Bd. II.

このようなフォン・イェーリングの考察における構造上の中心を占める、倫理と法の対立関係を追求するならば、ベンヤミンの論証から暗示される背景を規定しているともいえる、もっと奥底深くにある二人の相違に突き当たる。すなわち、フォン・イェーリングの場合、支配的な法的目的、つまり、社会秩序の維持という課題は、個人の利害的関心の永続的葛藤をもたらす人間的利己主義の事実から生じる。それに対して、倫理的な交流形式、つまり「非暴力的な合意」(S. 191) の諸形式と彼が名づけるものすべての基礎は、無欲のまま相手の利益と意図をわがものにする人間の性質に置かれる、とベンヤミンはみなす。このような意味においては、フォン・イェーリングにとって法の領域は、道徳的な力と真正性の観点からすれば、倫理的なものの領域よりもはるかに劣っている。法は、権威的な強制力に助けられ、葛藤回避という目的にのみ役立ちうるのであり、その一方で、倫理的なものは、それ自身で人間の道徳的資質の有機的表現である。ベンヤミンが、法に対してまったく否定的な見解をかなり高い蓋然性をもって強く確信するようになったのは、このように法が利己主義に配慮し、それに結びついていることによる。法は、単に社会秩序を維持する目的に役立つ装置である、というベンヤミンがソレルから受け継いだ観念は、人間の利己主義的本性と結びつくことによってさらに先鋭化される。それゆえ、全体としては、ベンヤミンにおいて、法とは、結局は利己主義的な個人的利害に仕える目的手段図式によって、社会的生の諸連関を過剰に形成するがゆえに「腐朽した」、まさに病的な制度なのである。

もちろん、このような法の否定主義的イメージからも、そもそもベンヤミンがこの論文で法的基盤における内的なパラドクスを扱っていないことは明らかである。ベンヤミンの焦眉の問題は、研究文献によってしばしば主張されているような、昨今では法の脱構築的考察の中心に置かれている法の反復的非規定性ではない(39)。また、あらゆる法は正当化されていない暴力の行使という行為に基づくという事態に、優先的にベンヤミンの関心が向けられているのでもない。確かに、いずれも、ベンヤミンが彼の論証過程のなかで問題化している観点ではあるが、それらは、最終的には、社会性の一つの形式である法に対し、歴史哲学的に批判するベンヤミンの基礎づけの核心を成してはいない。むしろ、すでに述べたように、この基盤は、法そのものは目的に奉仕するが、その目的設定はさらに人間の利己主義的本性の表れである諸々の利害に起因する、という事態において理解されるべきものである。

法における暴力

ベンヤミンの論文「暴力批判論」の主たる部分、すなわち、計二四頁あるテクスト全体のうち、最初の十八頁は、ほとんど、法という媒体における暴力の役割をもっぱら規定する試みに費やされている。この十八頁のうち、さらに最初の三頁は、法関係一般における暴力の位置づけに割り当てられ、残りの十五頁は、「現在の、ヨーロッパの」(S. 182)法体系における暴力の特殊な位置の説明に割かれている。すでに論文の第四番目の文章では、法について、ベンヤミンがソレルとフォン・イェーリングに取り組んだ結果の理論的蓄積として、これまで私たちが理解してきた内容がはっきり断言されている。「まず、第一に、それらのうちの一番目［＝の法の概念（A・H）〔ホネット〕］に関していえば、明らかに、あ

(39) Jacques Derrida, *Gesetzeskraft. Der »mystische Grund der Autorität«*, Frankfurt/M. 1990〔『法の力』堅田研一訳、法政大学出版局、二〇一一年〕.

らゆる法秩序の核心をなす基本的関係は目的と手段の関係である」(S. 179)。ここだけでは、ベンヤミンがこのような目的手段図式についての全般的な制約条件をどのように評価するかは明らかではないが、続く文章ではさっそく、そのように書かれている暴力の判断のための領域にはどのような基準が生じるのか、分析が試みられている。すなわち、ベンヤミンの考察は、目的と手段という対概念の法的尺度が、暴力のような重要なものに関して、どのように適用されうるのかを、まず一度、内在的に検証することへと進んでゆく。もっとも、ベンヤミンは、このように描き出された問題には直接関わらず、その問いに対する答えには有力な学説を参照する解釈学的手法を利用する。そして、今日でもなお教理史的所見と広く一致するなかで、ベンヤミンは、自然法と法実証主義のそれぞれを目的手段図式が暴力の現象に適用された歴史的変種として利用するために、自然法の伝統と法実証主義の伝統を区別している。

ベンヤミンは、自然法の伝統は簡単に片がつくと考えている。自然法における極めて異なる複数の基本的考え方を詳細に区別しなくても[40]、自然法における暴力の適法性が、暴力の道具主義的機能という観点からのみ検証可能であることは、ベンヤミンにとって自明のことである。つまり、自然法の理論は、構造上、暴力から解放された状態の確立を法秩序の正当な目的とみなすように強いるので、暴力の使用については、暴力が目的執行における適切な手段として、予め与えられた目的に役立つかどうかだけを判断すればよいのである。したがって、自然法の伝統では、ベンヤミンが述べているように、暴力の規範的評価については、道具主義的適合性という基準のほかにはいかなる基準も使いようがないのである。ベンヤミンの確信によれば、暴力が手段として倫理的尺度に十分見合っているかどうかという問いは、それに答えるために必要とされる非道具主義的で道徳的な観点の欠如ゆえに、この文脈においては一度たりとも満足のいく答えは得られていない。このベンヤミンの異議が自然法の立場からみて正当かどうかについてここで検証するのは、本論の論旨から遠く離れてしまうのでやめておくが、自然法を根拠づける歴史を手短に振り返って見さえすれば、規定的かつ理性的な法的目的の規範的卓越性が手段の評価にもしばしば転用され、そのような手段が目的遂行のために正当に用いられると認められることが示されよう。しかし、ベンヤミンにとって、自然法の伝統にある差異など、彼が力を注ぐ議論の中心に位置しないことは確かである。ベンヤミンがここでもっぱら立証しようとしている問題は、暴力を単なる手段として扱う際、暴力を人間にただ「自然なものとして与えられている」(S. 180) とみなす傾向が付随することである。ベンヤミンをこのような帰結に導いた論拠は、彼の自然法解釈の前提条件に由来する。すなわち、自然法で示される伝統は、暴力の形で出現する人間の自然状態から道徳的に認められた法秩序への置き換えに、あらゆるものを結びつけるのだが、まさにそれゆえに、法秩序にとって暴力は、密かに、自然な「原材料」(S. 180) となっているはずである。というのも、この「原材料」を倫理的に非難することは、正当化されない (法的) 目的の遂行に利用されない限り、認められないからである。最初の数頁でベンヤミンが法における暴力の役割を検証する過程で立てた問いに立ち戻るとすると、目的手段図式は、自然法の伝統においては、暴力のパラドクスを伴った自然化に導かれていた、ということである。

このような批判によってベンヤミンが目指していたものは、議論が「実証的かつ法的」な伝統に移されると、一層、明瞭になる。自然法を扱う際にもそうであったように、この第二段階においても誰一人

(40) Karl Heinz Ilting, *Naturrecht und Sittlichkeit. Begriffsgeschichtliche Studien*, Stuttgart 1978.

名前は挙げられず、全体的な方向性は極めて一般的で明白に図式化された特徴を被っている。それによると、むろん「実証的な法哲学」も、目的と手段が互いに根拠となる問題の多い循環に取り込まれている。しかし、自然法の伝統よりも「実証的な法哲学」に利点があるとベンヤミンがみなす理由は、暴力を導入する判断基準として、単に道具主義的であるだけではない基準が提示できる、と考えているからである。自然法と違って、実証主義は、法的目的の正当性と、その実現に欠かせない手段を行使する権限を結びつける、とベンヤミンは好意的に要約する。国家秩序の適法性は、もはや「自然なもの」という特定の目的の充足を基準に測られるのではなく、反対に、使用された手段の適法性が法秩序の正当性を保証する、というのである（S. 180）。このように、今日でいうところの「手続主義化」により、実証主義には、想定可能なあらゆる目的に依存することなく説明されるような、法的手段を判断するための尺度の提示が強いられる。おそらく特にベンヤミンの念頭にある「歴史学派」では、この問題は、法的手段の歴史的立証という尺度が、自律した基準として用いられることにより、解決されていた。暴力の現象にとって、このような解決は、事実上の同意と実際の適用可能性という形で歴史的に立証される限り、暴力の法的行使が是認されることを意味する。ところで、ベンヤミンの立場は、このように描出された歴史的裁可の可能性という基準そのものを支持する立場からは、遙かに遠いところに位置している。これまで見てきたように、ベンヤミンには、暴力を法的な目的手段図式へと囲い込むことによって制御しようとする、そのような試みすべてが疑わしいのである。しかし、暴力をそのような図式に収めるために、法理論が示す解決のなかでも、ベンヤミンは間違いなく歴史的実証主義の解決の優位を認めている。それは、法実証主義の解決には、尺度の言明が結びついているからである。「それに対して、実証的な法理論は、考察の出発点において仮説的根拠として受け入れることができる。なぜなら、この法理論では、暴力の適用事例に依存することなく、暴力の種類に関する根本的な区別が行われるからである」(S. 181)。

ベンヤミンは、考察を進めるために、条件づけられた評価ないし相対的に高い評価を法実証主義に与えたので、論文のこの先では、ほとんどもっぱら、裁可能力の実証的かつ法的な尺度について論じられている。法における暴力の位置づけに関して自然法が示すべき答えは、ベンヤミンによれば、自然法にはそもそも判断基準がないのですでに退けられている。つまり、暴力が法体系内部でどのように判断されうるのかという問いに答えるために残されているのは、少なくとも歴史的裁可という理念によって、手段としての暴力を評価する尺度を提供している実証主義的学説のみである。したがって、このような二つの主要な法的伝統のあいだに暴力を配置するという冒頭からの十五頁は、法実証主義が歴史的に裁可された暴力とそうでない暴力のあいだに設定した区別の再検証である。厳密に言えば、ベンヤミンにとっては、「そのような尺度または区別が暴力についてそもそも可能であるとすれば、そこから、暴力の本質にとって一体何が帰結するのか」(S. 181) を問うことが重要である。したがって、このような再検証が今や「ヨーロッパの」法体系に対してのみ行われることについて、ベンヤミンは、包括的で文化を越えた分析ではほとんど克服されえない困難を指摘しつつ簡潔に理由を説明している。しかし、このように限定されるそもそもの理由は、国家の枠組みを越えた革命的暴力の法的正当性についての問いこそが、まさに当時のヨーロッパにおいて政治的火種を含んだ問いにほかならなかった、という歴史的状況を考察することにあったからだ、とおそらく言ってよいだろう。

法を制定する、あるいは、「執行の」暴力

この後に続く論述におけるベンヤミンの考察では、いずれの場合においても、裁可された法的暴力と裁可されない法的暴力の実証的かつ法的な区別が、仮りに妥当なものとして前提されていることを考慮しておく必要がある。したがって、この中間部分の論述で目標とされていることは、次のように推測されよう。すなわち、ベンヤミンにとって重要なのは、実証主義においてさえ法の循環的な規定が回避できないことを示すため、そのように仮定された正当性基準の必然的崩壊を証明することである。もちろん、著者ベンヤミンが、そのように概観される証明すべき目標に達するため、それぞれの箇所でどのような方法を取っているのか、それを見透すことは容易ではない。テクストは、具体的な法的問題の参照と体系的考察のあいだを揺れ動き、この二つの要素のどちらに根本的な根拠を、どちらに従属的な根拠をベンヤミンが委ねているのか、いつも十分に説明されることはない。見透しよくするためにおそらく一番よいのは、再構成においては、ベンヤミンが証明を進行させる過程になって、ようやく徐々に構築されていく二分割を維持することである。それにしたがえば、実証的かつ法的な尺度の崩壊は、まずは法を定める暴力の事実において、さらに続いて、法を維持する暴力の事実においても明らかになる。

ベンヤミンがその論証の第一段階で用いているとみられる論拠が行き着く先は、歴史的裁可という実証的かつ法的な尺度が国家の法秩序の規範的基盤とみなされるためには、反秩序的な国家転覆を図る暴力の膨大なケースを認めることになってしまう、という見解である。それゆえ、国家は、そのような事実による正当化の危険が生じる場合、つねにあらゆる暴力を独占し、恣意的で裁可されない暴力とのあいだに境界線を引かねばならない、とここでは付け加えられるべきであろう。ベンヤミンのテーゼを根拠づけるために、その手がかりとして、彼が同時代の法的現実から拾いあげた具体的事例の一覧を提示することは、比較的容易である。たとえば、子どもの教育という目的は、実際のところ、つまり国民による承認という観点ではかれば、法から解放された私的事項とみなされる。それにも関わらず、この「自然な目的」が執行されるべく迫ってくる。そのために国家は、あらゆる歴史的な正当化を無視して、「教育上の処罰権の限界に関する法律」(S. 182)を公布するという「甚だしい暴力性」(S. 182)を用いる。ベンヤミンにとってこれと同じカテゴリーに含まれているとみられるのは、「大犯罪人」が「国民の密かな賞賛を呼び起こしてきた」(S. 183)ことは珍しいことではないという歴史的状況である。ベンヤミンの確信によれば、この場合、人びとの共感は、行為そのものよりも、むしろ、大犯罪によってその存在が証明された暴力に向けられている。このような秩序を破壊する暴力の性質は国家にとって間違いなく脅威であり、それゆえ、国家はここでも歴史的裁可というあらゆる証明を放棄して、乱暴にも暴力の独占を貫こうとしたのである。

同じモティーフ、すなわち、あらゆる実際に裁可された暴力につねに内在するようにみえる、法の脅迫的な傾向は、ベンヤミンが取り上げている三番目の例にも決定的である。ただし、この事例は、その叙述にベンヤミンが二頁以上割いている(S. 183-185)という状況だけでもすでに、テクスト全体にとって特別な意味を持つことが分かる。ストライキ権は、歴史的裁可という基準を法治国家がつねに用いる不可能性を示す明白な例である、とベンヤミンは主張する。というのも、ストライキ権には、労働者階層によって「下から」かけられる圧力のなかでも、特定の状況下では、法治国家の秩序にとって大きな危険に変貌する可能性のある暴力を行使する権利が認められているからである。その危険は、国家があらゆる手続き上の諸原則に抗してでも法を定める暴力の行使に迫られている、と考えねばならないくらい大きなものである。おそらく、ここには、ベンヤミンが法実証主義をどこまでも内在的に否定しようとする意図が、テクストのほかの例ではみられないほどはっきりと現れている、といえるだろう。ベンヤミンが示そうとしているのは、法治国家は、実証的かつ法的な尺度を（ほかに選択の余地のない確乎たる）基礎に据えようとすると、自分自身の手続き上の諸原則との矛盾に繰り返し陥らねばならない、ということである。なぜなら、法治国家がやむをえず自ら認めた暴力の脅迫に対抗できるとすれば、それは法的権利のない暴力を使用することでしかないからである。

もっとも、ベンヤミンは、まさにこのストライキ権の事例のために、一連の解釈上の困難に陥っている。そのため、テクストのなかでは、繰り返し事態を明確にしようとする解説が挿入される。たとえば、ストライキの法的保証を、ベンヤミンがここで法の「内的矛盾」について述べているように、そのまま「暴力の権利」（S. 184）と解釈するのでは、まったく何も明らかになっていない。さらに言えば、もしストライキが特定の行動、すなわち、労働行為の単なる不履行の事例として理解されるならば、暴力の使用はまったく議論の対象にならず、ベンヤミンがこの法制度において予測している眼目は一挙に消滅してしまうことになるが、むろん、そのようなことは考えられていない。ベンヤミンは、このように描出される対案を、当時の法理論における膨大な議論にほとんど関わり合うことなく、「労働者の見方」（S. 184）に基づくことで、あっさりと片付けてしまう。この「労働者の見方」においては、いわば反論の余地を認めずに、「ストライキ権」は「暴力をある目的の遂行のために使用する」「法」（S. 184）とみなされねばならないのである。同様にベンヤミンにとって大きな問題は、彼の意図としては極めて重要なテーゼ、すなわち、労働の中止から、法秩序すべてを「転覆する」（S. 185）べく脅迫する暴力行使の形式までは、ほんの小さな一歩でしかない、というテーゼに現れている。このような論拠をベンヤミンが必要とするのは、法治国家がその固有の理由にしたがい、ストライキ権を用いて「内在する潜勢的暴力」を生じさせねばならなかった、という主張を可能にするためである。というのも、この「潜勢力」の発動は、最後には、法的権利のない国家暴力の行使を法治国家に強制するからである。ベンヤミンがこのような挑発を克服する術策は、革命的ゼネストを（許可された）労働中止の実践的および合法的結果とみなす、という比較的大胆な考えに基づいている。これについては、暗示的にソレルに依拠しつつ、（国民の）全活動の「同時」（S. 184）停止において、プロレタリアートによる国家転覆の暴力の効果が発揮されると示されている。というのも、この暴力を、ストライキが許可される際に法治国家がプロレタリアートに対して容認した権利の「行使」（S. 184）として、まだプロレタリアート自身が理解することが許されるからである。その意味では、ゼネストは、いまストライキ権の過剰利用によって転覆しようとしている対象である、まさにその法治国家の秩序に基づく合法的所産である。そして、国家がこのような危機に対して再び対応できるのは、もっぱら、国家固有の諸原則が侵犯された際に、法の制定それ自体の「暴力」を恣意的に作動させることによってのみである、ということを改めて補っておかねばなるまい。

このような「ストライキ権」に関する論拠全体において、まったくの見せかけではないにしても、きわめて脆弱な構造が問題であることを理解するのは、難しいことではない。ベンヤミン自身が認めていることだが、法自身のやむを得ない自己放棄の証明がここで成立するとすれば、それは、解釈の際に「労働者の見方」が含まれる場合である。つまり、このような補足的にただ書き添えられただけの観点を受け入れて、ようやくストライキ権は合法的な暴力行使の許可として、そして、ゼネストは、それ自身からすれば、合法的暴力行使の急進的執行として理解することができるのである。それゆえ、ベンヤミンが論証で成立させようとしたものは「法における論理的矛盾」（S. 185）の指摘ではなく、ベンヤミン自身が慎重に認めているように、もっぱら「法的状況における具体的矛盾」（S. 185）の指摘である。さらに言えることは、この「ゼネスト」への暗示には、何か偶然的なものが備わっている。というのも、この場合、近代法治国家の歴史のなかで規則的に繰り返される、あるいは、むしろ必然的に起こる異常事態が問題ではないからである。したがって、論証過程には、裁可された暴力から国家を転覆する暴力への不可避的転換という主張ならば可能となる帰結が、いわば欠けている。ベンヤミン本人も論証におけるこれらの弱点すべてに気づいていた、という意味では、彼も斟酌されるべきかもしれない。というのも、当該段落の終わりでは、今度は「戦争の暴力についての考察」を通じて、なお残されている異論を退けようとしているからである。

この文脈において、ベンヤミンは、勝利のうちに終わった戦争の後、「新しい法」（S. 186）を敗戦国に制定する「対外的な勢力」（S. 186）の権限を「戦争の暴力」の概念で表している。そのような「戦争権」の場合も、著者ベンヤミンは、近代法治国家的傾向の証拠として理解されることを望んでいる。すなわち、その傾向とは、近代法治国家に固有の手続主義的な前提条件の下では、対外勢力による法の制定は、近代法治国家の利害や統治権の外部において承認されねばならない、というものである。この新たな例に対しては、戦争権は国家間の関係に関わるものであって、各国家の法秩序には関わらないがゆえに、ベンヤミンの意図に特に役立つわけではないだろう、とすぐさま反論されるかもしれない。しかし、ベンヤミンは、外部の法的干渉が内部の法的関係に与える影響にもっぱら注目することで、このような異議には超然として目もくれない。したがって、ベンヤミンの叙述においては、あたかも、敗戦の結果として強制された法秩序の事例が、闘争するプロレタリアートによってストライキ権の強行が具現する事例に比肩するかのようにみえる。いずれの場合も、法治国家は、法を制定する外部勢力の潜勢力を受け入れなければならないが、それは、暴力の事実上の裁可に異議を唱えることが、近代法治国家における手続きの諸原則によって国家に禁じられているからである。ベンヤミンは、この四番目の事例により、近代法における内在的な反論の最初の段階は終えられたと考えている。ベンヤミン自身は、明確に結論を出していないが、彼の論証の結果は以下のようにまとめられるだろう。すなわち、近代において支配的な法実証主義は、暴力を正当化する基準の設置に失敗している。なぜなら、法実証主義は、体系破壊という法的目的の設定ができる権限を与えることになる、そのような暴力の使用という手段を承認しなければならないからである。しかし、法実証主義の現実がそうであるのならば、つまり、このようにテーゼが先鋭化された形で表現されるならば、近代の法秩序は、つねに繰り返しそれ自身の失効を認めることになる。すなわち、近代の法秩序は、自らの統治権をほかの法的勢力に譲らねばならないか、あるいは、もう一度、その勢力に対して、法治国家によって正当化されない暴力を動員しなければならないのである。

法を維持する、あるいは、「管理の」暴力

いま扱った段落のように、これに続く法を維持する暴力に関する叙述部分も、ベンヤミンにとっては、彼の実証主義的解釈において、目的手段図式になんらかの「価値」(S. 181) が付与されるべきか否かという問いを、与えられた法秩序において内在的に検証する、もっぱら入門的機能を果たしている。この問題に対して、これまで与えられてきた否定的な回答も、この先ベンヤミンが論証を進めていく方向を

あらかじめ定めている。ベンヤミンは、すでにこれまで示してきたのと同じ鋭い調子で、引き続き、実証主義的基準の必然的崩壊が認められるとみなされる法的事例を一覧していく。もっとも、ここでは、子どもの教育やストライキ、あるいは、軍事的占領に適用された「自然な目的」（S. 186）のための暴力は、もはや議論されない。というのも、ここで問題なのは、もはやこれ以上、法として体系化されることのない諸々の目的設定だからである。この新たな段落において、むしろベンヤミンにとって重要なのは暴力行使の諸形式であるが、この暴力行使の諸形式は「国家的目的の手段として」（S. 186）、つまり法治国家的機能の範囲内で使用されるがゆえに、その法的正当性に関しては最初から議論の対象ではない。このような「法を維持する」暴力をあえて批判することは、ベンヤミンも直ちに強調しているように、あらゆる「平和主義者と行動主義者が熱弁」（S. 187）をふるっているとはいえ、容易なことではない。というのも、すべての人間にある根源的自由を指摘しても「定言命法」（S. 187）を援用しても、どちらの場合においても「人類の利害的関心をすべての個人の人格に認め、促進する」（S. 187）という法治国家の要求が否定されるので、そのような批判の解決は困難だからである。それならば、そのように法治国家が要求する際、法を維持する暴力の国家による使用が目的と手段の循環的規定に巻き込まれ、それゆえに法治国家の秩序がつねに繰り返し切り崩されていくということについては、どのような根拠が与えられるのだろうか。

この暗示的に立てられた問いに対して、ベンヤミンは、最初、当時のドイツでは、唯一まだ殺人に対してだけは想定されていた死刑の観点から答えている。この観点で切り取られた文脈においてベンヤミンが主張する根拠を、はっきり見極めるためには、わずかながら新たに補足を加える必要がある。処罰は、処罰という暴力行使の可能性を示すことで潜在的犯罪者を脅迫し、その犯行を抑止する。それゆえ、法治国家は、死刑にも処罰のあらゆる形式と同様に、法秩序の維持に役立つ手段であることを求めねばならない。ただし、この特殊な処罰の執行によって、犯行抑止という目的がここでは舞台の背景画という見せかけを呈しているにすぎず、その背後に、法の確定という本来の機能が潜んでいることはたちまち判明する。その意味では、法を維持する暴力は、国家によって死刑執行の形で用いられると、一様に、自己を表明する暴力という自身の対となる暴力に変貌する。「[…]生と死に関わる暴力を行使する場合には、なんらかのほかの法を執行する場合よりも何倍も強く、法は自己自身を確乎たるものにする」(S. 188)。このような見解は、おそらくベンヤミンにとって、近代法においては、法を維持する暴力の観点からも目的と手段を明確に確定できない、というテーゼの最初の確証になっているようだ。社会秩序の法的保障の手段とみなされている死刑は、よくみれば、法を定める領域に含まれる法的暴力の形式の一つとして正体を現す。というのも、死刑は、定められた秩序の象徴的確証にほかならないからである。もっとも、この論拠が本当にベンヤミンが展開しようとするテーゼの裏付けになるかどうかは、それほど自明ではない。つまり、死刑執行において、死刑本来の機能は法の確定であることが実証されるのだとすれば、そこで言われていることは、目的と手段の間における重心移動ではなく、真の目的の隠蔽だけである。言いかえると、この論拠は、イデオロギー批判的な目的には役立つが、目的と手段の根本的な非規定性の証明には役立たないのである。

さて、しかしながら、死刑に関する余論は、それに続くテクストでベンヤミンが法を維持する暴力のために割いている、さらに普遍的な議論への架け橋になっているに違いない。この領域において、目的と手段の確定不可能性に関するベンヤミンのテーゼがさらに追求されるのだが、その手がかりとなる事例は警察である。警察は、ベンヤミンによれば、法的秩序の維持を保証しなければならないが、そのために暴力という形の手段を使用する許可を得ているがゆえに、法を維持する暴力を管轄する最も卓越した機関である。ベンヤミンは、この事例における自分の議論に強い確信を持っているので、その論拠についてさしあたっては詳しい予備考察をしようとせずに、必要条件であるかのように考察の冒頭に置いているほどである。それによると、警察当局の行状においては、その権限と同様、社会秩序の法的保障という責務と新たな法的目的の創出が、「反自然的」な、「恥ずべき」、いやそれどころか「幽霊の如く不気味」（S. 189）な仕方で混ざり合っているために、警察当局においては「法を定める暴力と法を維持する暴力の分離が放棄され」（S. 189）ているという。矢継ぎ早に語られる文面で――そのなかで、出発点となるテーゼが、さらに以下のように詳述されるのだが――、ベンヤミンは、このような諸機能の交錯が「民主制」においては、絶対君主制の場合よりも強大な「歪んだ暴力」（S. 190）にいたるとさえ、大胆にも主張するのである。つまり、ベンヤミンの論拠によれば、絶対君主制における警察は、支配者の「絶対権」ゆえに支配者の権威に結びつけられていると感じているが、それに対して、民主制では、「そのような〔絶対君主制に見られるような〕関係」の類のものは欠如しているので、暴力はいとも簡単に乱用や個人的恣意にいたる可能性がある。

このような思考の歩みは、間違いなく、当時の警察当局による権限乱用の生々しい印象に基づいている。興奮気味な調子や選択されている形容詞、あからさまに表明される嫌悪の念、これらすべてに現れていることは、ベンヤミンが当時の時代状況を情報源に、上述のような境界侵犯の具体的事例について出来る限り厳密に調べたことは間違いない。もっとも、このような経験に基づく論拠は、次のような問いを誘発する。すなわち、確かに事例は無数にあるが、それらの事例は、法治国家における警察暴力の諸機能交錯を解消する、原理的なテーゼが獲得されるところまで一般化されうるのか、という問いである。だが、ベンヤミンが手中にしていたのは、民主主義的体制には法治国家の構成員を結びつける模範的権威が欠けている、という怪しげな考察に限られていたようである。そのような越権行為が、法治国家という条件下における警察行為の本質的特性を成しているのか、あるいは、それは単に偶発的特性なのかという問いは、ともかくまったくベンヤミンの念頭にはない。ひょっとすると、まったく別の形を取るならば、つまり民主的な社会こそが警察と軍隊を結合させた市民的資源を時とともに発展させるということならば、可能だったのかもしれない。だが、それは、ベンヤミンの考えている地平の外部に位置する。したがって、法を維持する暴力についてのベンヤミンの論述は、総じて疑わしい基盤の上に置かれている。死刑に関する考察で主題になっているのは、そもそも法的手段の非規定性ではなく、もっぱら事実上の目的の隠蔽である。警察についての考察は、諸々の歴史的経験の普遍化に基づくが、そのような経験の体系的な重要性については検証されていない。その意味では、ベンヤミンが法体系に対する「内在的」批判により追求しているテーゼの根拠づけに役立っているのは、おそらく法を制定する暴力に関する箇所のみであろう。そこでは、事実上の妥当性という観点の下では、暴力の形でシステムを破壊する法制定の新しい源泉がつねに繰り返し承認されねばならないので、ヨーロッパ型の法治国家は、厳格な実証主義的自己理解においては、暴力行使の合法的形式を明確に規定することはできない、ということが提示できた。それに続く、法を維持する暴力を扱った箇所では、反対に、法治国家的規範の非規定性に関するテーゼの論証にほとんど寄与していない。すなわち、疑念の残る二つの事例からは、普遍化可能な内容の考察がほとんど展開されていないのである。

「あらゆる法的問題の最終的な決定不可能性」（S. 196）を、ヨーロッパの法体系の例を通じて意識させようとした批判的考察の後に、委曲を尽くした一連の思考の歩みが続く。ここではじめて、「純粋性」の理念が持ち出される。この考察は、明らかに、来るべき倫理という超越的観点から、ベンヤミンが法の時代に対する評価に着手するため、術語上の準備をする役割を果たしている。この文脈において、社会的合意の非暴力的形式の可能性について問う考察は、過渡的なものである。ベンヤミンは、これまでの論述で、法的関係それ自体の出現に伴って現れる問題群により、手段としてのあらゆる暴力の使用が不可避的に触発されることが示されたと考えている。それゆえ、ベンヤミンがここでまず着手するのは、与えられた状況下で、法的に正当化された暴力の使用に頼らず、社会的な利害対立を調停する方法もあるのかどうか、という問いである。それに続く観点の転換を根拠づける叙述では、ベンヤミンが法に関する論述のまとめとして考えていることが、もう一度、明確に示されている。それは、法的関係は社会的媒体であるが、この媒体が社会的対立の仲裁という課題においては失敗している、ということである。というのも、この媒体は、目的手段図式の枠組みでは、恣意的な暴力手段の利用を明晰判明な理由により決定することに、構造上、成功しないからである。このような法に対する批判の及ぶ範囲はどの辺りまでとベンヤミンが考えていたのかについては、これまでの文脈においてならば（S. 190f.）、議会をもっぱら法の病的徴候として扱うところに現れている。ベンヤミンは、当時広く知られていた議会主義批判のスタイルで、エーリッヒ・ウンガーを援用しつつ次のように述べる。すなわち、議会主義的に妥協を形成する傾向には、暴力へのあらゆる法秩序の定着という事実がどれほど根強く否定されているか、が示されているというのである。

この議会主義批判は、今日の観点からすれば、間違いなくかなり疑わしく思われるし、カール・シュミットの非民主主義的な思考展開に明らかに驚くほど類似しているとはいえ、[41] このテクストにおいては書き流された註釈以上のものではない。というのも、そもそもここでベンヤミンが関心を抱いているもの、つまり、ベンヤミンに議会をその対照的な引き立て役として一度だけだが引っ張り出させたものは、暴力を一切使用することのない社会的合意という、すでに言及されている諸形式だからである。ベンヤミンは、このような利害調停の非暴力的媒体を導入するのだが、まず最初は、まったく月並みに、感情移入によって他者の観点に自己を置くことを許容する、感情的な「美徳」（S. 193）を取り上げる。「私的な個人のあいだ」で互いに「心のこもった礼儀正しさ、情愛、平和を愛する心」や「信頼」（S. 191）といった態度が優先されるところはどこでも、意見が一致するまで法的暴力の介入が執行されることなく、非暴力的に折り合いをつけることができる、というのである。同様に、次の段階で、そのように情緒的に支えられた合意の非暴力的形式を、「純粋」な手段として特徴づけるベンヤミンの試みも、まだ十分理解できる。というのも、「純粋」は、ここでは暫定的に、暴力の不在を概念的に捉える意味で用いられているので、そのような合意の形式は、目的手段的な言語が保持されているところならば、利害衝突を解決するための「純粋」な、あるいは、まさしく「非暴力的」な手段として捉えることができるから

(41) Carl Schmitt, *Die geistesgeschichtliche Lage des heutigen Parlamentarismus*, Berlin 1979.〔『現代議会主義の精神史的状況』樋口陽一訳、岩波文庫、二〇一五年〕

である。このような社会的合意形成の平和的な〈装置〉に関する考察の範囲を、第三段階では、情緒的に理解する美徳を持ち合わせること、あるいは、「こころの文化」（S. 191）といわれるような実存といったものと機能的に等価なものを取り上げることにより、ベンヤミンはさらに広げる。ベンヤミンの確信によれば、そのような観点を引き受ける能力が欠けているところはいずれの場合でも、共通する利害の基盤についての認識が、利害の衝突を非暴力的に調停するために考慮される可能性がある。たとえば、「共通する損害に対する恐れ」（S. 193）はその典型的事例であり、ベンヤミンはそれをここではほとんどホッブズ流に取り上げている。このような利害衝突を解決する手段の事例はすべて、法から自律的で非暴力的であり、どれもまだ私的な領域内部でその議論が展開されているとすれば、これに反して次の段階は、「諸階級や諸国家」（S. 193）間の闘争に示されるような個人を越えた紛争の領域が議論の対象になる。このように際だった転換となると、本当にベンヤミンは、「純粋」な手段として、利害衝突の調停の非暴力的な装置だけを念頭に置いていたのだろうか、という疑念が生じる。確かに、テクストのもう少し先の箇所では（S. 195）、外交的な交渉手腕が取り上げられているが、これは、私的合意の類比で、国家間の利害衝突を解決する非暴力的手段として、問題なく理解することができる。だが、ベンヤミンの関心はおもに、公的な利害衝突に決着をつけるためのまったく別の、あらゆる暴力から解放されているとはほとんど思えない装置に向けられている。ベンヤミンは、ソレルからの引用を再び論拠にしつつ、プロレタリアートによるゼネストは、「転覆」を「誘発するのではなく、むしろ完遂する」（S. 194）がゆえに、「純粋な手段として非暴力的である」（S. 194）と述べる。このような驚くべき論証の展開について言えることは、少なくともこの展開は極めて両義的にみえる、ということである。というのも、この場合の「純粋」は、もはや「非暴力」とはいえないようなものであり、むしろ「目的からの解放」のようなことを、つまり、それ自身のための行為遂行を意味するに違いないからである。さらにこれに続くベンヤミンの論述では、プロレタリアートによるゼネストの「無政府主義的」性質を強調する際、「純粋」という表現を目的設定へのあらゆる結びつきの欠如、という意味で使う傾向がさらに明白になっている。ベンヤミンによれば、周知のように「ストライキ権」の行使においてすでに論じられた慣例的な労働中止は、綱領的意図に基づく単なる「法の制定」の試みであるが、それに対して真正のゼネストには、そのような社会的政治的変化を起こす野心はまったくない。それは、このようなゼネストは、「純粋」に「国家暴力の根絶」(S. 194) の遂行からその意味のすべてを獲得しているからだ、とベンヤミンは述べている。

この重要な箇所のすぐ後、ベンヤミンは、目的手段的な法体系における暴力の位置づけについて詳細な総括を始める (S. 195f.)。ここで、ベンヤミンは、明らかに、法的に歪められた倫理の時代に関する考察を締め括るつもりである。ここまでの十八頁分全体の構造をもう一度図式的にみると、そのうちの最後の数頁における革命的ゼネストについての言及が、その直後に置かれた観点の転換に向かう繋ぎの役割を果たしていることは明らかである。むろん、私たちが承知しているように、この観点の転換は、法を超えた先にある時代に向けられた視点を解放しなければならない。ベンヤミンは、法実証主義が効力をもつところでは、法的関係における暴力の使用は一義的に決定されないので、正当性のあらゆる最終基盤なくしては成り立たないことを示した後、まずは、法的に規定された既存の秩序体系内において、利害衝突の非暴力的除去が可能になる別の選択肢を提示した。このように社会的合意の「純粋」な手段を論じようとする範囲では、「プロレタリアートによるゼネスト」――その「純粋性」は、もちろん、非暴力性というよりも遂行的性質という事態から、つまり、あらゆる道具的性質からの解放によって生じるのだが――にも言及されている。その論述のなかで認められる推移から、ベンヤミンが論文の最終段階において、これまで対象とされていた「現実に存在する状態」(S. 196) という「呪縛圏」にもはや属さない、つまり、法の目的手段関係から解放されたそのような暴力の形式を、どのような方向に向かって求めているのかを明らかにしている。すなわち、与えられた諸関係のなかでプロレタリアートによるゼネストが典型的な代表となる暴力は、もはや手段として倫理的目的に役立つことが認められるのではなく、それ自身が倫理の表現と執行形式でなければならないのである。ほぼ六頁足らずに纏められた論文の最終部分において、ベンヤミンは、そのような「純粋」な暴力形式の可能性の探究を開始する。

純粋な、あるいは、「摂理の」暴力

ベンヤミンの論文全体の目的、および、結論となる考察を理解する手がかりは、ちょうど法的暴力の分析が終わるところにある。ここで、ベンヤミンは、私たちが今やもう十分承知しているテーゼを、最後にもう一度繰り返す。このテーゼによると、法的関係における暴力は正当化不可能であるが、それは、結局、手段としての暴力の権限を規定することができないからである。それゆえ、このテーゼは、新たな替わりとなる思考モデルへの示唆にほかならないものを含んだ、修辞的な問いかけで終わっている。「つまり、正当な手段を利用するような、運命のような暴力の類が、正しい目的そのものとは和解しえない矛盾のなかにあるとしたら、また、それと同時に、別の種類の暴力が予想され、その場合、もちろん、それは、正しい目的に対する正当な手段でも不当な手段でもありえず、そもそも目的に対する手段ではなく、むしろ、なんらかの別のものが予想されるのだとしたら、それはどのようなものだろうか」

(S. 196)。ある意味で、この最後の表現に、もはや真に驚かされるようなことはない。というのも、周知のようにすでに「プロレタリアートによるゼネスト」という行為において、ある目的のための手段としては容易に捉えられない暴力の形式が現れているからである。むしろ、まさに繰り返しジョルジュ・ソレルが参照されていることこそが、ここで問題になっているのは、ある種の社会的抵抗であり、しかもその抵抗の暴力は予想された目標への到達手段ではなく、倫理的憤怒の表現であることを説明しているといえよう。ベンヤミンは、あらゆる道具的意味から解放された暴力概念が使えるように、これまで単に話題にされてきた考察をここでは普遍化しようとしているようだ。同じ箇所で、ベンヤミンは、このような新たな替わりとなる観念において、ここでは「暴力の非媒介的機能」(S. 196) が重要であることも述べている。このような直接的な暴力形式がどのように表象されるべきかを、ベンヤミンが「日常的な生活経験」(S. 196) の例において説明するときは、ほとんど、定義の提言のような調子である。「人間に関して言えば、たとえば、怒りは人間を最も明白な暴力の爆発へと導くが、この暴力は手段として予め想定された目的とは関係しない。このような暴力は、手段ではなく宣言である」(S. 196)。まさにベンヤミンの論文の最終頁の中心に位置するのが、この「宣言」概念である。この概念は、暴力の一種、すなわち、もはやある目的のための手段ではなく、応じて発動された意志の表現ないし表明としての暴力を意味する。

だが、要するに、テクストのこの箇所には、たった一頁ほどに纏められたベンヤミンの包括的で冷静な説明が告げている以上のものが現れている。道具的に利用する構想から表明する構想へと暴力概念を転換することによって、ベンヤミンは、暴力の異なる相を扱うだけでなく、これまで論証を展開してきた歴史的枠組み全体を越えてゆく。というのも、説明されている限りでは、法によって規定される時代においては、人びとの間における倫理的関係がすべて法的な目的手段図式にしたがって組織されるため、このような道具的使用ではない暴力形式に相応しい場所はありえなかった、ということこそが妥当するからである。その意味では、まさしくこの箇所で、ベンヤミンは、十四頁ほど前に「法についての歴史哲学的考察」（S. 182）を指示しつつ予告した、観点の転換を行っている。つまり、暴力を表明のモデルとして導入することにより、ベンヤミンは、既存の法秩序から十分離れた立場を取り入れることができ、したがって、法による尺度の適用範囲全体が「その〔＝立場の〕価値にしたがって」（S. 181）判断可能になる。このようにして捉えられた観点の転換を分かりやすく言いかえるならば、ベンヤミンはここで「内在的」批判から「超越的」批判へと移行している、とおそらく言えるだろう。すなわち、ベンヤミンは、その論証において単に道具的に使用される暴力の概念だけを扱っている限りでは、法的関係を構成的な目的手段図式に基づきもっぱら内在的に批判すること、つまり、暴力の扱いにおける内的な非規定性を暴露することができた。一方、ここでは、暴力における宣言という性質を考慮することにより、ベンヤミンは、超越的見地から法的範囲全体の限界まで見渡す可能性を手に入れるのである。

さて、ベンヤミンのさらなる思考の歩みを難解にしているのは、いうまでもなく、締めくくりの部分が、直ちに、表明する暴力の性質に関する制約の説明で始められるためである。しかも、このもはや間接的ではない暴力形式は、批判によって決して取り除くことのできない、「客観的な宣言である」（S. 197）と簡潔に述べられる。その次の文章でも、ベンヤミンは彼が暗示しているものを具体的に示しているが、その文章では、自己を宣言する暴力の非難されるべき誤った形態の「きわめて重要な」（S. 197）源泉として、「神話」が挙げられている。そして、そのような「神話的暴力」と真に「直接的な純粋暴力」（S. 199）の対置は、ベンヤミンがこの論文を締めくくる考察の構造の中心を成している。このような対立形成の意味を理解するには、おそらく、まずは表明する暴力の二つのタイプを別々に検討するのが最善であろう。その後、この表明する暴力の下位区分ならびに上位区分の根拠を扱おう。

すでにこれまで見てきたように、「神話的暴力」は、法の覇権を特徴とする時代には属していない。つまり、「神話的暴力」には宣言という性質があるので、正しい目的のための手段とみなすことはできず、したがって法的関係にも帰せられない。むしろ、ベンヤミンは、古代の神話的な物語のなかで機能していた暴力ついては、それは、まず第一に、神々が「現に存在する」(S. 197) という顕現もしくはその表現であった、と主張する。このような暴力の使用は、神々が、現世を越えた権能を根拠に、人間に対して権力もしくは支配権があることを示威的に表明するものである。もっとも、この示威的に表明する暴力は、ベンヤミンから見れば、あらゆる法的関係との関わりがまったくないわけではない。というのも、ベンヤミンの確信によれば、ある意味でこの暴力がそもそも最初に法を秩序の体系として成立させたからである。神々は、神々に挑戦するという冒瀆を犯した者を罰するのだが、それは、侵犯されると必ず処罰される原則の創出という方法で行われる、とベンヤミンはギリシア神話に登場するニオベーの物語を引用しつつ説明する。このように、ベンヤミンは、歴史的出来事ではなく、神話の物語を根拠資料とするきわめて大胆な系譜から、法の発生は権力の単なる示威的行為に基づくという、広範囲に影響を及ぼす結論を導き出す。神々は、冒瀆的で反抗的な人間に対して、規範的な境界設定を行う権能を実際に有しているのが誰であるかを表明するために、法という原理を創出するのだが、それは彼らの激昂した憤怒の表現形態にほかならない。「法の制定は権力の制定であり、その限りでは、暴力についての直接的な宣言行為である」(S. 198)。方法論的にみれば、法批判はベンヤミンにとってこのような系譜による所見により完成する。なぜなら、まずはもっぱら内在的に始められた分析に、ここでさらに、法的領域全体の「価値」がどのように判断されるべきかを明らかにする、超越的考察の結果が加えられるからである。ベンヤミンは、再びジョルジュ・ソレルを引用することで、完成された彼の法に関する考察を総括する。ソレルによれば、法は、最初から――そしてまさにそれが法の「価値」を形成することだが――「権力あるもの」の恣意的に規範的境界を設定するという「特権」(S. 198) に役立つものであり、この境界は、見たところ「平等」を装いつつも「権力あるもの」に特別な待遇の確保を許すのである。その限りでは、ベンヤミンが最終的に述べているように、結局、法的関係のなかで循環する暴力すべてが「直接的な暴力の神話的宣言」(S. 199) に由来する。もっと分かりやすくいえば――ただし批判の余地のある表現でもあるのだが――、このテーゼは次のようにも言いかえられるだろう。すなわち、法的暴力が影響を及ぼす条件は、権力維持によって極めて現実的な利益を得る者たちが独占している物理的暴力に、密かに背後で結びつくことである。

さて、ベンヤミンは、来るべき将来、神話によって生みだされた法的関係の「運命」(S. 197) を、再び破壊できる倫理的な力について問うことにより、上述の暴力とは異なる、表明する暴力の肯定的な形式の導入へと論を展開する。新たに拡張された観点が示されているのは、全部でたった二つの文章であるが、この文章はこの論文の中心となる転轍である。それゆえ、その全文をここで引用しないわけにはいかない。「直接的な暴力の神話的宣言は、より純粋な領域を開くどころか、最も深い根底部分ではあらゆる法的暴力と同一のものとして現れ、法的暴力の歴史的機能の腐敗が確証される懸念を生じさせる。それとともに、この神話的宣言による腐敗の根絶が課題となる。まさにこの課題が、最終段階においては、神話的暴力の阻止を命令できる純粋で直接的な暴力についての問いを再び呈示する」(S. 199)。そして、次の文章で、ベンヤミンは、「純粋性」に基づき、これまで扱われてきた暴力すべてを凌駕する倫理的に重要なものを導入することによって、自ら立てた問いに答える。「あらゆる領域において神と神話が対峙するように、神的暴力と神話的暴力は対峙する」(S. 199)。さてここで初めて、ベンヤミンが規範的図式として最初から密かに論文の基礎にしていた、カテゴリー表の全体像が、私たちにも認識できるようになる。確かに「神的暴力」概念の意味は、直前の頁(S. 198)ですでに一度示されているが、ここではじめて、論証全体の結論に対して「神的暴力」概念に与えられている極めて重要な意義が明らかにされる。ここで、「純粋な神的暴力」の歴史哲学的役割そのものについて最後に扱う前に、手短に、ベンヤミンの論文でこれまでに完成されたカテゴリー構造について、図式的な概観を差し挟んでおくことは、おそらく理解の助けになろう。

さしあたり、すぐに理解されることは、ベンヤミンが、彼の論文における諸々の基本概念を、概念の実際の意味や歴史的な意味における時代順序に逆行した順番で取り入れていることである。すなわち、これまで用いられてきた概念がすべて「系譜」の上で依存している決定的な対立形成は、論文の終わり四分の一まで進んでようやく現れる。この場合、自己を宣言する直接的暴力の二つの形式の対峙が重要であり、一方は「不純」、もう一方は「純粋」と言い表せるのだが、それにより両者は区別されている。表明する暴力が外的目的に配慮して使用され、もはや単なる意志や感情を表現するわけではない場合、ベンヤミンはそのような暴力を「不純」と呼ぶ。確かに直接的ではあるが、同時に「不純」な暴力は、ベンヤミンからすれば、歴史的には、非キリスト教的な神々による憤怒の爆発に現れている。その神話の物語によれば、神々にとって、あらゆる情緒的激昂の際、つねに自身の権力への関心を冷静に追求することが重要なのである。ベンヤミンが論文のなかで展開する概念構築において、この神話的暴力は、法的暴力が目的手段関係という自立化を経て一般的に定着していく過程の、系譜的始まりに位置する。

こうして法的関係が一度完全に制度化されるやいなや、暴力一般の正当性は、ただ道具的な使用基準によってのみ価値づけられてしまい、そうなると、手段が目的へと恒久的に繰り返し変えられてしまう事態――それは法と権力の結合から生じるのだが――がもはや見抜けなくなってしまうのである。それは、法が権力への関心に密かに背後で結びつくという神話の遺産である。あらゆる倫理的な生活形式は、目的手段図式の支配下に陥り、法的関係が貫徹されてゆくことで次第に歪められていったのだが、その責任は、こうした法と権力の結びつきに究極的には帰せられるとベンヤミンはみなす。法的暴力の介入が執行されることなく利害衝突を解決するために、この破壊された生活関係の内部にまだ残されているようなわずかな残りの選択肢でさえ、ベンヤミンによれば、利益が優先されることにより、倫理的なものの偽装という欠陥を抱えている。

ここで、尖端には「不純」な直接的暴力のカテゴリーが位置する系譜軸を一つの概念系列として図式的に考えるならば、それと並行して、第二の概念系列が全く異なる系譜を捉えるために付け加えられて考えられねばならない。というのも、この第二の概念系列の尖端に「純粋」な直接的暴力のカテゴリーは位置するからである。直接的な暴力の宣言が外的目的の顧慮によって損なわれない場合、そのような表明する暴力形式をベンヤミンは「純粋」と呼んでいるようである。その限りでは、そのような暴力の行使は、意志あるいは感性の形で源泉としてその根底にあるものをもっぱら表現するゆえに、自己準拠的な特性を持つ。明らかにベンヤミンは、彼のテクストのなかで、まず最初は、このような種類の純粋暴力を行使する能力をもっぱら神にのみ認めている。そして、明言されてはいないが、このような意志は善であり正しいがゆえに、神が表明する暴力の現れは正義の純粋な表現となる(S. 198)。もちろん、ここで、ベンヤミンは「純粋暴力」という見出しの付された概念系列にもさらなる諸概念を書き込むことができるので、最初の概念系列の場合のような系譜軸を、二番目の概念系列に認められるのかという疑問が浮かぶ。というのも、そのような暴力の持続は、法が支配的な状態ではまったく不可能に思われるだけでなく、世俗では神的暴力を継承する現象はほとんどありえないということが、この「純粋暴力」の概念系列の形成を妨げているからである。ゼネストにおいて実現された暴力の特殊な性質については、すでに散発的に取り上げられているが、そこから明らかに認められることは、ベンヤミンは上述のどちらの見方にも重きを置いていないようだ、ということである。つまり、純粋暴力は、法の時代でも時によって表明可能であり、それゆえに神の正義も系譜的な痕跡を残してきた、ということについて、ベンヤミンがまったく疑問を抱いていないことは明らかである。このような神的暴力が現世に再来する最初の形式を、すでに述べたように、ベンヤミンは、プロレタリアートによる革命的ゼネストに見ている。この革命的ゼネストも自己準拠的な特性を持つ。なぜなら、革命的ゼネストに特有の暴力においては、プロレタリアートが彼らの社会的状況のゆえに持ち合わせている道徳的意志が、一点の曇りもなく〔つまり純粋な形で〕宣言にいたるからである。確かに、ベンヤミンは、いかなる特殊な経験が労働者階級に、そのような道徳的意志を形成する能力を与えるのか、はっきりと示してはいない。しかし、ベンヤミンがこの点においても、ソレルの示唆にしたがっていることが推測されよう。そのソレルは、ニーチェとプルードンの一風変わった統合において、真正で「崇高な」生産者の道徳から出発している。(42)生産者の道徳に関するソレルの議論の文脈では、生産者の道徳に加えてさらに家族の道徳の価値につ

(42) Sorel, *Über die Gewalt*, a. a. O., 7. Kapitel.〔前掲、『暴力論』(下)、第七章〕

いても考察されているが[43]、それらの考察は、ベンヤミンが、世界に内在するという条件の下で純粋暴力という二つ目の審級化に言及する際、おそらく依拠している根拠の一つだろう。このような思考は、すでにベンヤミンの論文の冒頭で、親による躾（S. 182）の法制度化されない性質について述べられたときに問題にされていたが、その思考が、今度は、純粋な直接的暴力を行使する文脈において再度言及される。「このような神的暴力は、もっぱら宗教的伝統を通じて表明されるだけではなく、むしろ、少なくとも聖別された宣言においては現在の〔現世的な〕生活においても存在する。その完全な形で、法の外部に教育上の暴力としてあるものが、そのような暴力の出現形式の一つである」（S. 200）。このような最初に人を驚かすような提言には、若いベンヤミンが教育改革に腐心したときの要素が明らかにまだなお反映されているが[44]、この提言を十分理解するためには、神的暴力との平行関係について十分留意するのが、おそらく最善であろう。ベンヤミンが言わんとすることは、親や教師の意志も、彼らに信頼を寄せるものたち、つまり、自分たちの子どもや教え子の息災、幸福にもっぱら向けられているのであり、そのような意志は、神の意志にほかならならない、ということのようだ。それゆえ、親や教師が、その子どもや教え子がやりかねない誤った行為に反応する際の暴力行為の出現は、好意的な正義の純粋な表明なのである。このような論拠に対してベンヤミンが教育上の暴力における「自然な目的」について述べている箇所をさらに考慮すると（S. 182）、ベンヤミンがここで「決定的な」「執行」（S. 200）について述べていることは、まさに文字通りの意味ではないかと危惧される。つまり、父親が子どもの悪行を罰する殴打は、正しい怒りの宣言であり、その意味では、純粋な、まさに「聖なる」暴力がそれ自身においてて正当化された例証になるわけである。このような具体的な説明を補えば、ベンヤミンが最初にきっぱりと、暴力の構造全体からみれば教育上の暴力はあらゆる法制化の形式に対立すると主張した理由も明らかだろう。すなわち、ベンヤミンの観点からすれば、法的カテゴリーが教育上の振る舞いの領域に入り込むことは、法的カテゴリーの倒錯に不可避的に行き着かねばならず、その倒錯によって、道徳的宣言をそもそも質的に保証していたものが、突如単なる手段になってしまうのである。

教育上の暴力への言及によって、ベンヤミンが彼の論文のなかで神的暴力が世俗に及ぼし続ける影響の例証として取り上げる社会現象は網羅された。ベンヤミンが神話から生じた法的関係の証明として示す権力の歴史とは異なり、神的暴力の形式の系譜が示す痕跡はその不連続性を極めて強い特徴としている。それゆえ、実際にその目に見える部分はわずかしかない。親の教育上の振る舞いと並んで、最終的には、プロレタリアートによるゼネストだけが第二の審級として現れ、神的倫理の再来への望みに滋養を供給できる。それにも関わらず、ベンヤミンは彼の論文を「聖なるもの」(S. 202) の決定的喪失というテーゼで終わらせてはいない。最終的な表現――これは、おそらく、ベンヤミンのプロジェクト全体の政治的意図を、もっとも明らかに呈しているのだが――では、むしろベンヤミンは、純粋であると同時に直接的な暴力の、狭い隙間から辛うじて見通すことのできる弱い連続性を、革命が回避不可能である証拠として評価する。テクストが終了する直前のわずか数行にそれは示されている。「しかし、暴力が、法を越えたところでも、純粋で直接的な暴力として存在することが確かならば、それにより、革命的暴力は可能であり、またそれがいかにして可能であるかも、そして純粋な暴力の最高度の宣言にはどのような名が人間によって与えられるべきなのかも、明らかである」(S. 202)。

(43) Ebd., S. 284ff.〔同前、一七一頁〕
(44) Vgl. Kohlenbach, *Walter Benjamin*, a. a. O.

この引用文でベンヤミンが念頭においている革命を、単なる政治的変革として想定してはいけない。またこの革命において、私的資本主義に基づく諸関係の転覆という見方が焦眉の重要性を担っているというのでもない。むしろ、ベンヤミンがここで意図し、彼の論文全体の密かな目標を成しているのは、いわば文化的な革命理念であり、それは、数百年前に構築されて以来続いている法的関係の体系を、全部ひっくるめて崩壊させてしまうかもしれないものである。法的な目的手段図式に対する批判は、まず最初はもっぱら内在的観点から、続いて歴史哲学的な超越的観点から行われたのだが、この批判からは、あらゆるものを支配する法的暴力が、次第に日常的な倫理の隅々にいたるまで浸透し、結局は、構築された権力秩序の維持だけに役立っている、という見解が得られたのである。このような法の呪縛からの解放は、最終的には、神聖な方法での暴力の執行を通じて、直接正義を産出する革命によってのみ可能である、とベンヤミンは確信している。その法概念はテロリズム的であり、その理想暴力は神権主義的であり、その革命観念は終末論的であるような内容の著作が、今日まで主として、過小評価された解釈[45]、または、横領されたような解釈[46]、あるいは、一面的な解釈[47]ばかりを結果としてもたらしてきたとしても、不思議ではない。ベンヤミンの論文を駆動する推進力は、法全体に対する批判である。というのも、目的手段図式の尺度にしたがって生じる社会的装置のすべてが、ベンヤミンの確信によれば、あらゆる人間にかかわる事柄を個人的利害の調整という、一つの観点に還元せざるを得ないからである。そして、まだ三〇歳に満たない著者ベンヤミンが、その純粋性、その絶対的な自己目的性に基づき、私たちを法的運命から解放できると信じた道徳的な力とは、神が揮う神聖な暴力であった。

(45) Herbert Marcuse, »Revolution und Kritik der Gewalt«, in: Peter Bulthaup (Hg.), *Materialien zu Benjamins Thesen ›Über den Begriff der Geschichte‹*, Frankfurt/M. 1965, S. 23-27.

(46) Derrida, *Gesetzeskraf*, a. a. O. 〔前掲、『法の力』〕.

(47) Giorgio Agamben, *Homo Sacer. Die souveräne Macht und das nackte Leben*, Frankfurt/ M. 2002 〔『ホモ・サケル』高桑和巳訳、以文社、二〇〇三年〕.

第7章　自由の獲得

——個人の自己関係というフロイトの構想（*）

盲目的な教条主義だけが、フロイト理論の依拠する一連の諸前提がこの間大いに疑わしくなってきたという事実からいまだに眼を背けさせることができる。乳児に関する研究や、一般的な発達心理学の発展全般、そしてまた進化生物学の進歩によって、幼児に対する精神分析的見解がもつ中心的な基本前提が疑わしくなった。乳児は自分のおかれた環境を依然として自分自身の行為の結果としてしか経験しないとした一次的ナルシシズムの仮説に始まり、女児に特徴的なペニス羨望があるという主張にいたるまで、五〇年前にはかなり確実なものと考えられてきた多くの事がらが不信の目でみられているのである。（1）欲動理論全般、したがってそれはフロイト理論を支える生物学的基礎なのだが、それでさえ、今日では正当な疑念にさらされている。ますます高まりつつあるこうした疑念に、この間に精神分析運動それ自身の内部からフロイトの仕事に対してなされた修正が付け加わるならば、（2）おそらく彼の生誕一五〇年には次のように言われるだろう。フロイトが没して以降、今日ほどフロイトのオリジナルな学説の将来性、そしてその生産的な発展の可能性が苦境に立たされたことはないだろう、と。

いわゆる時代精神も、こうした極端に懐疑的な評価を支持しているように思われる。あらゆる方面から、精神分析の治療を受けてみようとする患者の数が減少しつづけているらしいという話が聞こえてくるだけではない。少し前に祝典が催された生誕の日の直前まで、フロイトの仕事に対する攻撃が実にジャーナリスティックであったということだけでもない。[3] むしろ、主体それ自身が精神分析の文化からますます巣立っていくように思われるのである。というのも、主体は不確定な未来に新たに適応しつづけるように促されており、もはや自分自身の過去と向き合うための誘因、そしてそうすることの必要性を感じなくなったからである。個人の形成史を振り返るという、積極的な行動の妨げとなり骨が折れるような回想作業に対する社会的な見返りが明らかに失われてしまった。その結果、精神分析の理念も私たちの文化のなかではますます不信を招いているのである。

ますます多くの疑問にさらされ、社会の周辺部に追いやられるといった状況、それどころか、正真正銘存続の危機にさらされている状況に対し、今日、精神分析のほうは反射的に前方に向かって退避することによって応答するのが一般的である。すなわち、比較的新しい自然科学の核となる領域に足を延ばしているのである。なぜならば、オリジナルな学説の中心的な構成要素、夢解釈や抑圧の概念、そのう

(＊) マーティン・ドーアネスとクリスティーネ・プリース＝ホネットに対し、貴重な助言と示唆を受けたことを感謝する。
(1) Vgl. Martin Dornes, *Die Seele des Kindes. Entstehung und Entwicklung*, Frankfurt/M. 2006, Kap. 2 und 6.
(2) Vgl. Morris N. Eagle, *Neuere Entwicklungen in der Psychoanalyse. Eine kritische Würdigung*, München/Wien 1988.
(3) Jonathan Lear, »The Shrink is in« (1996), in: *Psyche*, 50 Jg., H. 7, S. 599-616.

え構造理論も、もはや精神分析それ自身の土俵で擁護されるのではなく、徐々に勢いを増してきた脳神経科学の枠組を使って立証されねばならないからである。もし精神分析に何人かの主導的な代表的人物を信頼するつもりがあるならば、これまでずっとくすぶってきた危機からの救済を脳研究の諸成果に期待することができる。しかしそうすることによって、この間、確実に疑わしくなった要素をすべて乗り越え、フロイトの理論において中心的で今日でもなお有効な遺産となっている契機も失われてしまうように思われる。これが私の主張したいテーゼである。その遺産とは、人間はもともと分裂し、それ自身において引き裂かれた存在であるが、「内的な」自由を拡大したいという人間に内在する関心のおかげで、自己自身の反省的な活動を通してそのような自己の分裂状態を緩和したり、あるいは完全に克服したりする能力を持っているのだ、という洞察である。フロイトは、こうした人間学的理念を含むすべての構成要素において、従来の人間像に本質的に新しい思想を付け加えたが、その思想の核となるのが、人間の自己関係という理念をその都度拡大することである。すなわち、主体は自己が慣れ親しんだ自己の自由の観念という内的なパースペクティヴからのみ、自らの心的活動にアプローチする方法を手にすることができる。そしてまさにその自由の観念によって、主体は自身の生活史のなかの切断された諸契機に反省的に向き合うよう強いられ、ついにはそうして記憶の道をたどることにより、切断されたものを取り戻すことができるのである。また次のようにも言えよう。自己自身の形成過程を批判的に自らのものとするという前提に立つ場合にのみ、人間は与えられた意思の自由という可能性を手にすることができるのだ、と。しかしながら、こうした反省の運動へのアプローチは、脳科学には原理的にふさがれている。なるほど脳科学は医学用画像処理の恩恵によって、反省の身ぶりがもつ神経ニューロン上の相互接続について解明できるかもしれないが、そうした身ぶりの遂行それ自身を決定することはできない。

なぜならば、自己自身の自由という反省的に作用する理念を脳のなかで特定するための前提が脳科学には欠落しているからである。人間の人格に関して、脳科学という観察者のパースペクティヴのなかで姿を消してしまうのは、フロイトにとっては当たり前のように思われ、むしろ本来的には人格の内部にあって駆動力となっていたものである。すなわちそれは、自分自身を活性化する意思の自由の先取りであり、それは主観的に体験される諸制約に直面しながらも、自分自身の生活史に細部にまでかかわり、生活史それ自体を仕上げる（durcharbeiten）[訳注1]過程へと動機づけるのである。

私は以下で、まずフロイトが「正常」な人格の病理に着目していたことを明らかにすることによって、こうした個人の自己関係という複雑で重層的な構想を再構成してみるつもりである。この精神分析の創設者は、自らの理論を展開していくにつれて、ますます恐れることなく、神経症の発症要因に関する彼自身の発見から「健康」な主体の非合理的な逃避の力を逆推論したのである（I）。ここからフロイトは、彼の抑圧と防衛の概念を外見的には正常に見える主体に当てはまる諸条件にも適用せざるをえないと感じた。しかるに第二段階として、十代の子どもが日常的な社会化の諸条件の下であっても、抑圧さ

〔訳注1〕 durcharbeiten とは元来「仕遂げる、完成する、十分に手を加える」さらには「徹底的に研究（調査）する、推敲する」（博友社『大独和辞典』）という意味をもつが、精神分析理論においては名詞的に使用され（Durcharbeiten, Durcharbeitung）、「解釈に統一を与え、解釈が引き起こす抵抗を克服する精神分析過程」、「主体に抑圧された要素を受け入れさせ、反復機制の支配から抜け出させるようにさせる心的操作」と規定される（ラプランシュ／ポンタリス『精神分析用語辞典』（村上仁監訳、みすず書房、一九七七年。「徹底操作」の項目）。本論考でホネットは、抑圧によって分裂した自己の部分を生活史を反省的に振り返ることによって統合する過程に用い、論考全体のテーマである「自己の獲得」「内的自由の拡大」とも密接に関わっている。ちなみに英訳においても「徹底操作 working-through」の動詞形 work through が使用されている。

れこれ以上統合されない欲望の貯水池を形成する理由を、フロイトの視点からどのように定義されるのかが描き出される（II）。フロイトはこうして抑圧を正常化することにより、健全な人格がある種の心理的解放を成し遂げる反省過程の特徴を明らかにするという課題に直面する。神経症を患った主体の場合、こうした心理的解放は分析的治療の手助けによって達成される。第三の段階としては、フロイトがこうした課題を解決するために用いた個人の自己獲得という構想がどのような特徴をもつのかについての議論が展開されねばならない（III）。かくして、私の考察の中心には個人の自律と反省による過去の克服、そして意思の自由と生活史の細部にまでかかわりそれを仕上げること〔徹底操作（Durcharbeiten）〕との間にフロイトが設けた緊密な結びつきがある。つまり私は、フロイトは一瞬たりとも「意思の自由」の可能性に疑いをもったことはないが、「意思の自由」に対し自己自身の意思を自分のものにするというステップを必要条件とした、と主張したいのである。

I

フロイトは自身の仕事のなかで、子ども時代初期にある神経症罹患の諸原因に関する情報を得るために、正常な社会化過程について提唱されている諸仮説に依拠しただけではなく、反対に繰り返しつねに諸個人の神経症の特徴の側からも正常な心的生活の推測を行った。病理の診断と正気の分析、病因論と人格理論とのこうした往復が彼の仕事の構想上の導きの糸を形作り、それが学問的な成熟性を増していくとともに、よりいっそう強く独自の意義をもつようになる。最終的には、確かに彼の理論全体は心の病を患うことによって生じる特殊な問題を解決する方法を提案するというよりも、人間の主体性に関する私たちの考えを改めさせることに貢献する。しかし、実際にはすでにフロイトは『夢解釈』（一九〇〇）で夢を一つの例として引き合いに出し、それを手がかりにして防衛戦略によって特徴づけられる精神の活動の非病理的な事例に関する研究を行っている。フロイトの見解にしたがえば、誰もが自分自身の夢を切迫して思い出すなかで、抜け落ちたり、別の文脈へとずれることによって自分自身にとっても見慣れぬものとなった夢のテクストに遭遇する。しかし、それはあまりにも馴染みのないものであるがゆえに、テクストの内部に自らが生み出した意味を理解するための鍵を見つけることができない。フロイトは『日常性の精神病理』（一九〇一）に関する論文を手がけた一年後からすでに、完全に正常で健康に見える心の生活にある非合理的な混濁箇所の解明に取り組み続けている。こうした新しい文脈では、フロイトにとって言い間違いや度忘れのような、最初はほとんど目立たない失錯行為が重要となる。さらにこれらの行為は、正常な人格においてさえ高い頻度と持続性を帯びうるので、もはや単なる偶然の出来事として片付けられない。よく知られた反復行動のこうしたケースにおいて、日常の失錯行為は、正常な人間にとってさえ彼らがいかなる深層の防衛機制によって性格付けられているのかを見て取ることができる、こうした徴候の性質を帯びるのである。それゆえフロイトは、将来の研究を見据えつつ、先の研究の終わりに次のように確信することができた。すなわち、「神経面での正常と異常の境界は不確定」であり、それどころか、われわれは言ってしまえばみな「いくらか神経質症気味である」と。(4)

（4） Sigmund Freud, *Gesammelte Werke*, Bd. IV, S. 309〔「日常生活の精神病理学にむけて」高田珠樹訳、『フロイト全集7　一九〇一年』、岩波書店、二〇〇七年、三三八頁〕. 以下、フロイトの著作からの引用をこの間A・フロイト、E・ビブリング、W・ホッファー、フロイトはそれ以降、不可解な欲望や異様な防衛的態度を形成する恒常的な準備態勢が一見して正常に見える精神生活のなかにも存在する、という見方を導くパースペクティヴをもはや放棄しようとはしない。彼はまったく正常に働いている主体において、きわめて奇怪で理解し難い振る舞いが示される地点を探求し続けるが、そうした振る舞いの奇抜で理解困難な特徴が、個人の心理に残る太古の残余物が体系的に作用しつづけていることを指し示しているのである。ここで描き出したような方向に向かう重要な一歩を表しているのが、一九一六年に『精神分析雑誌』に発表した「喪とメランコリー」に関する小さな著作である。[5] 彼の見方からすると、悲哀〔喪（Trauer）〕において私たちは失った愛の対象に幻覚のなかで固執するのだが、そうした悲哀は、私たちが欲望空想から抜け出しさらに自尊感情の著しい低下を経験するメランコリーとただ段階的にだけ区別されるにすぎない。もっとも、フロイトが自身の論文のなかでまず関心を持ったのも、これら二つの状態を互いに区別するものではなく結びつけるものである。悲哀（Trauer）もメランコリーも、ともに痛みを伴う対象喪失に対する心理的反作用であり、その反作用においていずれの場合にも、愛情の対象の存続が欲望空想のなかで幻覚化し、その結果として社会的環境へのかかわりが完全に失われそうになることで「自我の制止と制限」が発生するのである。[6] 病理との境界は、悲哀の状態に入った段階ですでに越えられている。やはり普通の見方によれば、存在しない対象を呼び戻す幻覚作用は精神的な混乱が存在することの明白な証拠だからである。そしてフロイトが結論づけているように、ただ科学的な作業の繰り返しだけがこうした段階を経ることを防ぎ、悲哀が心の病に加わることを阻止できるのである。「痛みを伴う喪失（Schmerzverlust）」[7] の程度や欲望空想の強度がそれ自体、正常なものの臨床領域において病理的な現実否認に向かう傾向性があることを示す明確な指標となっている。主体は原初的な欲望にとらわれ、失った愛の対象との対話を継続しようとするがゆ

えに、従来どおりの自我機能、すなわち主として自我のリアリティ・コントロールの機能は機能不全に陥るのである。(8)

実際これらの簡潔な考察は、その帰結においてフロイト自身が直ちに認めると思われる以上のものを含んでいる。フロイトは事実、正常と異常の慣習的な境界を動かすのではなく、病理的な行動が現われる可能性を「正常」な人格それ自身の領域に移しているのである。すべての主体、またその他の点では完璧に現実に耐えうる主体でさえも、おそらく現実のチェックに耐えられないような欲望にときどき苦しめられる可能性がある。こうした欲望のとくに原初的な性格、つまりそれまでの間に築かれた内面世界と外的世界の区別を無視するという事実は、明らかにこれらの欲望が初期の子ども時代の克服されない遺物に由来していることを指し示している。(9) こうした見解は、フロイトが「喪とメランコリー」を

E・クリスそしてO・ヤコヴェアーによって手掛けられた第七版のフロイト全集 Sigmund Freud, *Gesammelte Werke*, 17 Bde., Frankfurt/M. 1991 から行う。

(5) Freud, *Gesammelte Werke*, Bd. X, a. a. O., S. 428-446〔「喪とメランコリー」伊藤正博訳、『フロイト全集14　一九一四―一五年』須藤訓任／田村公江／新宮一成／伊藤正博／本間直樹訳、岩波書店、二〇一〇年、二七三―二九三頁〕.

(6) Ebd., S. 429〔同前、二七四頁〕.

(7) Ebd., S. 430〔同前、二七五頁〕.

(8) このような「愛された対象の喪失を加工するための病理的な欲望空想」の優れた描写を、ジョーン・ディディオンは彼女の物語〔ノンフィクション〕「悲しみにある者」において行った（*The Year of Magical Thinking*, New York 2005〔『悲しみにある者』池田年穂訳、慶應義塾大学出版会、二〇一一年〕）。

(9) これについてはフロイトの「ある五歳男児の恐怖症の分析」における彼自身のコメントを参照。「「神経症的な」子供や成人と「正常な」子供や成人の間に明確な線を引けないこと、「病気」という概念が純粋に実践的な加算概念であること、この加算に

扱った論考と同じ年に発表した短い論文のなかにはっきりと確認することができる。フロイトが「夢学説へのメタサイコロジー的補遺」[10]というタイトルの下で論じているのは、たとえば悲哀、惚れ込み〔恋着(Verliebtheit)〕、睡眠のようなある特定の正常と見なされる情動状態において、神経症の罹患状況から知りえた幻覚における欲望充足とまったく同種の出来事が生じうる諸過程である。ここで興味を引くのは、フロイトが自身の論考のなかで展開している個別の論点ではない。むしろ、その際にフロイトを方向付けている大枠の図式である。そこでは次のような問いが発せられている。ごく日常的な状況の下で、それとは異なる病理的な諸条件の下で先鋭化した形でのみ生じるのと同じことが起こるという事実は、いかにして説明されうるのか？　フロイトは答えを出すにあたって、悲哀、惚れ込み、睡眠といった状態では激しい興奮が原因か、あるいは注意力が強く抑制されるためか、通常主体の内部において現実吟味に関わる心的な能力が麻痺させられてしまうのではないか、という前提から出発する。そのことを通して「心的なるもの」の「脱衣(Entkleidung)」が起こるが[11]、そのことが幼少期の子どもの幻想の諸機制を使って自我を満足させるのである。それゆえ「単に、隠されたり抑圧されたりしている欲望を意識にもたらすというだけではなくて」、それらは「十全なる信の下に」「成就したもの」と考えられる[12]。だから通常の大人にしても、対象を事実的な満足の源泉として心のなかで体験するために、対象へと向かう単なる欲望だけで十分事足りるという状況に心当たりがある。そのような状態において、内面世界と外的世界、表象と現実との境界が破棄され、その結果、幻覚における欲望充足という初期の原初的な機制がもう一度強く作用しはじめるのである。

「夢解釈」から「夢学説へのメタサイコロジー的補遺」に至るまで、これまで言及してきたすべての著作は、伝統的に心的疾患においてのみ推定されていたある種の分裂状態を、健全な精神生活のなかに見出すという点で一致している。フロイトは、健康な主体さえも超え出る力を欲望に認めることによって、抑圧された欲望にあるコンフリクトの潜勢力を人間学化しているとも言えよう。私たちはみな、合理的に調整された、それ以外の欲望のネットワークに適合しないように思われる欲求や欲望に直面する状況をしばしば経験する。しかし、こうした欲望の特異性はその甚だしい異質性や協調性の欠如だけではなく、それ自体において本来的には実現しないにも関わらず、満足するという空想を伴っている点にもある。そうだとすると、私たちを幼少期の早い時期から支配していると推測しうる心的機制を、私たちは明らかに再活性化している。ただしフロイトは、なぜ正常な大人の前史においてさえも抑圧がある種の役割を演じなければならなかったのか、そうした問いに対する説得的な答えを先に引用した文献のなかではまだ手にしていないように感じられる。それどころかフロイトがまず出発点としたのは、神経症の罹患ケースに対し、そうした抑圧の原因が幼少期の早い時期に経験したトラウマ的出来事のなかにあるはずで、それらはその脅迫的な性質から無意識へと追いやられているという推測である。したがっ

達する閾値が越えられるには素質と体験が合わさる必要があること、その結果として多くの個人が健康というクラスから神経症的な病者のクラスへと移行し、はるかに少ない数だが逆の方向に道を進む人があること、こうしたことは頻繁にこれまでも言われ、多くの共鳴を見出してきた事柄であり、こう主張したからといって私は孤立していることにはならないだろう」(Bd VII, S. 376〔「ある五歳男児の恐怖症の分析　ハンス」総田純次訳、『フロイト全集10　一九〇九年』総田純次郎／福田覚訳、岩波書店、二〇〇八年、一七二頁〕)。

(10)　Freud, *Gesammelte Werke*, Bd. X, a. a. O., S. 412-426〔「夢学説へのメタサイコロジー的補遺」新宮一成訳、前掲、『フロイト全集14』、二五五—二七一頁〕.

(11)　Ebd., S. 412〔同前、二五五頁〕.

(12)　Ebd., S. 421〔同前、二六五頁〕.

て症状のなかには、現実の出来事に対する強制的に反復される記憶が映し出されているとされ、小さな子どもがそうした出来事の破壊的な意味内容から自分自身を守ることを可能にするのは、ただ本能的にそこから意識を引きはがすことだけだという。しかし、フロイトはただちにこの現実的な解釈をはるかに扱いにくい仮説に差し替えてしまった。その仮説によると、実際の出来事ではなく、そうした出来事に対する欲望が抑圧に対する原因を作り出したことになる。つまり、情動的なバランスを脅かすという理由から、子どもが危険なものとして体験したはずの衝動は、自己防衛のために無意識へ追放され、この無意識の領域からその衝動はのちの人生において神経症的症状を生み出したのである[13]。しかしこうした説明のどれも、なぜ健全な人格でさえ繰り返し抑圧された欲望に苦しめられねばならないのか、その理由を適切に明らかにするものではない。これらのケースにおいては病の症状は存在しないし、耐え難い苦痛を示すあらゆる徴候も欠けている。私たちは、内容に準拠しても形式に準拠しても、成人の全体としての衝動システム（Bestrebungssystem）[訳注2]に適合しないように思われる欲望だけを取り扱っている。これらのことに関連した疑問に対して、フロイトがようやく答えを発見したのは、健康な人であっても子どもも時代に遭遇したに違いない、ある種の相互主観的な不安こそが抑圧の最終的な原因と見なされなければならないことをはっきりと理解したのちのことである。

II

完全に正常な主体が病理に陥る可能性を説明するに際して、フロイトがこれまで抱えていた困難は、抑圧がかなり常軌を逸した地点からはじまるという彼の前提に由来している。仮にトラウマとなる出来事、あるいはことのほか強力で奇抜な欲動的欲望に襲われた幼児だけに抑圧のきっかけがあったとしても、正常な子どもの人格に目を向けてみるならば、そうした人格に蓄積された無意識の欲望の原因を求める根拠などほとんど存在しない。というのも、こうした人物は苦悩という重圧から解放されており、病の症状をまったく示していないという事実から、むしろ正常な人格の場合には完全に正常で支障なく進んでいる社会化のプロセスが関わっていると推測するほうが自然だからである。それでは、抑圧つまり〔衝動の〕分節化の排除が、失敗に終わった形成過程にしか当てはまらないような諸前提に結びついているとするならば、健全な人間の心的生活について、分節化されることなく人格に統合されない衝動が何度もくりかえし姿を現わすという事実は、いったいどのように解明されることになるのだろうか。かくして、フロイトには抑圧に関する正常の観念が欠けていると言えるだろう。それゆえにフロイトは、なぜ特定の欲動的衝動あるいは欲望が将来において言語化されることを妨げ、それらを無意識の領域へと追いやる誘因がいかなる社会化のプロセスにも存在するのか、その理由を説明できないのである。

（13） こうした理論の推移に対する優れた記述は、リチャード・ウォルハイムによるフロイトの研究書に見られる。Richard Wollheim, *Sigmund Freud*, München 1972〔『現代の思想家　フロイト』伏見俊則訳、新潮社、一九七三年〕.

〔訳注2〕 Bestrebungssystem をここでは「衝動システム」と訳す。Bestrebung とは「或るものを求めて努力する」ことを意味する bestreben の名詞形であり、一般的には「努力」「熱心な試み」と訳される（博友社『大独和辞典』、小学館『独和大辞典』）。ホネットは本論考において、人間存在の行為を動機づける「衝動」や「欲動」を、一方の合理的に調整された欲望のネットワークに組み込まれたもの、「分節化」され人格に「統合」されたものと、他方の「抑圧」され主体にとって「あずかり知らぬ」ものとに分類し、徹底操作を通して後者が前者に統合する主体の「努力」の過程を重視する。Bestrebungssystem は前者の人格的に統合された欲望の体制をさすことからここでは「（さまざまな努力へと動機づける）衝動システム」と訳した。英訳では system of endeavors とされている。

フロイトが、一九二〇年代の後半にこのようなより包括的な「抑圧」に対する考え方、すなわち正常な状態にはるかに適合的な抑圧の考え方へと移行するのは、彼が幼児にとって不安の占める人間学的位置を明確に把握し始めたときであった。のちにウィニコットとメラニー・クラインによって展開された対象関係論の方向に向かう考察が、彼の理論のなかで最初にはっきりと姿を現わしたのが、フロイトの仕事のこの局面であったのはけっして偶然ではない。これと関連して私たちの考察にとって特別な位置を占めるのは、一九二六年にフロイトが国際精神分析出版社より書籍として刊行した『制止、症状、不安』という著作物である。事実に関する詳細な記述、人間学的な広がり、そして子どもの体験世界に対するリアリズムという点からだけでも、本テクストはフロイトの著作のなかでも際立って卓越した位置を占めている。確かに、この著作の場合も彼の視線は神経症患者における抑圧の原因に注がれているが、「日常生活において認められるより単純な神経症[14]」にも目配せが行き届き、その結果、たえず健康な人間も分析のなかに組み込まれている。またそれどころか、ある意味では神経症的抑圧と完全に正常な抑圧との間の連続性までもが設けられている。なぜならば、フロイトは明らかに意識的に、日常的な抑圧が神経症的な抑圧へと反転する地点、つまり正常な抑圧がそれより先に進むと神経症を発病させてしまう地点を特定しようとしないからである。この著作のきっかけとなっているのはフロイト自身による修正であるが、そうした修正をほとんど目立たぬように行ったので、さほど注目を集めることはなかった。フロイトはこれまで、幼児の不安を抑圧が幼児の体験のうえに再発して生じる情動的結果として、つまり「抑圧された蠢きの備給エネルギーが自動的に不安へと転化する」こととして説明していたとされるが[15]、今や事態は真逆でさえありうることを認めざるをえないと述べている。すなわち、小さな子どもがある特定の衝動欲望を抑圧するから不安を感じるのではなく、衝動欲望に対して不安を感じるから抑圧するのである。しかし、フロイトにとって今やはるかに説得的に思われる変更後の前提は、新たな問題を投げかけてくる。その問題とは、さしあたりさらに詳細に明らかにされなければならない特定の諸条件の下で、子どもを抑圧へと向かわせる不安はいったい何に由来しているのだろうか、という疑問である。つまり、抑圧が不安を生み出すではなく、反対に不安が抑圧を生み出すと主張するならば、なんらかの形で子どもの精神生活のなかにそうした情動状態の「思い出像」[16]が存在しているはずである。フロイトが自身のテクストの中心に据えたのは、このように素描された問いである。つづく六、七〇ページにおいて、フロイトが取り組んだのは、幼児がさまざまな欲動欲望のなかのある特定の欲動欲望を継続的な分節化の作業から切り離す原因となる不安がいったいどこに由来しているのか、その起源を探求することであり、それ以外のことにはほとんど何にも手をつけてない。

そのとき、最初にフロイトの心を最も強くとらえた仮説が出生外傷説である。一九二四年オットー・ランクは一冊の本を出版し、そのなかで乳児は子宮のなかでは安全が保障されていたために、出産という行為にはある種のパニック不安によって反応するという推測を行っている。[17]幼児は突然、世界のほうから洪水のように襲ってくる刺激にさらされるために外傷的ショックを体験する。このショックの持続

(14) Freud, *Gesammelte Werke*, Bd. XIV, S. 111-205, hier S. 160〔「制止、症状、不安」大宮勘一郎/加藤敏訳、『フロイト全集19 一九二五—二八年』加藤敏/石田雄一/大宮勘一郎訳、岩波書店、二〇一〇年、五七頁〕.
(15) Ebd., S. 120〔同前、一八頁〕.
(16) Ebd.〔同前〕.
(17) Otto Rank, *Das Trauma der Geburt und seine Bedeutung für die Psychoanalyse*, Leipzig/Wien/Zürich 1924〔『出生外傷』細澤仁/安立奈歩/大塚紳一郎訳、みすず書房、二〇一三年〕.

的作用は、その後のあらゆる不安状態において、心的反応パターンの類似性を介して効力をもつのである。フロイトが自身の著作のなかで三度もこの説に詳しく立ち入っているという事実だけでも、彼がいかに強く理論的課題として認識せざるをえなかったかを示している。いずれにせよ、フロイトはさまざまな選択肢のなかで、今のところ原初的な出生外傷という考え方が幼児の恒常的な不安という構えを解明するために最良の手がかりを提供するにちがいない、という確信を抱いていたように思われる。ただし、フロイトはランクの提示した考えに触れる段になると必ず、すぐに説明のなかにある種のアンバランスと関連した疑念があることもほのめかした。幼児は、一人きりで放っておかれていると感じるときはいつでも不安によるパニック攻撃に向かう傾向があるが、その一方、誕生時の外傷的ショックのほうはそのような放置された状態との関連性が欠けているというのである。なぜならば、もし姿を消していたならば、そのことを脅威に感じえたような「対象など［…］、子宮内の生活においては存在していなかった」からである[18]。子どもはその後の不安行動によって危険に適応するが、そうした危険に対して出生外傷は解答の枠組みを与えることができなかった。なぜならば、胎児に対象関係が欠如していることから見て、一人きりで放っておかれるという脅威は、乳児自身が誕生の過程において経験できたことではないからである。

フロイトに彼独自の相互主観的な見方へと接続する道を開いたのは、こうしたとても強力な異議なのである。この相互主観的な見方が、乳児がパニック不安によって反応する危険状態を子宮内での生存が中断させられることではなく、後になってからようやく姿を現わす母から放置されることに認める限り、そうした見方は出生外傷説とほとんど真っ向から対立する。おそらくフロイトは、アーノルド・ゲーレンと同じく、人間的存在は発達状態に比して相対的にほかの大多数の動物よりも懐胎期間がかなり短いという生物学的事実から出発したと言えるだろう。[19] 彼ら二人の著者は、こうした「早産」という事態から人間はかなりの程度有機体としては無力でかつ未分化な状態にあり、そのために新生児は誕生の直後から周囲の保護環境に大きく依存していると推測する。[20] したがってフロイトから見ると、こうして生じる依存性が原因となり、幼児はまさに生物学的に母に固着するようになる。そしてその母の配慮と世話は乳児が生きていくうえで不可欠であるがゆえに、母が姿を消した最初の前兆は、「危険」を指し示すあらゆる事態に対し範例となるパターンを作り出す。それ以降、愛する対象が不在のまま取り残されるかもしれないというあらゆる予期がシグナルとなり、そのシグナルに対して子どもは母が姿を消す最初の経験に際して襲ってきたのと同じ種類の不安をもって反応する。つづく章句は、その総合的な把握力という点で今なお賞賛に値するものだが、この間のあらゆる議論の段階を一つの思考のプロセスに要約するものである。すなわちフロイトによると、生物学的な出発点は「人間の幼児の寄る辺なさと依存性が長引いたものである。人間の胎内での生活は、大抵の動物に比べて比較的短縮されている。人間は、動物に比べより未熟なまま産み出される。そのため、現実の外界の影響はより強いものとなり、エスからの自我の分化は早い時期から推進される。外界の危険の意味が高まり、唯一この危険から護ってくれ、失われた胎内での生活を代替してくれる対象の価値は巨大化する。つまり、この生物学的な要因が最初の危機状況を作り出し、愛されたいという欲求を生み出すのであり、この欲求はもはや人間から離れる

(18) Freud, *Gesammelte Werke*, Bd. XIV, S. 169〔「制止、症状、不安」、前掲、『フロイト全集19』、六六頁〕.
(19) Vgl. Arnold Gehlen, *Der Mensch. Seine Natur und seine Stellung in der Welt*, Frankfurt/M. 1971, S. 45〔『人間――その本性および自然界における位置』平野具男訳、法政大学出版局、一九八五年、四五頁〕.
(20) Ebd., 1. Teil〔同前、第一部〕.

ことがなくなる」[21]。

まさにこの最後のまとめの部分は、ほぼ文字通りウィニコットの中心的なアイデアを先取りするものだが、もしかすると、そのアイデアのフロイト全体の理論に対する帰結に関しても、さらなる考察を行う手がかりを与えてくれるかもしれない。フロイトにしてはめずらしいことだが、ここで幼児の「欲動（Trieb）」ではなく「欲求（Bedürfnis）」について語っている。そして、そうした幼いころの欲求の内容と方向性には「愛」という言葉が割り当てられている。――ただしそれは、フロイトの理論的な著作においてほとんどまれにしか使用されない概念である。しかし、私たちの目的にとって興味深いのは、フロイトはいったいどのようにして、こうした中間的な成果から最初の問いに戻る橋渡しを引き出したのか、という問いである。というのも、彼がほんとうに答えたいと思った問いはむしろ、「原不安」[22]と概念化される危険を信号で知らせるシグナルのパターンが、どのようにして心的組織の新たな過程の欲動の蠢きから特定のものを幼児に選び出させ、抑圧して無意識へと追いやるのか、というものだったからである。フロイトにとって答えに通じる鍵となるのは、愛情の対象からの分離のシグナルは外部世界だけからではなく、内的世界からもやってくる可能性があるという考え方である。すなわち、子どもが自身の内部に感じるものの、同時に待ち焦がれた愛の継続とは相いれないものとして体験される欲望はどれも、古いもともとの分離不安を必ず子どもに呼び覚ますのである。幼児にとって事態がそうであるなら、つまり幼児が自分自身の欲望を愛情の対象を喪失する可能性を指し示す警告シグナルとして知覚することができるならば、フロイトに従うなら、幼児は危険な欲望によってあらかじめ描き出された状況を回避するために、まさに本能的にあらゆることを試みるだろう。幼児がこの目的のために取ることができる唯一の手段は、好ましくない蠢きを放棄することにある。それは好ましくないがゆえに欲望として投げ捨てられ、意識から引き離されたものである。フロイトの思考の流れを要約すると次のように言えるだろう。子どもが無意識のなかへと抑圧する欲望は、実現を求めて追求し続けると、自分にとっての準拠人格〔重要な他者（Bezugsperson）〕からの愛が危険にさらされると感じざるをえない欲望のすべてである。また母あるいはその他の愛情の対象から切り離されないために、幼児は自身の内部に分節化されないまま初期の段階から放置された欲望をためこむ貯蔵庫を作りあげるが、その貯蔵庫はそののちも幼児のなかでまるで「異物」のように存在しつづけるのである。[23]

これらの考察によってフロイトは、全く注目されることのない、ごく正常な社会化の過程にも適用できる抑圧に関する考え方を手にした。すなわち、乳児の体に由来する無力さを前提に考えると、どの子どもも世話をしてくれる準拠人格からの分離にパニック不安を感じると推測される。それゆえ乳児はまた、準拠人格との関係を危険にさらす可能性のある欲望をなんらかの方法で抑え込み、そうすることによって最終的に抑圧された欲求（Strebung）に伴う潜勢力を、ほかの欲求と同じように自己の内部に発達させると考えられる。こうして抑圧を正常化することによって、心的な病を患った主体であればはるかに強力なものとなるものの、健全な人格の持ち主でさえさまざまな制約から逃れることができない、という結論がフロイトにとって明らかとなる。つまり、神経症患者と同様、むろん苦痛の限界をはるかに下回る程度ではあるが、健康な人間も無意識の欲望からの介入にさらされ、そうした欲望が「心的な各

（21） Freud, *Gesammelte Werke*, Bd. XIV, S. 186f.〔「制止、症状、不安」、前掲、『フロイト全集19』、八三頁〕.
（22） Ebd., S. 167〔同前、六五頁〕.
（23） Ebd., S. 125〔同前、二三頁〕.

構成要素すべての［…］自由な交通」を中断させたり、偶然意図に反して出現させたりするのである。[24] フロイトは、こうした「自我の機能の制限」がもたらす帰結の中心に人間の自由意思の危機を据えた。[25] 私たちを当惑させる欲望が再三にわたり割り込んでくるとき、また思っていたことが実現しなかったり、逆に思わぬ重大性を帯びてしまったとき、合理的で、自己に対して透明で、確固とした意思を形成する能力には非常に厳しい制約が課される。こうした私たちすべてに馴染みのある状況において、私たちの意思は混濁しているように思われる。なぜならばそうした意思は、いかにして生じてきたかを見通すことができない、強制や依存関係からの影響を被るからである。このような意思を妨害するものに関わる相対的に広く見られる事例として、フロイトは食欲不振や労働障害を挙げている。[26] とはいえ当然のことながら、正常な日常生活から、自分自身の意思が主体の意のままにならないことがいかに頻繁に起きるのかを裏付ける、はるかに目立たない事例を引き出すこともできる。

ところで、これらの箇所でフロイトが使用している言葉に少し目を通して分かるのは、意思の自由の棄損を人間本性という、動かすことのできない事実であると主張しているわけではないことである。むしろ、こうした障害が「自我の機能の制約」を生み出すというように語ることは、自我の正常な成長そしてその高度な機能を、意思の自由に対するあらゆる棄損の克服に依存させることを意味している。フロイトは、自身の心理学の機能主義的な用語を使用することで、人間の健康は、元来子ども時代に分節化されなかった欲求に由来するこうした意思の混濁の除去という前提と結びついている、という規範的パースペクティヴを導入しようとしているように思われる。つまり、人間が意思の自由へと向かう本来の性質を最大限享受することができるのは、意思の自由に対し、それが機能するに際していかなる制約も課されない場合だけなのである。フロイトにとって、自我の高度な機能と人間の健康の間には条件付きのつながりが存在したと言えるだろう。なぜならば唯一、欲望、価値そして現実の間の合理的なバランスだけが、人生の成功を保証しうると確信していたからである。[27]
ただし、ほとんどアリストテレス的とも言える倫理学の場面に立つと、[28] こうした可能な限り透明な自由意思を手に入れるために、いったい個々の主体はフロイトからいかなる手段を与えられているのだろうか、という疑問が立ち上がる。健全な人格が、自分自身にとって不透明でよそよそしく思われるさまざまな欲望や衝動（Bestrebungen）に繰り返し取り込まれるのならば、そもそも十全に機能しうる意思、むしろそれ以上に自由な意思という目的へはいかにして到達しうるのか、一見したところまったく不明なのである。確かに、フロイトは心の病をもつ患者には分析的治療という道具を準備し、そこに出口を見出した。分析家が自由連想にもとづく解釈を提供することにより、患者は幼い子ども時代にあった症状の原因に対する洞察を行う。そして患者は、さらにそうした手順にしたがって、ある種の意思の自由の可能性を取り戻すのである。しかしフロイトは、病がもたらす苦悩の原因となる圧力からは解放されているものの、過去の抑圧に由来する意思の混濁を体験しているそうした主体に向けて、意思の自由を

(24) Ebd., S. 125〔同前、一二三頁〕.
(25) Ebd., S. 116〔同前、一一四頁〕.
(26) Ebd., S. 115〔同前、一一三—一一四頁〕.
(27) フロイトの構想におけるこうした倫理的核心については以下を参照せよ。John Cottingham, *Philosophy and the good Life*, Cambridge 1998; Jonathan Lear, *Freud*, New York/London 2005.
(28) 「アリストテレス的」というのは、ここで客観的な主張を掲げて人間にとって「よい」とは自然な機能的能力（したがって人間の自我、人間の熟慮する能力）の成長に貢献するものである、と述べられているからである。こうした倫理の構造については以下を参照。Philippa Foot, *Die Natur des Guten*, Frankfurt/M. 2004.

獲得するためにいかなる手段を推奨するのであろうか。こうして描き出してきた疑問に対してフロイトは一つの答えを出しているが、それは彼の著作のなかでテーマとしてはほとんどまれにしか姿を現わさない。というのもフロイトは、私たちがみな想起という作業を通じて自身の意思を取り戻そうとする態度を自己に対してすでに取っていることを、当然のことのように確信しているからである。

III

これまで再構成してきた彼の構想の歩みのなかで、フロイトは自然主義的自己対象化という方法的手段を用いている[29]。つまり認識の獲得という目的のために、抑圧あるいは防衛の病理的な過程に対する記述を行うのだが、そこではまるで、人間という生き物の再生産において、特定の機能を満たす自然的、因果法則的なプロセスが働いているかのように描かれる。しかし、主体は自我の能力に課されるこれらの制限に対しどのように反応するのか、という問題へと移行するとともに、フロイトは制約を課されていると感じている人物の自己理解に目を向けることにより、自身のパースペクティヴを移動させている。引き裂かれた主体が見通せない影響力から自らの意欲を解放していく反省的な作用は、当の主体のその都度の主観的な内的パースペクティヴからのみ探り出すことができる。こうした新しい視座の下では、かつて自然法則に従う過程のように見ることができたものは、今や主体自身によって作り出されたもの、つまり自己に責任が帰着する抑圧の形態として理解されなければならない。こうした取り戻しが可能になるという反省的プロセスの記述が、個人における自己関係というフロイトの構想の核心なのである。

確かにこの構想の特徴的な点は、構想のなかで生み出されたさまざまな規則が規範的理念と見なされるのではなく、健康なすべての主体が当たり前のように実行できる極めて正常な行為として理解されていることにある。人間とは、フロイトにとって、自己自身を解釈するのではなく、自己自身を批判的に問いかける存在、無意識にとどまっている強制力が過去の痕跡のなかに見出されうるかどうかという観点から、自分自身の過去をつねに探求する存在なのである。それゆえ、主体に対して自身の生活史に関心を示すことを外から要求として申し立てるようなことなど、まったくフロイトには無縁であったはずである。むしろフロイトは、当然のことのように、どの人間も自身の前史を批判的に更新することを通して可能な限り自由な意思を形成することに大きな関心をもっている、という前提に立っている。ペシミステックな文化理論とは明らかに対立するこうした人間像に、フロイト自身の人格が帯びている厳格な特徴が反映しているのかもしれない(30)。またこの点において、トーマス・マンが推測しているように(31)、自己自身の無意識的なものへと立ち返って思考することがもつ解放的潜勢力を重視するロマン主義とフロイトとの強い結びつきが明らかになるかもしれない。いずれにせよ、最初から人間には自身の知的努力によって最大限の自由意思を手にする能力があると、フロイトが信じていたことは確かである。その限りにおいて、彼が展開した個人の自己関係という構想は、もっぱら意識過程が作動しているあらゆる

(29) Vgl. Lutz Wingert, »Grenzen der naturalistischen Selbstobjektivierung«, in: Dieter Sturma (Hg.), *Philosophie und Neurowissenschaften*, Frankfurt/M. 2006, S. 240-260.
(30) とくに印象深いものとして以下の著作がある。Ludwig Binswanger, »Freuds Auffassung des Menschen im Lichte der Anthropologie«, in: ders., Ausgewählte Vorträge und Aufsätze, Bd. I: *Zur phänomenologischen Anthropologie*, Bern 1947, S. 159-189.
(31) Vgl. Thomas Mann, »Die Stellung Freuds in der modernen Geistesgeschichte«, in: ders., *Leiden und Größe der Meister, Gesamte Werke in Einzelbänden* (Frankfurter Aufgabe), hrg. Von Peter de Mendelssohn, Frankfurt/M. 1982, S. 879-903.

主体の下で逆に前理論的に起こっていることをもう一度たどっていくことにすぎない。

フロイトの関心を引いたプロセスは、ある人物が自身のなかにあずかり知らない（befremdlich）欲望、あるいは目立って繰り返して現れる奇妙な思考連想を感じることから始まる。こうした心的活動のどれも当の主体の衝動システム（Bestrebungssystem）に適合しないし、主体によって実際に理解されえないという条件も満たしている。なるほどこうした不一致を心に留めておこうとするならば、当然のことながら自身に対して単なる観察者のパースペクティヴを取るのではなく、関心をもった注意あるいはむしろ、配慮のパースペクティヴさえ要求される。というのも、自分自身の欲望や信念が独立した事実のごとく、まるで自己の内側になんらかの方法で発見されうるかのように受け取られるならば、そうした欲望や信念を、理解可能な相互連関、したがって意味がある相互連関を作り出すかどうかという観点から、主体的に問い直すことがまったくできないからである。[32] すでに論じたように、フロイトは人間的主体が生れながらにして、こうした自らの心的生活に対し理解しようとする態度をもち合せていると仮定している。人間的主体は、自身の精神の産物に対して無関心に振る舞うのではなく、主体自身の「自我」の力に基づいて、そうした産物を一つの合理的全体に統合するようかたくなに努力を重ねるのである。そして次のように言うことができるだろう。このとき主体の自己自身に対する関係、つまり自己自身の精神的活動に対する関係のなかで、自己のすべての欲望と信念の意味のある、理解可能な相互連関がつねに効果的に先取りされていることが前提にされているのだ、と。それを超えてフロイトがさらに主張したいのではないかと思われるのは、こうした解釈学的な解明のプロセスが内的対話の諸特徴をもった形式にしたがって遂行されるということである。その結果、心的な諸審級は可能な限り互いに自由な交換と交通の関係を維持しあうべきだとする理念を描き出すために、フロイトはしばしば政治の世界に由来するメタファーを利用する。[33]「制止、症状、不安」で述べられているように、こうしたコミュニケーションのプロセスにおいて「超自我」は「倫理的・審美的」批判の声という役割を引き受け、[34]その一方で自我には現実に適応する必要性を提起する役割が振り分けられる。これら双方の審級の対話的な試験手続きで認められたすべての欲望と信念は、統合のための能力という意味で合理的と見なされる。

もちろん、そのときに退けられた欲望が単に合理的でないものと見なされている限りは、当の主体にとって困惑させるものを意味するとは限らない。私たちはみな、熟慮すればすぐに現実や道徳的良心と両立しないことが明らかになるような意図や衝動（Bestrebungen）を十分に育て持っている場合が少なくないからである。こうした欲望が、より集中的にその起源や前史と関わり合うきっかけを与えるのに先駆けて、まず継続的な反復や強制といった状況、さらに高い程度の理解不可能性が姿を現わすはずである。このとき考慮しておくべき重要な点は、こうした生活史を思い返すことは、苦悩の圧力によっては動機づけられえないということである。個人の自己関係というフロイトの構想が対象とする健康な人物は、臨床的な理由から不透明で強制的に反復する欲望に苦しんでいるのではなく、おそらく最初はそれ

(32) Vgl. Axel Honneth, *Verdinglichung. Eine anerkennungstheoretische Studie*, Frankfurt/M. 2005, Kap. 5〔『物象化——承認論からのアプローチ』辰巳伸知／宮本真也訳、法政大学出版局、二〇一一年、第五章〕; Richard Moran, *Autonomy and Estrangement. An Essay on Self-Knowledge*, Princeton, N. J. 2001, Chap. 1.

(33) フロイトの著作における政治的メタファーの使用については、ホセ・ブルンナーの優れた研究を参照。José Brunner, *Psyche und Macht. Freud politisch lesen*, Stuttgart 2001; 内面心理的、精神的な交換や対話についてのフロイトの考えは、どのようにして適切に理解されるべきかという疑問はこれまでのところ一般的には明らかにされていない。デヴィッド・ヴェレマンが精力的な試みを行っている。David Velleman, »The Voice of Conscience«, in: ders., *Self to Self. Selected Essays*, Cambridge 2006, S. 110-128.

(34) Freuds, Gesammelte Werke, Bd. XIV, a. a. O., S. 144〔「制止、症状、不安」、前掲、『フロイト全集19』、四一頁〕.

ぞれ各自の目標を実現する際に生じる単なる負担や支障と感じるにすぎないだろう。したがって、なぜ健全な主体がこれまで説明してきた状況において、生活史と向き合うようになるのかを説明できるようにするために、フロイトは確実な理由付けを欠いた危険な一歩を踏み出す。すなわち、健康であろうが病であろうが、すべての人間には可能な限り自由な意思を作り出すように迫る関心が具わっている、と想定したのである。(35) フロイトが非合理的な欲望に直面した際に取る反応として正常な主体に認めた形成過程の回顧は、こうした関心の実行でもあり同時に表現でもある。そうした瞬間が訪れるたびにこれまでの自分の生活史を振り返るのは、私たちが理解困難で望まれない要素から自由であることを欲するからである。

このように振り返るによってはじめて、フロイトによって自分自身の形成史の獲得として理解される反省的プロセスがはじまる。健全な主体は、自身にとってあずかり知らない（befremdlich）、ほとんど理解不可能な欲望が生じ得た伝記的状況を解明するために、主体自身によって経験されてきた発達過程をさかのぼりはじめる。ここではさまざまな反省の方法が相互に関連し合っているが、それらは私たちにはすでに直観的に馴染みのあるものもある。というのも、私たちはそれらの方法に成熟の過程で人格的アイデンティティを規定する適切な手段としてすでに精通しているからである。私たちは人生を多かれ少なかれ、葛藤に満ちた形成史として叙述する手助けをしてくれるさまざまな物語のパターンを自由に利用することができ、そしてそうした地点から、現実に動いている全体としての衝動システム（Bestrebungssystem）の個々の構成要素が生まれた場を回顧的に突き止める試みが可能となるのである。個人の欲求の歴史に口を開いた裂け目を見通しのきくものにするために、内省と系譜学、語りによる自己確証と個別の欲望と意図の再構成が相互に補完し合う。(36) このような欲望の系譜学を推し進めれば進めるほど、はるか過去に存在している相互作用のパターンに出会い、しばしば自分の記憶への接近を妨げる門のかかった特定の重要な体験に縛られるようになる——個人的な再構成の試みに正しく到達することができなくなり、そしておそらくは激しい抵抗さえ感じるだろうが、封鎖された生活史の敷居の背後に退こうとするとき、必ずある種の不快さを感じるのである。フロイトにとって「否定」のこのような瞬間は、自己獲得のプロセスのなかで重要な問題となっている。[37] なぜならば、意思の自由の程度を高めようとする努力の結果は、否定において明確に姿を現わす抑圧を突破できるかどうかで決するからである。

「獲得」という概念は、フロイトが自分自身の理論言語として体系的に使用したものではないが、自身のアプローチのなかにそれを組み込もうとしても、それは難しくはなかったであろう。なぜならば、

(35) 私は、自己自身の理性的な自由に対するこのような深層に位置する関心をフロイトの著作に関連づけることによって基礎づけようとする試みを三つ知っている。第一は、古典的なハーバーマスの試みで、理性のすべての制約や歪みを取り除くという理性自身を通して作用している関心を理性そのものに従わせるというものである (Jürgen Habermas, *Erkenntnis und Interesse. Mit einem neuen Nachwort*, Frankfurt/M. 1973, Kap. 12 〔『認識と関心』渡辺祐邦／奥山次良／八木橋貢訳、未來社、一九八一年、第一二章〕)。第二はジョナサン・レアーによる試みで、フロイトの「エロス」のなかに透明で自由な全体性を生み出す衝動的な力を発見しようとするものである (Jonathan Lear, *Freud*, a. a. O., Chap. 2, 6)。そして最後に第三は、デヴィッド・ヴェレマンの試みで、フロイトの意味における「自我理想」をライフヒストリーのなかで獲得された審級として理解しようとするもので、そうした審級は、絶え間なく実践的合理性の諸規範を目指すように促し、そのことによって自分自身の意思の自由をも要求する (David J. Velleman, »A Rational Superego«, in: ders., *Self to Self. Selected Essays*, a. a. O., S. 129-155)。

(36) このような直観的な自己確証のプロセスに対する多様で広い範囲に及びつつも、集約的な説明を行ったものに関連してペーター・ビエリの著作を参照。Peter Bieri, *Das Handwerke der Freiheit. Über die Entdeckung des einigen Willens*, München/Wien 2001, Kap. 10; Richard Wollheim, *The Thread of Life*, Cambridge 1984, Kap. VI.

(37) Freud, Gesammelte Werke, Bd. XIV, a. a. O., S. 11-15 〔「否定」石田雄一訳、前掲、『フロイト全集19』、三—七頁〕.

そこではフロイトが個人の自己関係が向かっていく方向性として考えるものと同じことを行うことを意味するからである。獲得のプロセスのなかで、私たちはあずかり知らぬもの（Fremdes）、あるいは理解不可能だったものをわがものとするのだが、それはそうした見知らぬ理解不能なものを、以前は分裂していたが最終的には私たちの人格（Person）に属するものと理解することによって成し遂げられる。[38] フロイトによれば、「否定」の地点まで伝記的な自己回顧を推し進めた主体は、すでにこうした獲得へと至る敷居をほぼ取り除いている。というのも、拒絶的で否定的な反応は生活史のある地点を指し示しているからであろう。すなわち、ある欲望が相互主観的な帰結に対する不安からもはや追求されなくなり、無意識的なものへと抑圧され、それ以降は歪曲された原初的な形でのみ存続したような地点を指し示しているのである。おそらく次のように言うこともできるだろう。否定という反省的瞬間において、ただ個人の決断だけが、そしておそらくまた友人や親しい人の手助けだけが、現在では当惑の原因となる馴染みのない欲望をかつて切り離すように導いた、そうした伝記上の諸事情を知的に探究するために必要とされるのである。記憶の拒絶が含んでいる間接的な示唆にそって、相互主観的な不安から意思の契機を分離させた過去の状況へと記憶をさかのぼっていくのである。

もちろんフロイトにとって、原因となっている状況を知の働きにより現在化することで、自分自身の意思を取り戻すプロセスが完了するわけではない。獲得のプロセスが最後に成果を得るためには、なおも認知的な洞察の結果得たものが私たち自身にとって受け入れられるようになる必要があるからである。「否定」に関する短い論文（一九二五）にある優れた一節で、フロイトはちょうど「想起と徹底操作」が実現する、こうした最終段階に向かう一つの区別を行っている。「否定は、抑圧されたものを知る一つの方法であり、実際、抑圧の一種の解除なのである。しかし勿論、抑圧されたものの承認ではない。知的機能がここで情動的過程からどのように分離するかが見て取れる。否定の助けによって、抑圧過程の〔さまざまな結果のうちの〕この一つの結果だけが、すなわち、表象内容が意識に到達しないという事態だけが撤回される。その結果、抑圧の本質的な部分は何も変わらないのに、抑圧されたものに対して一種の知的な承認がなされる」[39]。

残念なことに、フロイトは彼の著作のこの場所でも、また別の箇所でも、抑圧の撤回が実際に成し遂げられる「情動的過程」が一つ一つどのような様相を帯びることになるか、これ以上詳細に論じてはいない。また、自己獲得の最後の行為として主体によって感情的に受け入れられねばならない要素とはいったい何なのかについても、フロイトは曖昧なままである。さしあたってフロイトは、ここで別の箇所よりも個々の仕上げの過程を明確に「知的」な洞察、すなわち単なる認知的洞察と「情動的」な受け入れの二つに区別している。すなわち、前者の知的な過程がおそらく、抑圧された状態あるいは抑圧されたものそれ自体が自分自身の生活史上の事実として把握するすべを身につける過程と考えられる一方、情動的過程はこうした事実を事後的に自分自身の人格における動機づけの契機として引き受けることをめざしているはずである[40]。そうした意味で、自分自身の意思を反省的に獲得するプロセスが終わりを迎

(38) ここで私はペーター・ビエリの「獲得（Aneignung）」概念の使用に従っている。Peter Bieri, »Aneignung« in: *Das Handwerke der Freiheit*, a. a. O, Kap. 10; また以下の文献における印象深い記述も参照 Rahel Jaeggi, *Entfremdung, Zur Aktualität eines sozialphilosophischen Problems*, Frankfurt/M. 2005, Kap. III.

(39) Freud, *Gesammelte Werke*, Bd. XIV, a. a. O., S. 12〔「否定」、前掲、『フロイト全集19』、四頁〕.

(40) フロイトにおけるこれら「受け入れ」あるいは「承認」という二つの異なる形態についてはアンドレアス・ヴィルトの指針となる論文を参照。Andreas Wildt: »Anerkennung‹ in der Psychoanalyse«, in: *Deutsche Zeitschrift für Philosophie*, 53. Jg., H. 2, 2005, S. 461-478.

えるとすれば、それは抑圧された抑圧状態あるいは抑圧されたものが、それ以降私たちの自己理解と世界や他者に対するまなざしに対し決定的に影響を及ぼすような形で、すでに存在している全体としての衝動システム（Bestrebungssystem）のなかに組み入れられたときであろう。フロイトが彼の「情動的」な受け入れという概念で思い浮かべているものがこうしたことであったならば、抑圧されたものそれ自体が重要なのか、あるいは以前に実行された抑圧という状態が問題なのか、さらに明らかにされねばならない。引用個所でフロイトは、抑圧されたものそれ自体、したがって抑圧された欲望の志向的内容は事後的に自分自身の自己理解にとってきっと受け入れられるに違いない、と主張したいように思われる。しかしもしこうした見解に立ったならば、私たちは感情的な抑圧という状態それ自体を自分自身に対して受け入れないうちに、抑圧の対象を分節化し受け入れることができるという奇妙な帰結に至るだろう。したがって、私はここでフロイトの見解から離れ、抑圧を情動的に受け入れることを自己の獲得の目的と最終地点と理解するべきだと思う。愛する人を失うかもしれないという不安こそが、かつて私たちに迫りくる欲望を抑圧することを強いたのであるが、否定を出発点として情動的なものに至るまで、この事情を私たちは受け入れるすべを身につけねばならないのである。そしてまずもってこうした不安を感情的に受け入れることが、実行されてしまった分裂を自身が望んだものとして事後的に受け入れさせ、そしてそのことによって、自己自身のものを再獲得させてくれるのである。確かにこうして自分自身の不安を承認したからといって、かつて抑圧された欲望が自発的に再組織化されるわけではない。しかし同時に、そのように承認することが不安の内部に封じ込められたものをあとから何といっても精神的に再構成し、言語によって表現された（proposional）形式を与えるための唯一の方法なのである。

　したがって形式的な観点からいえば、フロイトにおける個人の自己関係という構想は、まさにキルケゴールの考えに酷似している。[41] 確かにフロイトは自分の理論をこのように哲学的に発展させることに対して懐疑的な姿勢をとっていたが、[42] こうした比較がもちだされなければ、彼の洞察の中心的な価値は失われてしまう。意思の自由を獲得することは、フロイトにとってもキルケゴールにとっても、意識するという一度限りで、瞬間的に実行される行為ではない。個人の自由を確証するに至るのは、衝動〔Bestrebungen〕と欲望が自身の意思の表現にすぎないという事実を、内発的にかつ疑念の余地なく示すそのとき限りの反省を通してではない。そうした自己確証のためにはむしろ、生活史の細部にまで関わりそれを仕上げること〔徹底操作（Durcharbeiten）〕や想起することといった長期間に及ぶ骨の折れるさまざまなプロセスが必要であり、そうしたプロセスにおいて、私たちは頑強な抵抗に抗して分裂していた意思の諸契機を事後的に獲得しようと試みる。〔自己の〕分裂の原因は必ず不安、つまりフロイトの場合には愛情の対象との別離にあるのだから、不安を私たちのパーソナリティの重要な構成要素として受け入れることができるはずである。私たちがこうして不安を衝動システム（Bestrebungssystem）に組み入れていくことに成功する程度に応じて、自分自身から欲したものとは考えられない力や対象から私たちの意思を浄化することができる。フロイトの優れた洞察を要約するならば、人間の自己関係は、不安を情動的に認めることによって自らの意思を自ら獲得する過程のなかにあると言えるだろう。

(41) Vgl. Tilo Wesche, *Kierkegaard. Eine philosophische Einführung*, Stuttgart 2003, S. 82 ff. S. 206ff.
(42) たとえば以下を参照のこと。Freud, *Gesammelte Werke*, Bd. XIV, a. a. O., S. 123〔「制止、症状、不安」、前掲、『フロイト全集19』、二二頁〕.

第8章　不安と政治

――フランツ・ノイマンによる病理診断の長所と短所

『不安と政治』という表題をもつフランツ・ノイマン後期の著作は、[1] 社会的病理の診断を政治的正義の問題に対する関心に結び付けようとする数少ない試みを表している。彼の研究が取り組む病理は、さまざまな形態の不安にあるが、一方でその規範的準拠点は、民主的な意思形成にはある一定量の個人の自律が必要となるというテーゼに由来する。ノイマンがこれら二つの水準を結びつけるために活用した理論的な結合素は、起源としてはおそらくアダム・スミスに由来し、その後はミハイル・バフチンあるいはチャールズ・テイラーといった数少ない政治思想家によって展開されたにすぎない。すなわち、民主的意思形成の過程に反省的に参加する能力として理解される個人の自律の基本的前提とは、不安からの解放なのである。それに対応して、不必要な不安の形態あるいは度を越えた不安の形態に見られる社会的病理の分析は、民主的法治国家の規範的前提の解明に直接的に役立つ。それによると、不安という内面の制約から自由な主体のみが、政治的な公共圏に強制されることなく登場し、そこで民主主義的な市民として振る舞うことができるのである。さらにこうした定式化から、現実にある危険を指し示す情動的メカニズムとして機能しない不安の形態だけが、個人の自律を阻害するものと見なしうるという結論が導き出される。私たちは、こうした不安反応を健康なパーソナリティの構成要素と見なす一方、同時に個人を弱体化させ、その結果、自律的な行為能力を制限する「神経症的」あるいは「病理的な」不安現象をも考慮に入れているのである。ノイマンが第二のタイプの不安にしか関心を示していないのは明白であり、彼はそこに民主的意思形成に対する心理的妨害があると推測しているのである。

ノイマンが選んだアプローチの独自性は、やはり先に言及したほかの分析とは異なり、彼がその着想において精神分析における「不安」概念を出発点とした点にある。バフチンが、たとえば政治的に意味のある不安や恐怖の形態を公共の場における「カーニバル的」な哄笑が消滅する結果として理解したのに対し[2]、ノイマンは神経症的な不安の形態の生成を助長する情動的な諸機制に詳細かつ集中的に取り組むことにより、〔バフチンとは〕反対側の側面からアプローチした。そして彼は、フランクフルト学派の伝統のなかでさまざまな個人の不安を振り返り、それを大衆現象の神経症的な特徴に対する社会心理学的関心に結び付けたのである。以下の考察を展開するなかで、私はこれまで概略的に素描してきたこのアプローチの長所と短所に関心を持っている。ノイマンは彼の小さな研究によって、極めて重要な意味を持ちながらも、しばしばもっとも放置されてきた研究分野を切り開いただけでなく、今日では「政治

（1） Franz L. Neumann, »Angst und Politik« (1954), in: ders., *Wirtschaft, Staat, Demokratie. Aufsätze 1930-1954*, Frankfurt/M. 1978, S. 424-459.
（2） Ken Hirschkop, *Mikhail Bakhtin. An Aethetic for Democracy*, Oxford 1989, Kap. 7.

心理学」との関連で顧みるべき概念的諸前提と規範的諸前提を適切な形で区別したと私は確信している。しかし同時に私は、このアプローチが著しい弱点も抱えており、それが一方でフロイトの古典的な精神分析とそのフランクフルト学派における展開に強く依存していることに由来し、他方で国家社会主義の事例に視点を狭めたことにさかのぼることができると考えている。私は、ノイマンが彼の着想を段階的に基礎づけていった理論的な歩みに順次論評するという形で進めるつもりである。それゆえ、まずノイマンがフロイトに依存しながら自らのアプローチの基礎においた個人的、神経症的な不安の概念に取り組もうと思う（Ⅰ）。つづく第二段階では、ノイマン自身の方法と歩調を合わせつつ、彼が一方の神経症的な個人不安と、他方の大衆の内部、すなわち脱境界的な（entgrenzt）集合体の内部での退行的な自我喪失との間に設けられているのを発見した心理学的な結びつきについて扱われる（Ⅱ）。そしてこれら二つの精神分析的諸前提を明らかにしたのちにはじめて、ノイマンが「独裁的支配」における不安の制度化と名づけたものについて論じることが可能となる（Ⅲ）。

Ⅰ　個人の不安概念におけるさまざまなオルタナティヴ

ノイマンは、「心理的」「社会的」「政治的」な疎外という三つのタイプの疎外を区別することから自分自身のアプローチを構想しはじめ、第一の疎外、すなわち疎外の心理的形式が基底的な現象であることを示すことができた。そのことは、ここでの文脈では、この基底的な現象が疎外のほかのすべての形態を可能にするということを示しているにすぎない。ここから出発してただちに、ノイマンは心理的疎外と神経症的不安を同一視するに至るが、彼はこの神経症的不安を完全にフロイト的な意味でリビドー的衝動の抑圧の結果として理解しようとする。つまり、本質的に危険からの個人の防衛、あるいはカタルシス的経験の実現といった不安という情動がもつ一連の健全な機能というものが存在しているが、そうした健全な不安に対して自我機能の麻痺、その結果生じる主体の無力化へと至るネガティヴな形態がくっきりと浮かび上がっている――フロイトはこうした不安のグループをリビドー的エネルギーの抑圧と結びつけることによって、「神経症的」と呼んだのである。私が考える難点は、こうした前提からすでに始まっている。というのも、ノイマンは人間におけるリビドーの過剰性というフロイトの生物学的前提にあまりに強く依存しているからである。フロイトにとって、こうした本質的な過剰性から自分自身のいくらかの衝動を抑圧しなければならないという根深い、そしてすべての人間存在にのしかかる強制が生じるのである。その結果、このことから生じる「神経症的」な不安は、個人がほとんどそこから逃れることが許されない人間学的宿命となる。私はこうした思考モデルとは異なり、神経症的不安を相互主観的な安心の喪失という危機に根ざした、人間存在の第二次的な反動形成と理解したいと思う[3]。対象関係論の前提に基づいたこうしたモデルの枠内で、のちのすべての不安の形態を生み出す原因として、危機に曝された相互主観性の早期の状態が考えられ、それらは典型的には母親もしくは第一次的な準拠人格〔重要な他者〕(Bezugsperson) からの分離として現れる。したがって、私たちが考える神経症的不安は、ある意味、具体的な他者の独立性を承認しなければならなかったという早期の情動的経験をいつまでも完全に乗り越えることができないことに起因していることになる。対象関係論を代表する興味深い人物

(3) 要約として以下を参照。Martin Dornes, *Die frühe kindheit. Entwicklungspsychologie der ersten Lebensjahre*, Frankfurt/M. 1997, Kap. 6.

であるマイケル・バリントは、こうした文脈において、子どもが最初に（エピソード的に）シンボリックに与えられた母親を失うことによる早期のトラウマ化に対応しうる行動様式が二つあるとする射程の長いアイデアを展開している。[4]「オクノフィリア的（oknophil）」な反応の本質は、愛情の対象に対する不安による結合にあり、そこから束縛される快楽の恒常的な追求や安心を与えてくれるパートナーを断念することへの憤懣が生じる。それに対してバリントが「フィロバティズム的（philobatisch）」と名づける第二の反応のモデルは、新しい愛情の対象を素早く探し出すという形を取るが、それはパートナーを失う刺激に対する快楽を伴っている。私の確信するところによると、反動的な不安を克服する二つの形態を互いに特徴づけるこうした区別は、もしかすると、あらゆる不安の形態を衝動の過剰な部分を抑圧するという原初的な強制に帰属させる一次元的な見解よりも、ノイマンの理論的関心に適合するかもしれない。その理由は単に、対象関係論の着想は人間の「非合理的」な不安の本質がどこにあるのか、という問題に対し明確な見方を持っているからでない。あるいはまた、なぜ子どもの発達過程のどの段階においても、不安に満たされた新しい形態の相互主観性に対する危機が伴うのか、その原因を説明できるからでもない。むしろ、こうした喪失経験に心理内部で加工をほどこすさまざまなモデル間の区別を説得的に行うことができるからである。要約すると、もしノイマンが対象関係論の複雑なモデルに従っていれば、彼は神経症的不安をバリントが「オクノフィリア的」と呼んだ反応モデルが内面心理において沈殿したものと理解することができたであろう。このように修正された子どもの不安に対するイメージを背景に、社会心理学的な命題、すなわち社会的大衆形成の無意識的な諸機制を神経症的不安から逆推論する試みを彫琢していくなかで、ノイマンが次に取りかかる段階に対し、いくつかの疑念が示されるのは明らかである。

II　個人の退行と大衆の形成

ノイマンが乳幼児の段階から大衆の形成という現象へ移行を実現する際に、その手助けをした中心的な概念が「同一化」の概念である。再びノイマンは、正統派の精神分析と歩調を合わせて、衝動に条件づけられた不安の克服の主要なメカニズムはある種の投影的同一化であり、その作用によって抑圧された衝動の一部が指導的人物に転移され、さらにそのことを通してその人物に催眠術師の役割が割り当てられる、という前提から出発する。過剰な衝動からくる不安にとらわれた神経症的な主体は、そうした衝動をいわゆるカリスマ的指導者の人格にゆだねる。その結果、指導者の周囲に集まる大衆の結合力が「抑圧された衝動エネルギーの総計」から構成されることになる。ただしノイマンは、注意深くも集団形成のあらゆる形式をリビドー的同一化という無意識のメカニズムに還元する誤りに陥ることはなかった。彼は、感情的あるいは情動的な同一化のタイプと、あらゆる情動的要素から自由で、それゆえ公的組織との純粋で客観的（sachlich）な結合（教会や軍隊）のなかに存在する同一化のさまざまな形態とを区別している。[5] この同一化の二つ目の形態は、彼の確信するところによると、もっぱら合理的で、それ

（4）　Michael Balint, *Angstlust und Regression*, Stuttgart 1960〔『スリルと退行』中井久夫／滝野功／森茂起訳、岩崎学術出版社、一九九一年〕.

（5）　Neumann, »Angst und Politik«, a. a. O., S. 432ff.

ゆえに個人の退行の過程を生み出すこともない。ノイマンは、こうした第一の区別を補いながら、さらに情動的、つまりリビドー的な同一化の二つの形態を区別している。その第一の形態は小さな協働的な集団のなかに、それに対して第二の形態は一人の指導者に結びつけられた大衆のなかに見出される。彼の見解によると、こうした大衆の運動だけが自我能力の喪失に至るのであり、したがって大衆運動だけが退行現象を理由に「非合理的」と呼ばれてよい。彼の概念上の提案とはこうしたリビドー的同一化の「非合理的」な類型を「カエサル的」と名づけ、近代世界におけるあらゆる退行的な大衆形成現象の因果的な原因と見なすということなのである。あらためて私はこうしたノイマンの論証の進め方にある長所と短所について検討を加えたい。

もはや、ノイマンが彼の集団形成に関する着想の土台においた基礎区分は、全体としてほとんど説得力をもっていないように思われる。つまり、情動的な同一化の形態と、いわば情動の助けがなくとも機能するタイプとの区別は、あたかも集団に対する感情のない、純粋な納得に基づく集団への結合が存在しうるかのような印象をもたらす。ここにはおそらく、マックス・ホルクハイマーによってすでに見出されたきわめて伝統的な概念モデルが働いている。この概念モデルの下では、情動や感情が非合理的な力と同一視されてしまい、その結果、ただ概念上の理由だけで、情動的な構成要素から自由な集団形成の形態が存在しなければならなくなる。なぜならば、なるほど個人の利害計算の結合だけから生じるわけではないが、しかし他方で個人の退行が折り重なった結果でもないような集団形成のタイプを指し示しうるカテゴリーが必要だからである。このような集団の形成過程は、その集団内部では成員が退行ではない形で互いに結びついているのだが、その過程を特徴づけるために、ノイマンは情動的同一化のイメージの手助けを得るのである。[6] ここから、共通の目標や価値に結びつき、いわば感情あるいは情動の混入なしにうまく機能する結合形態が存在しうるという、大いに混乱を引き起こす見方が生まれる。まさに情動から自由な同一化という考えである。それに反して、個人の利害計算が合算された結果として生成しないどのような社会集団も、感情に支えられた結合あるいは同一化のなんらかの形態に由来するというはるかに説得的な考え方が維持されるならば、ノイマンが自らの着想の基礎においた区別とはまったく異なる区別が必要である。というもの、私たちはそうした前提の下で、集団との（感情的な）同一化の正常なタイプを病理的なタイプから取り出すことができるはずだからである。こうした区別の方向性にある諸提案は、現在、たとえば精神分析家のオットー・カーンバーグのような人物に見られる。彼は、成員の間でどのような対象関係がその都度再活性化されるのかという基準にしたがって、集団形成の形態を区別している。[7]

たった今まとめた反論から、一貫した根拠に基づいてノイマンが個人の「退行」のメカニズムを概念的に取り扱う方法に対する留保が生じてくる。ここでもノイマンは、個人の退行あるいは自我の脱境界化のあらゆる形態をただちに「非合理的」、したがって「危険なもの」と呼ぶことによって、「合理的」と「非合理的」を問題のある、それどころか誤解を誘発するような形で対置してしまっている。すでに私たちは、心の健全さや活力のしるしと考えられる自我の脱境界化（Ich- Entgrenzung）の諸形態を熟知しているので、こうした〔自我の脱境界化と非合理性との〕同一視を確からしいとはほとんど考えていない。

（6）　Neumann, »Angst und Politik«, a. a. O., S.434.
（7）　Otto F. Kernberg, *Innere Welt und äußere Realität*, München/Wien 1988, III. Teil〔『内的世界と外的現実――対象関係論の応用』苅田牧夫／阿部文彦共訳／山口泰司監訳、文化書房博文社、二〇〇二年、第三部〕; ders., *Ideologie, Konflikt und Führung*, Stuttgart 2000.

たとえば、愛情の対象であるパートナーと発展的に一体化していくことや、子どもといっしょに遊びに完全に没頭すること、あるいはサッカースタジアムで熱狂した大衆と興奮しながら一体化することといった心的現象はすべて、確かに一度形成された自我の境界の背後に退く形を取るが、それらは単純に危険だとは断じえないし、それゆえ「非合理的」だとも言えないだろう。なぜならば、もしそうでないならば、心的な創造性の回復というそれらの肯定的機能を見失ってしまうからである。[8] ノイマンは、これらの闊達で健全な退行の形態をあからさまに無視せざるをえないように思われる。その理由は、彼があらゆる心的な脱境界化や規制されていない情動の解放をほとんど非合理的な行動様式への逆行のしるしと見てしまう心理学的合理主義をホルクハイマーと共有しているからである。それにかわって、「健全な」心的退行の形態と「病理的な」心的退行の形態とを、創造力の高まりを通して脱境界化が自我の力に二次的にプラスに作用するか、あるいはのちのちまで自我をその機能において麻痺させるのか、という基準を手がかりに区別するのは有益であろう。ここでも、オットー・カーンバーグの研究が助けになろう。なぜならば彼の研究は、乳幼児の欲望形成のどの段階がその都度再活性化されるのかにしたがって、退行のさまざまなタイプの間の区別を行っているからである。

私にとって必要と思われるこうした差異化を背景にしてはじめて、ノイマンが「社会的」と呼ぶ疎外の諸形態の指標と考えた諸現象がようやく適切に扱われる。彼は、カリスマ的指導者とのリビドー的同一化の傾向を強化することができ、その結果、心理的に大衆のなかへ進んで退行的に溶け込んでいく高い準備態勢を生み出す、より狭い意味での社会的要因が存在するという前提から出発する。そこで最初に登場するのが、彼の確信によると、剝奪や喪失の見通しに基づく価値評価の喪失に対する社会的不安である。[9] こうした特殊な不安は、社会における比較経験に起因する不安であり、乳幼児期に定着した衝動不安を強化する。そうしたことが起こるのは、神経質的な気質的傾向が社会的不安によって、自尊感情が傷つけられるのではないかという懸念を通して、いわゆる行動誘発的な動機に変えられる、という意味においてである。これら両者の不安が相互に強化し合う場面において、指導的人物へのリビドー的同一化は、傷ついた自尊感情からくるルサンチマンを発散するための媒体として機能する。もしノイマンが、神経症的不安という概念を当初から社会的な喪失経験とのつながりが明らかになるような形で導入していれば、彼の実りある思考過程ははるかに説得的なものとなっただろう。また正統フロイト派の代わりに、社会研究所内で唯一エーリッヒ・フロムによって萌芽的な形で支持された対象関係論的な見解に依拠していれば、[10] 社会的不安は、のちになって現れる早期のトラウマ的不安が剥奪体験によって再活性化された形態として説明されえたであろう。その早期のトラウマ的不安は、安心を提供してくれる最初の準拠人格（Bezugsperson）〔重要な他者〕の継続的な現前が失われることに対する反応として生じるものである。子どもの不安の早期の形態と年長の大人の社会的喪失体験の間に位置するこのような説明モデルの内部では、ある種の心的な連続性が存在し、その変わらぬ核は相互主観性が不安によって危機に曝されていることである。その一方、ノイマンにはそうした不安の両形態をつなぐ動機づけとなる媒介

（8） Axel Honneth, »Objektbeziehungstheorie und postmoderne Identität. Über das vermeintliche Veralten der Psychoanalyse«, in: ders., *Unsichtbarkeit. Stationen einer Theorie der Intersubjektivität*, Frankfurt/M. 2003, S. 138-161〔「対象関係論とポストモダン・アイデンティティ――精神分析は時代遅れだという思い違いについて」、『見えないこと――相互主体性理論の諸段階について』宮本真也／日暮雅夫／水上英徳訳、法政大学出版局、二〇一五年、一九九―二三三頁〕.

（9） Neumann, »Angst und Politik«, a. a. O., S. 446f.

（10） Erich Fromm, *Die Furcht vor der Freiheit* (1941), Stuttgart 1983〔『自由からの逃走』日高六郎訳、東京創元社、一九六五年〕.

項を作り出すあらゆる理論的な可能性が欠けているのである。したがって彼には、剥奪の不安があたかも外部から主体の心的な内面生活に侵入してくるように見える。その場合、乳幼児時代にすでに準備された不安という備え（Angstbereitschaft）という豊かな地盤に出会うことも不可能なのである。

Ⅲ　社会的不安と民主的法治国家

ノイマンによる社会心理学的な説明の着想が、とりわけドイツにおける国家社会主義運動の事例に沿って整えられたということが、彼の議論の第三段階において明らかになる。すなわちノイマンは、これまで展開してきた解釈図式にさらにこうした大衆運動の特殊な形態に典型的に見られる二つの要素を新たに付け加えるのである。一般的な形でいくつかの結論をみちびき出す前に、ごく簡単に両者の要素に言及しておきたい。

（a）ノイマンは、歴史的に語られる陰謀物語はカリスマ的指導者との同一化としてすでに姿を現した神経症的不安をもう一度さらに強化する可能性がある、という前提から出発する。したがって、このようなリビドーが充当された指導的人物は、歴史的な物語によって自身の催眠的な力を高めることができる。その物語は散漫な仕方で社会的な危険をいつわりの具体性によって、個別の個人や集団の意図に逆投影する。つまり、イエズス会士であれ、共産主義者であれ、資本主義者であれ、またドイツの場合にはユダヤ人であれ、大衆運動の参加者が苦しんできた損傷や困窮の原因は、つねにある一つの集団に帰属するとされるのである。(11) おそらくここでノイマンは、アメリカにおけるマーティン・ルーサー・

トーマスの扇動的なラジオ演説に対してアドルノが行った内容分析の研究成果に依拠している。(12)

（b）　こうした大衆形成を強化する第二のメカニズムは、心理的暴力と政治的プロパガンダを通して不安を制度化することにある。大衆を指導者につなぎとめるリビドー基体は、長い時間を経て存続するには安定的ではないので、極めて強い影響力を通してこうした安定化をはかることが必要となる。(13)なるほど、ここでノイマンが思い浮かべている強化の諸機制は、ただ単にドイツにおける国家社会主義運動の文脈から得たものであり、継ぎ目のない監視、疑似合法的な処罰、そして絶え間ないプロパガンダを通して国家の手で演出された継続的なテロという特殊事例だけが説明できる。しかし確かに、国家による暴力のより繊細な手段によって作用する不安の制度化の形態は明らかにできていない。全体的にノイマンのアプローチは、ドイツの国家社会主義という特別な事例に基づいて調整されているために、社会的に引き起こされた政治的自律に対する侵害の全体的な多様な広がりを解明できないのである。ただしここでは、こうした思考の経緯をさらに追跡する代わりに、最後にノイマンのアプローチがもつ普遍的な二、三の帰結に取り組みたい。おそらく理論的な結論と規範的なそれとを区別することが有効であろう。

(11)　Neumann, »Angst und Politik«, a. a. O., S. 434f.
(12)　Theodor W. Adorno, »The Psychological Technique of Martin Luther Thomas' Radio Adresses«, in: ders., *Gesammelte Schriften*, Bd. 9.1, Frankfurt/M. 1975, S. 7-142.
(13)　Neumann, »Angst und Politik«, a. a. O., S. 449.

理論的なレベルでは、ノイマンとともに、神経症的に高められた大衆の不安を、民主的な意思形成に参加する個人の能力を深く傷つけるある種の社会的病理と理解することには大いに意味があるに思われる。すなわち、自律的に意見を形成し、それを公に表明することが可能となるためには、自尊感情を毀損し、熟議の能力を制限し、その結果自己疎外を引き起こすような代替的な偶像に飛びつかせるような不安から自由になることが必要とされるのである。それどころかノイマンは、こうした出発点の考え方によってフランクフルト学派の主要な思想家たちの意図をはるかに超えて先に進むことになる。[14]というのも、彼は民主的公共圏の理念の諸前提と結びついたさまざまな規範的根拠から社会的病理に対して診断を下すことに関心を寄せているからである。つまり、社会的に作り出された不安がノイマンにとって重要な意味をもつのは、単に自由な主体を形成する前提を毀損するからではなく、その途上で公共圏における強制のない意思形成のための諸条件を破壊するからである。しかし、ノイマンが提示する説明の枠組みは、ここで概要を示した意図を実際に実現するには狭すぎる。すなわち、彼は当初から神経症的不安の源泉として衝動の抑圧に集中しているために、社会的なダメージの経験に原因を有する不安との内的な結びつきをつけることができないのである。そのことによって理論的に生じた、乳幼児期に獲得した不安という備え（Angstbereitschaft）と大人の社会的不安との間の溝があまりに大きいので、ノイマンはもともとの意図を進めることができない。つまり、失敗に終わった衝動抑圧の諸過程から生じるはずの神経症的不安は、なぜ、大衆のなかで傷ついた自己に対する代償的な支えを得るのを手助けする指導的人物と同一化しようとするほどまでに、差し迫った社会的地位の喪失を大人が大きな脅威と感じなければならないのか、その理由を説明することができないのである。その点でノイマンは、精神分析の正統派の説明枠組みを放棄し、社会研究所においてたとえばエーリッヒ・フロムによって代表されたような精神分析的な「修正主義」の潮流を引き継ぐほうがよかったのかもしれない。というのも、神経症的不安は愛情の対象との離別のプロセスがうまくいかなかったことからはじめて二次的に生じるという事実をただちに認めれば、社会的な危機に対する不安の精神力学的な根源的原因を看取することはたやすいからである。

ノイマンの分析から引き出しうる規範的な帰結に関して、二つの選択肢から選ぶ余地がある。両者の差異は、それぞれ民主主義国家に成員個人の不安を緩和（mäßigend）あるいは治療（kurativ）するように働きかけるという課題がどの程度包括的に与えられるのか、という基準で査定される。一方でノイマンは、法的安定性と政治的予測可能性の保証を通して市民に信頼性を提示し、麻痺を誘発する不安の発達を最小限のものとするという課題を「恐怖の自由主義」という観点から法治国家に現実的に割り当てるという道を目指すことが可能であろう[15]。この場合、信頼性を構築するような性格をもつ法的措置を取ることによって、政治は社会の成員の不安という備え（Angstbereitschaft）に向かってただ消極的にだけ関わることになる。法治国家のこのような実践は、個人の自律それ自体を促進しうることは何も実行せず、社会的不安の高まりへと向かう傾向（Bereitschaft）を緩和するように（mäßigend）働きかけるだけである。それゆえ、ノイマンにははるかにより強力な選択肢が与えられている。それは、この場合個人の自律性を育成するための積極的な準備対策が取られるという点で、パターナリスティックな特徴を示している。高

（14）　Axel Honneth, »Kritische Theorie. Vom Zentrum zur Peripherie einer Denktradition«, in: ders., *Die zerrissene Welt des Sozialen. Sozialphilosophische Aufsäze*, erw. Neuausgabe, Frankfurt/M. 1999, S. 25-72.
（15）　この点については以下を参照。Bernard Yack (Hg.), Liberalism without Illusions, Chicago/London 1996.

い相互主観的な信頼性と絆の安定性を提供する社会化の諸条件が可能な限り保障されることによって、社会的な不安を増大させる傾向（Bereitschaft）が治療的な（kurativ）働きかけを受けるのである。個人の不安がもつ民主主義を妨害する帰結を克服する正当な手段を法治国家に与えるために、ノイマンがどちらの道を選択するか、もはや知る余地もない。なぜならば「不安と政治」の関係についての彼の論考は、その突然の死が原因で彼自らが手掛けた最後の刊行物となったからである。

第9章　民主主義と内面の自由

――アレクサンダー・ミッチャーリッヒの批判的社会理論への貢献

ミッチャーリッヒの仕事がもつ意義を振り返ってまず言えることは、彼が手がけた研究、観察そして診断が今日の私たちに欠けていることは明らかであり、実に痛ましいということである。現在、彼に比肩しうる繊細さ、慎重さ、そして潜在的な理解力をもって、個人もしくは集団生活における心理的変化を描ける社会心理学の思想家はいない。ミッチャーリッヒが一九五五年から一九七五年の間に資本主義における心的な構造転換の諸傾向に費やした分析は、主題の幅広さ、概念の多様性、認識の深さという点から見て、私たちが今日比較可能な診断から知りうるすべてのものをはるかに超え出ている――同時代でいえば、唯一アーノルト・ゲーレンによる社会心理学的診断だけがミッチャーリッヒの診断と争うことができるだろう(1)。確かに、ミッチャーリッヒが論評を試みた無数の経験的な知見を見ると、いかに明晰で粘り強い精神がそこに働いていたかは明白である。彼の分析は、アウトバーンにおける暴走と同様、増大傾向にある麻薬の消費についても扱い、早い時期から集合的な「幼児化」やセクシュアリティとエロスとの分離といった趨勢にも診断を下している。彼の観察課題から、思春期の構造転換も形成外科の突然の流行も漏れ落ちることはない。ただし、これらすべてによっても、彼の社会心理学的な仕事の実質的な核を形成する主題についてはまだ一度も言及しえていない。すなわち、私たちの都市の「冷淡さ（Unwirtlichkeit）」、同時代のドイツ人の想起に対する抵抗、偏見が形成される際の無意識の力学である。しかし、彼の診断が卓越している理由は経験的な勘、つまり感知された変化傾向の幅広さだけではなく、理論的な概念を注意深く応用する点にもある。ミッチャーリッヒはけっして、師によってもたらされた洞察や仮説を変化した現実にただ適応すること以外に仕事が与えられることのない正統なフロイト主義者のごとく振る舞うことはなかった。むしろ、ミッチャーリッヒの分析の中心には、つねに精神分析、精神身体医学、社会心理学の領域から利用可能な知識に関するものすべてを収集しようという試みがあり、それらがおそらく診断を下した調査結果に対する満足のいく説明に役に立っていると考えられる。

最後に、彼の著作がもっているこのような特徴、つまり新しい発展傾向や理論的な問題に対して原理的に開かれているという性格の延長上に、彼の研究に関して現時点から振り返っても関心を引く第三の特徴が存在している。すなわち、ミッチャーリッヒにとって重要なのは、私たちが今日眼にする数多くの社会心理学的診断とは反対に、幅広く展開した仕事を通して政治的・道徳的問題を追求しつづけることなのである。まさに『私たちの都市の冷淡さ』(2)や『父親なき社会』(3)の著者が研究をつづける目的は、ある特殊な理論的アプローチを擁護することではなく、むしろ公共的で解放のための課題を調査することなのである。テーマは極めて多様であるが、彼の仕事の中心は直接的であれ間接的であれ、民主的法治国家が存続しつづけ活力を維持しうるにはどのような「内面の自由」のための諸条件、つまり自己の精神生活に対する疎遠（Fremdheit）な関係に対する寛容さのためのどのような諸条件が存在しなければならないか、という問いにある。こうした個人の内的な自己関係と政治文化のつながりが、アレクサンダー・ミッチャーリッヒの仕事の根底にある動機を形作っている。彼の診断や研究は、「ハプニング」の美的生成、宇宙飛行の経験、さらにはドイツのアウトバーンといった、一見したところ無関係に思えるテーマを扱っているときでさえ、そうした動機によって彩られている。私が以降の考察で、こうして描き出したミッチャーリッヒの根本的な問題関心を簡潔だが記憶に呼び起こそうとするのには理由がある。それは私がミッチャーリッヒの問題関心が依然として緊急性を帯び、そこに汲みつくせない意義があると確信しているからにほかならない。

I

フランツ・ノイマンは死の直前、一九五四年のベルリンにおいて、のちに有名になる演説のなかで、古い民主主義をもつ国々ではずいぶん以前から注目を集めた問題について論じた。(4) すなわちノイマンに

(1) Vgl. Erwa Arnold Gehlen, *Die Seele im technischen Zeitalter*, Reinbek bei Hamburg 1957〔『技術時代の魂の危機——産業社会における人間学的診断』平野具男訳、法政大学出版局、一九八六年〕.
(2) Alexander Mitscherlich, »Die Unwirtlichkeit unserer Städte«, in: ders., *Gesammelte Schriften*, Bd. VII, Frankfurt/M. 1983, S. 515-624.
(3) Alexander Mitscherlich, »Auf dem Weg zur vaterlosen Gesellschaft«, in: ders., *Gesammelte Schriften*, Bd. III, Frankfurt/M. 1983, S. 7-370〔『父親なき社会——社会心理学的思考』小見山実訳、新泉社、一九八八年〕.
(4) Franz Neumann, »Angst und politik«, in: ders., *Wirtschaft, Staat, Demokratie, Aufsäze 1930-1954*, Frankfurt/M. 1978, S. 424-459.

よると、民主的法治国家は外面的世界の出来事、つまり腐敗、権力の集中あるいは階級差別的な司法だけではなく、一人ひとりの個人それ自身の内面構造によっても危機にさらされる。というのも、諸個人が非合理的な不安から生じる無関心や勇気の欠如へと向かう傾向を強めると、彼らは国民の役割として民主主義が諸個人に割り当てる審議し監督するという機能を認知できなくなる可能性があるからである。ノイマンによれば、「不安」は内面心理的にあらゆる形態の民主政治にとって最大の障害となる。なぜならば、不安は主体が共通の意思形成にとってなくてはならない能力を手に入れ、行使することを阻むからである。非合理的な不安に支配されることで、ほかの市民の生活状況に身を置いて想像する能力も、自分自身の利害を再考し場合によっては後回しにする能力も、ともに形成されなくなるのである。フランツ・ノイマン自身は、もはや大まかにこうした考察を含んだ問題に取り組むことができなかった。講演の数か月後、突然の死が彼を襲ったために、彼の画期的な思索は単なる彼自身の計画にとどまってしまったからである。しかしノイマンの死後、ただ一人の人物であるミッチャーリッヒだけが辛うじて、問題とされ取り上げられたテーマを自らの仕事の主導原理にしているように見えるし、そしてまた実際そういう印象が湧き上がってくる。というのも、連邦共和国形成期の最初の三〇年における思想史のなかで、ただアレクサンダー・ミッチャーリッヒの仕事だけが、並外れて不安と政治との関係、自我の弱さと民主主義的行動が求める必要条件との関係を軸に展開されているからである。

むろん、ミッチャーリッヒの業績の理論的な根幹は、ノイマンが講演の出発点とした領域とはまったく別に存在している。不安の源泉を特定するに際して、ノイマンの講演は正当にフロイトに従う一方、ミッチャーリッヒは精神身体医学の構想に沿って不安のもつ非合理的な帰結に取り組むことに成功しているのである。彼は初期の研究では、今日でも色あせない病における自由と不自由に関する研究において（一九四六）[5]、変わらず医療人類学（medizinische Anthropologie）の分野にとどまりつつ議論を展開しているが、それは師のヴィクトール・フォン・ヴァイツゼッカーが彼に手ほどきをした領域でもある。したがって、身体上の病の心的な原因の可能性を探求するために、彼がよって立つ理論的な源泉は、はるかアーノルト・ゲーレンやヘルムート・プレスナーを通して私たちが見知っている哲学的人間学（philosophische Anthropologie）に由来しているのである。確かに当時から、ミッチャーリッヒの中心的な問題関心は、精神身体的な病の罹患の特殊な経緯がのちに彼が「内面の自由」と名付けようとする自己の欲望や衝動との「コミュニケーション」[6]に関して何を明らかにすることができるのか、という点にあった。つまり、生物学的に特殊な位置、すなわち身体組織上の未分化とそこから帰結する精神の代償的活動の結果、あらゆる生物のなかでただ人間だけが「行為できる自由」に向かう力を所有しているということである。しかし、人間をして不愉快な、行為を困難にする衝動の抑圧から生じる葛藤を回避する方法を無意識的に探求することを可能にしてしまうのもまた、こうした比類なき自由の潜勢力なのである――ただ人間だけが、内的な葛藤に対する人間固有の不安から生じる苦悩を回避する努力を知っていると言える。こうした心的な緊張を迂回するために優先される方法は、ミッチャーリッヒにとって神経症の罹患、つまり器官のなかに「心的な興奮」を「留め置く」ことにある。[7]つまり、言語よる分節化というコミュニケーション的方法を見出す代わりに、不愉快な欲望、葛藤を含んだ衝動が器官に投影され、その器官

（5） Alesander Mitscherlich, »Freiheit und Unfreiheit in der Krankheit«, in: ders., *Gesammelte Schriften*, Bd. I, Frankfurt/M. 1983, S. 13-135.
（6） Ebd., S. 79.
（7） Ebd., S. 73.

において、欲望あるいは衝動が自分自身の内面の解決されない残余として病の原因へと変化するのである。その限りにおいて、ミッチャーリッヒが鋭い推理を駆使して述べているように、精神身体医学的な病を罹患することは人間的自由の具体的な現れでもあり同時に喪失でもある。すなわち、病は一方でつねに自由を具現化している。なぜならば、病は心的な葛藤を回避する人間の能力に根ざしており、いわばそうした能力をはっきりと示すものだからである。しかしその同じ契機において、つねに病は自由に対する厳しい制約でもある。というのも、病において自然的身体（Körper）が再び人間の体（Leib）に対する支配権を手にするからである(8)。精神身体医学上の病に罹患した人間が襲われる神経症の症状のなかに、負担を課す感情の動きから逃れたいという不安に満ちた欲望から、主体がどの程度、「意思の自由」すなわち「意欲する能力」を喪失しうるかがはっきりと示されている。

ミッチャーリッヒを捕らえて離さなかったのは、人間に特殊な独特の弁証法がもつ魅力である。そうした弁証法の本質は、自由を原因とする自由の喪失、つまり内面の葛藤に対する、自由を求めて生じる不安を原因とする自由の喪失にある。事実その後三〇年の間に取りかかることになった無数の論文や研究において、ミッチャーリッヒは内面の心理的な葛藤回避の傾向の原因解明に繰り返し取り組んでいるが、それはすでに、精神身体医学に関する初期の研究の段階から中心的な位置を占めていたものである。ただし当時はまだ、彼は政治文化、つまり民主主義に対する慣習的な必要条件とのつながりは持っていなかった。むしろそれは、彼の思想がフロイトの精神分析への傾倒と結びついた政治化の途上ではじめて生じた。そして五〇年代を通じて徐々に不安と政治、個人の自己関係と民主主義的文化との関係が彼の仕事の中心を占めるようになっていったのである。

ミッチャーリッヒの思考が政治化し、医学・心理学的な関心が民主主義理論の枠組みへ徐々に結びついたきっかけは、おそらく彼が国家社会主義の犯罪に関する証言に関わる仕事に取り組んだことにある。とりわけ、フレート・ミールケとともに編集と論評に取り組んだニュルンベルク医師裁判の記録文書に関する研究のなかで[9]、彼は残虐で想像不能なまでに残忍な人体実験に進んで取り組む傾向が、文明的な人間性や民主主義的な信念とは相いれないパーソナリティ類型に基づいていることを確信するのである。彼がそれ以降、けっして投げ出すことをなく継続してきた国家社会主義の社会心理的前提に関する研究は、振り返って見ると精神身体医学的な病に関する古い研究に対して新しい知見をもたらした。すなわち、神経症的症状の原因として出現するもの、つまり脅威となり葛藤を孕んでいる衝動の蠢きは、一般的な水準では心的性向の根源的なものとして知られているが、その蠢きが主体に権威に隷属する大衆という避難所への逃走を主体に強いるというのである。国家社会主義による暴力的な犯罪行為を黙認したり、支援できる人格的な病理を探求するという迂回経路を辿ることにより、ミッチャーリッヒは、それ以降の彼の社会心理学的・精神分析的仕事に対して方向を与える規範的な問いに到達した。すなわちそれは、大衆のなかへ逃避しようという誘惑や重荷を和らげてくれる権威へ屈服しようという誘惑に備え

(8) Ebd., S. 80f.
(9) Alexander Mitscherlich, Fred Mielke (Hg.), *Das Diktat der Menschenverachtung*, Heidelberg 1947.

るためだけではなく、決然としてそして積極的に民主的意思形成に参加しうるために、主体はどのような心的性向を身に着けるべきか、あるいは自己自身に対してどのような態度を取りうるべきか、という問いである。そしてまた、表面的な理想化に対する不信感と単に規範的な思弁に対する躊躇にも関わらず、大衆民主主義によるさまざまな不当な要求に対して心理な備えをもつために、主体が身につけうるべき性格特性に関して、それなりに意味のある内容を語ることが可能なのか、という問いである。ここで述べた疑問に答えようとする試みが、まるで赤い糸のようにアレクサンダー・ミッチャーリッヒの社会心理学的な仕事を貫いている。そして錯綜する彼の数多くの論文、見解表明、時代診断に踏み込めば踏み込むほど、独特で非常に精巧な答えの輪郭がくっきりと浮かび上がってくるのである。

民主主義的な参加を可能にする性向を理解する鍵となるのは、社会心理学に向かっていった当初から、ミッチャーリッヒにとっては「寛容」というカテゴリーであった。[10] むろんこの概念によって、一般的に広く考えられているように、ほかの文化、すなわち私たちにとって疎遠で、実際に不快な価値共同体の支持者に対し、相互主観的に示すと考えられる振る舞いや態度を第一義的に意味しているのではない。むしろミッチャーリッヒにとって、そうした寛容の社会的、間人間的な形態に対して、個々の主体が自分自身に「寛容」で自由な態度で振る舞えるようになるプロセスが先行していなければならない。ミッチャーリッヒが精神分析家、社会心理学者としてとくに関心をもっていたのは、こうした内面へと向かう寛容さという現象である。彼は著作のなかで、こうした自己関係と結びつき、「不安」への対抗のなかから発達する能力について研究を進めた。すでに見てきたように、不安はミッチャーリッヒにとって、人間が生得的に世界に開かれた構造をもつ感情の代償として支払わなければならないという点で、人間学的に普遍的な要素なのである。アーノルト・ゲーレンに倣ってはっきりと述べているように、人間的主体はあらゆる本能の確実性から切り離され、精神的に支配するべき開かれた環境のなかに埋め込まれているために、動物と異なって、制御困難で葛藤に満ちた衝動エネルギーの圧力から生じうる危険性に対する根強い感知能力を有している。通常、こうした危険を感知した際の最初の疑似自然的な反応は欲動防衛、すなわち望ましくない欲望を投影もしくは転位によって無意識的に抑圧することである。こうした形での「不安の除去」の帰結は、ミッチャーリッヒにとって偏見の形成に始まり、権威に囚われた大衆への隷属に至る。ただし、これがミッチャーリッヒの思想の核心でもあるのだが、人間が社会化の初期段階で危険に思われる衝動エネルギーに対して防衛という方法ではなく、最初はおそらく遊びの形態、やがては「承認」[11]という高度化した理解の形態によって反応するようになれば、事態はまったく異なってくる。欲望、欲求、憧憬において私の内部にありながらも疎遠であずかり知らぬ（fremd）存在を許容するこの種の能力をミッチャーリッヒは「内面の寛容」あるいは「自由」と呼んでいる。私たちが通常「寛容」について語るとき、こうした能力は、私たちが互いに相手に期待し合う、人間どうしの間の態度に対する内面心理の前提となっている。ミッチャーリッヒによって、こうした前提となる関係は寛容に関する彼の最初の論文（一九五一）の表題に巧みに刻まれている。彼はそれを「私があなたに関わるのと同じように、私は私に関わる」と名付けたのである。

（10）　Vgl. Vor allem. Alexander Mitscherlich, »Wie ich mir – so ich dir.‹ Zur Psychologie der Toleranz«, in: ders., *Gesammelte Schriften*, Bd. V, Frankfurt/M. 1983, S. 410-428. Und ders., »Toleranz – Überprüfung eines Begriffs«, in ders., ebd., S. 429-455.

（11）　Mitscherlich, »Toleranz«, a. a. O., S. 440.

今やミッチャーリッヒは、こうした内面の寛容という態度を獲得することに伴う困難に対してまったく疑いを持っていない。確かにフロイトには、たとえば「徹底操作」や「承認」のような概念のなかに、自己自身に対して寛容で自由な態度に到達しようとすれば必要とされるプロセスを指し示すものがすでにいくつか存在している。[12] また当然、ドナルド・ウィニコットの著作は、幼児が自分自身の欲動生活を遊びながら切り開いていく能力を手にする方法をイメージするための多くの提案を含んでいる。[13] しかし全体として、内面に対する寛容さ、すなわち「内面の自由」ということで、いったいいかなることを意味しているのか、かなり曖昧に思われる。この場合、こうした治癒的な（heilsam）効果をもつ自己関係を獲得するプロセスを特徴づけていると考えられる方向性や諸段階が明らかになるという点で、ミッチャーリッヒの説明が有効なのである。その際、最初に選択されうる段階への示唆は、自己自身の衝動との間の「コミュニケーション」という、彼がさまざまな形で言及している考え方のなかにすでに含まれている。すなわち、不愉快な、しばしば暴力的でもある自己自身の衝動を経験できるようにするために、通常、内面に隠されたものを他者あるいは自己に対して言語によって分節化するという骨の折れる作業があらかじめ必要とされる。そしてまた、自分自身にとっても疎遠であずかり知らぬ（fremd）欲望をまず表現しようとする、つねに試行錯誤的で開かれた試みがなければ、私たちはそうした疎遠であずかり知らぬ欲望に対し、寛容な姿勢を取ることはできないのである。しかしミッチャーリッヒによると、分節化という最初の段階では終わらない。なぜならば、言語を通して意識化された衝動や欲望でも、なんらかの方法で理解されることがなければ、衝動や欲望の疎遠さは依然として残り続けるからである──それゆえ、事実ミッチャーリッヒは、「自己のなかにある疎遠であずかり知らぬ（fremd）世界」を「理解すること」について頻繁に議論する。[14] 理解のこうしたプロセスは、おそらく新たに分節化された欲望がその他の見通しうる欲望と関連付けられ、そしてなんらかの形で結びつけられることにより、そうした欲望の一貫性のなさ、疎遠さを少しずつ減らせるようになることを意味している。得体のしれない衝動を私たちにとって馴染みのある慣れ親しんだ欲望の網の目に組み入れることこそ、内面にあって疎遠であずかり知らぬ部分（Fremde）をこうして理解しようとする努力がもたらしてくれるものなのであるである。ただし、分節化と理解という両方の段階が一つになることではじめて、[15] ミッチャーリッヒが内面に対する寛容さと名づけた態度が実現する。つまり、それが不安を催す一貫性のない欲望を自分自身の生活史として形作られた人格の一部として承認することなのである。ミッチャーリッヒの著作には、それに相応しい行動様式を身に付けることと理解されうる、内的な寛容さへの新たな第三段階を示唆する記述がしばしば見受けられる。すなわちミッチャーリッヒは、自己関係の寛容さの形態は必ず、自分自身のあらゆる見解が帯びるアンビヴァレントな色彩に自覚的であり続けることに基づく一片の「アイロニー」[16] を伴わねばならない、としばしば述べている。

(12) Vgl. Andreas Wildt, »Anerkennung in der Psychoanalyse« in: *Deutsche Zeitschrift für Philosophie*, Nr. 3 (2005), S. 461-478.
(13) Vgl. Donald Winnicott, *Vom Spiel zur Kreativität*, Stuttgart 1989〔『遊ぶことと現実　改訳』橋本雅雄／大矢泰士訳、岩崎学術出版社、二〇一五年〕.
(14) Mitscherlich, »Wie ich mir – so ich dir.‹ Zur Psychologie der Toleranz«, a. a. O., S. 419.
(15) 私はここで以下の著作に従っている。Peter Bieri, *Das Handwerk der Freiheit. Über die Entdeckung des eigenen Willens*, München/Wien 2001, Kap. 10
(16) Mitscherlich, »Wie ich mir – so ich dir.‹ Zur Psychologie der Toleranz«, a. a. O., S. 414.

ここ、すなわち人間のパーソナリティの発達を規範的に目標決定する地点から出発し、ミッチャーリッヒは民主主義という政治的なテーマへの架け橋を行う。彼は、最終的に主体が自己の内面に対して寛容な態度を取れるようになった場合にのみ、多元的な民主主義という課題に建設的かつ自由に関わる能力を手にすることができる、と確信している。それに対しこうした自己関係の形態を拡大する機会に恵まれない限り、したがって主体が不安の防衛というメカニズムに囚われ続ける限り、討議に基づく意思形成という課題とは相いれない偏見の形成、憎悪の投影そして社会的排除が今後も引き続き大量に発生する可能性がある。それゆえ、民主化というプロジェクトは内的自由の状態という前提と結びついている。そしてその自由の特徴を明確にするために、今日に至るまで精神分析が最も優れた模範を提供しているのである。

第10章　コミュニケーション的理性の不協和音
――アルブレヒト・ヴェルマーと批判理論(*)

アドルノによるベートーヴェンの後期様式に関する数えきれないほど多くの考察は、今では遺稿を編集した作曲家についての巻にまとめられている。[1] そこではアドルノは、和音の退色（Verblassen）、つまり緩慢な縮小（Schrumpfung）をつねに何度もその特徴として示している。すなわち、ベートーヴェンがその作曲作品においてますます成長し、中期の古典期の様式から無頓着に離れれば離れるほど、いくつかの小品――後期カルテット、『ディアベリ変奏曲、バガテル作品一二六』（Diabelli-Variationen, den Bagatellen op. 126）

（＊）　以下のテクストは、アルブレヒト・ヴェルマーが二〇〇六年フランクフルトのパウロ教会でアドルノ賞を受賞した際に私が行った祝辞の草稿である。

（1）　Theodor W. Adorno, »Beethoven. Philosophie der Musik«, in: ders., *Nachgelassene Schriften*, Abteilung I, Bd.1, Frankfurt/M. 1993, v. a. Kap. IX, X, XI〔『ベートーヴェン　音楽の哲学』大久保健治訳、作品社、一九九七年、IX、X、XI〕.

――において調性の放棄にまで至りうる不協和音と両極化が明確に現れるのである。しかし、アドルノにとっては、増加する、いや繁茂する不協和音は、ベートーヴェンの音楽的発展の個人的特徴であるだけではなく、すべての偉大な作曲家の成熟を示す普遍的特徴である。つまり、彼らの作品には、年齢と技巧の成熟とともに、ほとんどいつも、和音的構造の放棄による、「同一性の強制」を壊す準備が貫かれているのである。[2] それに対して哲学的著作の発展の規則は、一般的に全く異なると大ざっぱに言うことができよう。すなわち、こちらでは個々の著者において――カント、ヘーゲル、ハイデガーを考えてみても――年齢の深まりとともに、自分の理論を調和的に成熟させたり体系的に閉ざしたりする傾向が増すのである。哲学的伝統の著作のなかでは、その成熟した後期の状態では、初期のものより、明らかに持ち込まれた緊張や両極化がより多くあるということは見られない。この規則の例外をなすのは、今日の受賞者の理論的著作である。アルブレヒト・ヴェルマーがその哲学のなかで保っている音楽への近しさは、彼の著作が、哲学的理論の発展モデルではなく、音楽の作曲に従って成熟していることのなかに既に示されている。つまり、彼の作品が大きく前進すればするほど、生の歴史を増せば増すほど、よりいっそう強く彼の作品には、もともと抑圧されてきた不協和音と緊張が現れるのである。アルブレヒト・ヴェルマーの後期の著作は、初期の著作で許されていたかもしれないものよりも、対象領域において、よりむき出しでよりとらわれない裂け目を示している。

アドルノは既に、偉大な作曲家の後期様式の独自の特徴、つまり調和を断念する彼らの傾向を、成長していわば頑固になった主観性の「表現」として解釈することに警告を発している。[3] 純粋に心理学的‐パーソナルなものを目指したそのような考察の仕方は、作品そのものの内容を解き明かしえないことが、直ちに示されている。そのような考察は、問題となっている作曲の技術的分析を企てる代わりに、謎めいた引き裂かれた様式を、いつの間にか傍若無人になり慎みなく自己表現するパーソナリティの単なる記録として解釈することで満足する。それに対して、アドルノによれば、作曲の内容が真剣に受け取られるならば、後期の作品においては何か全く異なるものが示されるのである。つまり、それらの作品では、主観性、すなわち個人的統合への衝動は非常に柔軟になるので、それらはある程度、客観的に与えられたものの「亀裂と裂け目（Risse und Sprünge）」を表現するほど自由になるのである。[4]まさに同一性への強制が放棄されたので、ベートーヴェンの後期様式においては、「現実の非和解性」そのものが音楽的に表現されることになる。つまり、「和声は多くの声部を統一するものであるかのような欺瞞を生み出すために、回避されている[5]」とアドルノは言う。この結論は、アルブレヒト・ヴェルマーの著作の発展のダイナミクスをも確かめるために、適切な鍵を与えるように見える。つまり、彼の下では、すべての新しい著作、すべての新しい論文によって裂け目と割れ目とをコミュニケーション的理性の内部で先鋭化する傾向が大きくなるのである。このコミュニケーション的理性は、彼が以前は、近代のプロジェクトの統一根拠であり推進力であると見なしていたものである。分裂した近代の和解への希望の代わりに、近代の区別された諸要素の間の解決できない緊張についての非常に鋭い意識が現れる。しかし、この調和が弱まること、つまり統合のこの放棄は、硬直する主観性のなんらかの表現ではなく、節度ある、まさに脱個人化した知性の獲得の結果である。私は文字通りこう考える。つまり、彼の作品の展開する

(2) Ebd., S. 227〔同前、二五三頁〕.
(3) Ebd., S. 180〔同前、一九五頁以下〕.
(4) Ebd., S. 183〔同前、一九九頁〕.
(5) Ebid., S. 227〔同前、二五三頁〕.

流れにおいて、ヴェルマーの下では、影響史的な繫がりや公的な期待やメディア的な役割に対する無頓着さが増したので、理論形成が自由になることができ、以前は同一性要求への観点から薄れたままだった客観的矛盾を表現し体現するほどになったのである。今日、ヴェルマーは、彼の成熟した著作においてコミュニケーション的理性を擁護すると同時に制限するという冒険的な試みを企てている。彼は、自分のコミュニケーション的領有(Vereinnahmung)に対抗するエキセントリックで妥協しない主体を擁護すると同時に、すべての相対主義、ユートピア的、基礎づけ主義的な誘惑の試みに対抗しつつ閉ざされない理性の潜勢力におけるコミュニケーション的了解を擁護する。したがって、彼の哲学理論において、アドルノの声が歴史的に新しい進んだ段階においてもう一度聞こえてくる。コミュニケーション的理性の変更された準拠枠組みの内部において非同一的なものに対するアドルノの感受性をもう一度有効に働かせることは、哲学者アルブレヒト・ヴェルマーの基本関心事であると考えられるべきだろう。

I

アルブレヒト・ヴェルマーはその哲学的経歴の初めから、完全に直線的というわけではない偶然性を持った学業を、彼にとって今日まで決定的であり続けた精神的な緊張の場へと置き換えた。数学と物理学についてのキールの国家試験のあと、彼が哲学の研究を続けることを決めるにあたって決定的であったのは、おそらくまず第一に、ガダマーの解釈学の知的影響力であったろう。しかしハイデルベルクに研究のために短期滞在したあとすぐにヴェルマーは、テオドール・W・アドルノが哲学と社会学を以前にも増す成功をもって教えていたフランクフルトに引き寄せられる。とりわけ、連邦共和国の音楽生活におけるアドルノの理論的存在感は、この卒業したてで彼自身音楽的に高い才能を持ち新音楽に魅せられた者を批判理論の中心地へと移動する気にさせた。しかし実際のところそこで哲学的に彼を魅了して最初にその道を決めさせるのは、若きユルゲン・ハーバーマスが第一世代の批判理論に方法的に堅固な基礎を与えようとする、まったく独自で新しいアプローチである。ハーバーマスよりたった四歳若いだけで自然科学のなかで成長した博士課程の学生ヴェルマーは、その当時、現代の同時代的な科学理論を通じて批判的社会理論の、知識に関する立場を新たに規定するハーバーマスの理念に一撃で感化されたにちがいない[(6)]。ヴェルマーはこの数年ですでに、後から考えれば批判理論の言語論的転回の源泉と基礎と考えられるものを獲得する。つまり、彼は、ハーバーマスに刺激されて、ラッセルからヴィトゲンシュタインに至る分析哲学の歴史に習熟し、自然科学と精神科学とにおける方法論的論争に従事し、社会科学の認識論的自己反省を追求する。それからヴェルマーは博士論文を、確かにまだアドルノの精神のなかで、しかし実際には既にハーバーマスとの密接な協同作業において、カール・ポッパーの科学論ために費やす[(7)]。のちにハーバーマスの『認識と関心』において彫琢される画期的なテーゼによれば、科学主義は、自然科学が技術的に利用可能な知に至る方法的な手続き様式の「実体化（Hypostasierung）」に基づく[(8)]。このテーゼはこの博士論文で初めて認識論的正当化をうるのである。

（6） この初期の科学論的な著作は後に以下にまとめられた。Jürgen Habermas, *Zur Logik der Sozialwissenschaften. Materialien*, Frankfurt/M. 1970〔『社会科学の論理によせて』清水多吉／木前利秋／波平恒男／西阪仰訳、国文社、一九九一年〕.

（7） Albrecht Wellmer, *Methodologie als Erkenntnistheorie. Zur Wissenschaftslehre Karl R. Poppers*, Frankfurt/M. 1967.

（8） Jürgen Habermas, *Erkenntnis und Interesse*, Frankfurt/M. 1968〔『認識と関心』奥山次良／八木橋貢／渡辺祐邦訳、未來社、一九八一年〕.

それに続けて数年間、ヴェルマーはハーバーマスの助手としてハイデルベルクとフランクフルトにおいて活動し、分析的科学理論の知識を深める。彼は、学生運動の民主的目標設定を、後年にＲＡＦ〔赤軍派〕のテロリズムとの勇敢で視野の広い論争で正当化することになるが[9]、この学生運動への強いアンガージュマンにも関わらず、結局彼は、批判理論の認識論的基礎づけに従事する。彼が考察した問題とは、その言明が社会的発展過程の説明であると同時に解放的行為の始まりでもある理論はどんな方法論的場所を占めることができるのか、である。彼の答えは、批判理論は、人間の了解実践の構造にある、成熟への普遍的要求の反省形態として理解されねばならないというハーバーマスによって描かれた収斂線の上を動く。全体としてアルブレヒト・ヴェルマーはその当時確実に、ハーバーマスが自分の周りに集めた研究助手たちのなかで、批判理論のコミュニケーション理論的改造に最も大きく貢献した者である。彼は、分析哲学における彼の増しつつある知識、とりわけ新しい科学論に親しんでいることによって、教師たちや同僚たちと同じ立場で協働して、間主体的な行為がその言語的性格のおかげで支配と他律とを克服するための解放的力を持つというテーゼに取り組むことができた。それからヴェルマーが一九七一年に、最近の自然科学の説明モデルを道具的測定作業の循環におけるそのプラグマティックな根幹に認識論的に還元する教授資格取得論文を提出したとき[10]、この論文は彼のさらなる哲学的将来を確固なものとしたように見えた。つまり、自然科学から来たという出自、分析哲学の知識、認識論的な仕事における能力の証しといったこれらすべてのことは、ハーバーマスによって導かれた批判理論の第二世代の科学理論家になる素質を与えていたのである。

そのようにはならなかったこと、つまりヴェルマーが全く別の道を歩んだことは、彼の精神的な相貌全体にとって特徴的な、控えめな熟慮、つまり慎重さと注意深さという性質と結びついているかもしれない。(11) いずれにせよ、ヴェルマーは、教授資格取得論文のあと、トロントへの招聘を受け、彼の知的活動の場とその重心とをはっきりと変えた。つまり、最初に彼は、教育においても研究においても、ハーバーマスと彼自身とによってもたらされた批判理論の自己理解における変容を、それ自身の伝統の始原へと関係づけることを試みる。既に一九六九年に、つまり彼の教授資格取得論文の二年前に、ヴェルマーは、小さな本をズーアカンプ社から出版した。(12) そこでは彼は、マルクスという出発点と、同時代的な科学理論を横断して、社会的生産から社会的相互行為への規範的準拠点の変化から批判理論にとって生じたすべての帰結の要約をスケッチした。つまり、資本主義的近代（Moderne）の矛盾は、もはや第一には、政治経済の批判の形式においてではなく、現代科学を批判する道において分析されねばならなかったのである。なぜなら、現代科学の実証主義的自己了解は、加速する技術化と経済化の流れのなかでコミュニケーション的生活実践の理性の潜勢力が犠牲となった抑圧と否定の全容を非常にはっきりと映していたからである。当時大学で勉強を始めたばかりの私にとって、ヴェルマーがその小冊子で描いた考察は即座に、その頃フランクフルトにおいて認識論と科学論を巡って行われた大騒ぎすべての社会

(9) Albrecht Wellmer, »Terrorismus und Gesellschaftskritik« (1971), in: ders., *Endspiele: Die unversöhnliche Moderne*, Frankfurt/M. 1993, S. 279-305.
(10) Albrecht Wellmer, *Erklärung und Kausalität. Zur Kritik des Hempel-Oppenheim-Modells der Erklärung*, Unveröffentlichte Habilitationsschrift, Frankfurt/M. 1971.
(11) Zum »Gestus des Zögerns« bei Aibrecht Wellmer vgl. Christoph Menke, Martin Seel, »Vorwort«, in: dies. (Hg.), *Zur Verteidigung der Vernunft gegen ihre Leibhaber und Veriächter*, Frankfurt/M. 1993, S. 9ff.
(12) Arbrecht Wellmer, *Kritische Gesellschaftstheorie und Positivismus*, Frankfurt/M. 1969.

的・政治的な位置価を明らかとするための最適の手段だっただけではない。その考察は、若い学生である私には、ハーバーマスによってエネルギッシュに前進させられたコミュニケーション理論を、マルクスからホルクハイマーを経てアドルノに及ぶ批判的社会理論のより大きなコンテクストに関係づける最初で唯一の機会を提供したのである。

ヴェルマーが大西洋を越えた先で最初に目標として設定したのは、以前はハーバーマスとともに、そしてハーバーマスの下で獲得されたものをそのように解釈学的にコンテクスト化する課題、まさしく部外者にも理解できるように示すという課題だったにちがいない。つまり、最初はトロントの准教授として、それからほとんど四年の長きにわたってニューヨークの有名なニュー・スクール・オブ・ソーシャル・リサーチにおいて、生産からコミュニケーションへ、意識哲学から言語哲学へとパラダイム転換することによって批判理論に生じた政治的‐哲学的帰結を彫琢することに専念する。ヴェルマーは、私たちが解放的希望を置きうる、解放する理性に関する潜勢力を、社会的労働の過程のなかにではなく言語的な間主体性の構造のなかに基づけることを、言語分析の助けを借りて示すことによって、出版物やセミナールにおいて、広く普及した正統派マルクス主義に対抗しようとした。その頃、彼が英語で書いた論文「コミュニケーションと解放」[13]は全世代に持続的な影響を持っていた。その論文は、初めて批判理論の言語分析的転回を概念化にもたらしえたものである。彼のセミナールもまた伝説的であり、そこでは彼はニュー・スクールで才能のあり非常にやる気のある教師として、新しいアプローチの精神的根本に親しませるために学生たちを次々と集め――このようにしてほとんど知らず知らずのうちに非常に活力のあるサークルの形成に貢献した。このサークルでは今日では、アンドリュー・アラート、ジーン・コーエン、ジョエル・ホワイトブックのような政治学者と哲学者とが、批判理論を継続する北アメリカ的変形に従事している。

しかし総じてこの時代には、知的には本当に制止された何か、抑制された何かが備わっており、それは以前のアルブレト・ヴェルマーの精神の明らかなエネルギーと創造性との強い対照をなしている。もう既に成し遂げたことに対して満足するには早すぎたので、彼は、自分の哲学的関心をどの方向に向けるべきか、どの地平に新しいアプローチを進めるべきか、で躊躇しているように見える。彼がドイツ連邦共和国に、一九七四年にコンスタンツ大学の教授を引き受けて帰ったときも、明らかにそのことは変わらなかった。ここでもまた彼は熱心で広い影響力を持つ教育活動をすばやく展開し、政治的 - 知的に非常に活躍し、多くの美学的議論や哲学的議論に参加することになる——彼自身の発展が取るべき方向だけが、外部から見る者にはよく分からなかった。しかし私たちは、今日から振り返れば、この長い、確かに議論が活発で教育的には実り多いが、しかしまた不思議と未決定な期間は、一種の精神的な充電期間だったことが分かる。この期間にヴェルマーの精神的内部空間において扱いにくい考えにこびりつき、彼が思想的に明らかに何年も取り組んだものとは、彼がそれまで決然と支持していたコミュニケーション的理性の構想における、理論的な逆鉤（Widerhaken）と緊張なのである。

(13) Arbrecht Wellmer, »Communication and Emancipation. Reflections on the Linguistic Turn in Critical Theory«, in: John O'Neill (Hg.), *On Critical Theory*, New Hork, 1976, S. 231-263; 改訂されたドイツ版 : Urs Jaeggi, Axel Honneth (Hg.), *Theorien des Historischen Materialismus*, Frankfurt/M. 1977, S. 465- 500.

ヴェルマーが批判理論のコミュニケーション理論的アプローチに対抗して徐々に、そしてただ躊躇しながら主張する考察の入り口とするのは、まず第一に美学である。彼をアドルノの活動の地フランクフルトに辿りつかせたのがもともと美学的な音楽的な関心であったにも関わらず、彼は哲学的発展のなかでそれまでほとんど芸術というテーマを追求してこなかった。彼はコンスタンツ大学における教授として最初に、自分の言語分析に関する能力を美学の領域に対しても生産的なものとすることで始める――この新たな努力の成果は、彼の教え子たちが美学に関する重要な成果を持って哲学的な活動の場に踏み出すことによってたちまちのうちに現れる。[14]ヴェルマーは、アドルノの『美学理論』の合理論的新解釈の途上で、コミュニケーション的了解と美的経験の関係を吟味する試みを企てる。[15]その際彼が突き当たったのは、その内包が彼の思考において最初のうちは全く徐々に破壊的な力で展開していく現象である。つまり、芸術が仲介する真理は、言語語用論的に、経験的真理、規範的正当性、主観的誠実さという三つの妥当領域の間の、日常的発話において企てられる区別に簡単にはあてはまらないのである。[16]むしろ美学的真理は、解釈、感情、評価が固有の仕方で混ざりあう個人的見方の吟味や修正を引き起こすことによって、これら三つの観点の間で一種の干渉を創り出すように見える。芸術作品の認知的作用――その真理能力と言うこともできよう――は、合理的了解の差異化された枠組みのなかでけっして適切には把握されえない。というのも、芸術作品の認知的作用は、三つのすべての妥当観点に基づいて総合を形成するので、討議的発話のなかで理性的な態度決定にある程度先だつ主体的立場や世界観に関係するからである。しかし、そうすることによって間主体的発話と芸術との間の重心は、コミュニケーション的了解と美学的経験との間の重心へとずれる。つまり、討議は、芸術を単にその妥当観点の一つとして含みこむ代わりに、むしろ外側から芸術を必要とするのである。なぜなら、討議は、十分表現され解放された世界観という前提を、芸術におっているからである。注意深くヴェルマーは、理性は芸術の照らし出す力に依拠していると言う。つまり、「美的経験とその破壊する潜勢力がなければ、私たちの道徳的討議は盲目的であり、私たちの世界の解釈は空虚であったにちがいないだろう[17]」。

しかし、ここでまだハーバーマスのコミュニケーション理論の建築術の内部のただ最小限のずれのように響くものによって、やがてヴェルマーは広範囲でますます先鋭化する帰結に既に至らざるをえなくなる。企図された分析からアドルノに関係して最初に生じるのは、アドルノの助けによって開示された、芸術の真理の潜勢力は、現代の美的潮流においてのみ根拠づけられるのではない、ということである。というのも、芸術の認識のはたらきが、私たちの自己関係と世界関係とを開きうることにおいて発揮されるならば、芸術の発展は、アドルノがその言葉にしていない伝統主義によって決めつけた状態をはる

(14) Vgl. Martin Seel, *Die Kunst der Entzweiung. Zum Begriff der ästhetischen Rationalität*, Frankfurt/M. 1985; Christoph Menke, *Die Souveränität der Kunst. Ästhetische Erfahrung nach Adorno und Derrida*, Frankfurt/M. 1991.

(15) Albrecht Wellmer, »Wahrheit, Schein, Versöhnung. Adornos ästhetische Rettung der Modernität«, in: ders., *Zur Dialektik von Moderne und Postmoderne*, Frankfurt/M. 1985, S. 9-47; 以下が初出：Ludwig von Friedeburg, Jürgen Habermas (Hg.), *Adorno-Konferenz 1983*, Frankfurt/M. 1983, S. 138-176.

(16) これら三つの妥当要求の区別に関しては以下を参照。Jürgen Habermas, »Was heißt Universalpragmatik?« (1976), in: ders., *Vorstudien und Ergänzungen zur Theorie des kommunikativen Handelns*, Frankfurt/M. 1984, S. 353-440.

(17) Albrecht Wellmer, »Wahrheit, Schein, Versöhnung. Adornos ästhetische Rettung der Modernität«, a. a. O., S. 43.

かに超えるものとして想像可能である。ヴェルマーにとっては、アドルノが生涯にわたって固持した、ジャズに対する厳格な批判ですら、単に文化的に形作られた偏見が意図せずにこの美学的分析に入り込んだ結果だった。これらのことが棚上げされたり断念されるとしても、直ちに明らかであるのは、よりポピュラーな芸術形式が、いやむしろ公衆が美的に参入することすらも、アドルノが成功した芸術作品の認識のはたらきとして考察した、私たちの自己関係と世界関係を拡張する作用をなしうることである。この種の考察は、アドルノの美学を最初に研究して以来、アルブレヒト・ヴェルマーの全著作に見られる。この考察は今日では、ベンヤミンの比較できないくらいほど強い確信に満ちた美学を、アドルノに抗して遡及してもう一度持ち出す驚くべき試み[18]に到達する。すなわち、このベンヤミンの美学は、映画やラジオという、枠から解放された新たな芸術形式によって、私たちの世界関係が柔軟にされ知性的なものとされるような機会が与えられることを期待するものなのである[19]。

しかし、彼の仕事のその後の展開にとって、ヴェルマーがベンヤミンの助けを借りてアドルノに対して企てた修正よりも重要であるのは、彼が年月が経つうちにアドルノに立ち返る形でコミュニケーション的理性の統合力に抗して発展させ始めた考察である。一九九〇年まで続くことになるベルリン自由大学の教授職への転出によって、この賞の受賞者であるヴェルマーは明らかに、自分の理論的過去からそのように解放する歩みをなすことを可能にする知的環境に初めて置かれた。かつてニューヨークが彼が定期的にそこに帰るかつての活動場所であったように、ベルリンは、私が最初に述べた彼の思考の脱個人化を促進したかもしれない文化的活力とエネルギーを持っている。ヴェルマーは、コンスタンツにおいて始めたこと、つまりコミュニケーション的合理性をそれから逃れた美的経験によって制限することを、いかなる場合でもベルリンにおいてラディカリズムを増しながら前進させる。立て続けに出された一連の論文、エッセイ、講演は、批判理論の歴史がもたらした最良のものに属している。[20] 今ではヴェルマーがその内部で自分自身の立場を展開する理論地平は、批判的思考のドイツ的伝統とアングロサクソンの言語分析とに規定されているだけではない。今やむしろ彼は、その間に生じた懐疑に補足的な活力を与えるフランスの脱構築主義を、彼の議論にますます関係づけるのである。[21]

ヴェルマーがコミュニケーション的理性の和解する力に対して始められた疑問視を促進するには、対立する二つの方向がある。一方で彼は、美的研究を進展させるなかで、直ちに現代芸術を輪郭づける解釈を、個人的自由を規定することに対して有益であるとするような試みを企てる。[22] 彼にこの稀有な歩みをもたらした考察は、彼が美的経験の認知内容を解明することから生じている。つまり、主体が現代芸術の作品に面して自分の自己関係と世界関係との解放に到達しうるならば、主体はそのような経験をそもそもなしうるために、自由に関してどんな社会的前提を持たねばならないか、が問われねばならない

---

(18) Albrecht Wellmer, »Über Negativität und Autonomie der Kunst. Die Aktualität von Adornos Ästhetik und Flecken seiner Musikphilosophie«, in: Axel Honneth (Hg.), *Dialektik der Freiheit. Frankfurter Adorno-Konferenz 2003*, Frankfurt/M. 2005, S. 237-278.

(19) Vgl. Walter Benjamin, »Das Kunstwerk im Zeitalter seiner technischen Reproduzierbarkeit«, in: ders., *Gesammelte Schriften*, Bd. I.2. Frankfurt/M. 1974, S. 431-508〔「複製技術の時代における芸術作品」、『ボードレール　他五篇――ベンヤミンの仕事２』野村修編訳、岩波文庫、一九九四年、五九―一二二頁〕.

(20) Albrecht Wellmer, *Endspiel: Die unversöhnliche Moderne. Essays und Vorträge*, Frankfurt/M. 1993.

(21) Vgl. etwa Albrecht Wellmer, »Hermeneutische Reflexion und ›dekonstruktive‹ Radikalisierung. Kommentar zu Emil Angehrn«, Andrea Kern, Christoph Menke (Hg.), *Philosophie der Dekonstruktion*, Frankfurt/M. 2002, S. 200-215.

(22) Albrecht Wellmer, »Freiheitsmodelle in der modernen Welt« (1989), in: ders., *Endspiel: Die unversöhnliche Moderne*, a. a. O., S. 15-53.

のである。それゆえ、個人的自由を規定することは、もはや道徳的主体性という指導理念においてではなく、美的主体性という観点の下で展開される。すなわち、今や問題となるのは、個体的諸主体の権利と自由との範囲が、彼らが現代芸術の名宛人として十分意味を持って考えられるためには、いかに測られねばならないか、である。近代的自由の理念をこのように美的に先鋭化することこそが、ヴェルマーを、個人の自律を間主体的討議へ参加することの前で始めさせるという結論に至らせるものである。つまり各々の主体は、自由民主主義的社会という条件の下で、主体に「完全に合理的であるわけではない」権利を与える「否定的自由の空間」[23]を持つことができねばならないのである。というのも、付け加えれば、そのような法的に保障された、無分別への自由がなければ、各々の主体は、現代芸術が与えるエキセントリックな、むしろ自我中心的で無責任な自己吟味の経験へと開かれた機会を持たなくなるだろうからである。

しかしヴェルマーはこれらの一連の思考によって、個人的な自由への権利をコミュニケーション的了解の諸条件の手前にあるものとしてある程度置き直しただけではない。同時にまた、そうすることによって、コミュニケーション的了解自身が、美的主体性との解決できない廃棄できない緊張関係に歩み入るのであり、この美的主体性の持つ解放的な逸脱的な経験のおかげでコミュニケーション的了解は常なる刷新を行いうるのである。したがってコミュニケーション的理性は、一方では、その意のままにできず美的に刺激された主体という限界に突き当たるのであり、他方では、政治権力という限界に突き当たるのである。ヴェルマーは最近、対話的了解を遮断するものを、美学の方向性においてだけではなく政治的なものの領域の方向性においても探求する。[24]ヴェルマーは、デリダからは刺激されるがカール・シュミットからは可能な限り距離を取って、近代という張り切った弓のほかの極〔政治〕において、間主体的理性の合理化する力が及ばないとされる第二の頑強な審級に出会う。つまり、どんなに強制がなくどんなに支配から自由であろうとも、対話的意思形成のあらゆる過程において、参加者のコミュニケーション的に熟考され基礎づけられる信念が、拘束力のある決定へと転換されねばならない瞬間があるのである。ヴェルマーによれば、基礎づけることが法的‐政治的行為へと変形するそのような時点において、権力定立の行為遂行的な性格を内在させる決定という避けがたい契機がすべての討議において威力を発揮する。つまり、「どんなに固定的な時点に遡ろうとも、そのような点すべてにおいて――たとえ憲法制定会議の創設行為であろうと――法を創っている決定という契機が、繰り返し立ち現れるのである。この決定は、この決定を正当化する合意を待つことができなかったし、暴力的な裁可の正当化の可能性ともまた結びついている」[25]。ヴェルマーは、美学の内部でアドルノに対してそうしたようにここでもまた、ハーバーマスに対しても後付け的にヴァルター・ベンヤミンの見解を用いる。つまり、フランクフルト学派のこの天衣無縫の代表者が既に確信していたように、対話の和解する力へのどんな希望の下でも私たちが忘れてならないのは、人間相互間のすべての承認関係には、基礎づけられていない権力の契機が侵入すること、すべての民主的意思形成は法制定する決定の時点につねに再び行き当たることである[26]。ヴェルマーが言いたいのは、コミュニケーション的権力が、近代の民主主義的な立憲国家

(23) Ebd., S. 39.
(24) Albrecht Wellmer, *Revolution und Interpretation. Demokratie ohne Letztbegründung (Spinoza-Lectures)*, Assen 1998.
(25) Ebd., S. 25f.

においてすら、基礎づけられない決定という必然的契機によって制限されているのだ、ということである。しかし私たちの受賞者は、ベンヤミンが完全に危険がないとは言えない反省に結び付けたメシア的期待に、我を忘れることはない。すなわち、彼は、間主体的了解が持ちうる限界に対する一切の感受性とともに、この了解に疎遠な意のままにできないすべての要素は、理性のコミュニケーション的形成の流れへと戻されねばならないと、一切動じることなく頑なに考えていた。

確かにそのような逆流を考えうるためには、つまり美的主体性と政治的決定という討議を限界づける二つの権力を討議的意思形成の一つの理性にもう一度なおも関係づけうるためには、ヴェルマーは、今までの思考の流れにある程度逆らう第三のさらなる歩みをなさねばならないのである。つまり、ヴェルマーにとっては、近代のプロジェクトの原動力をなす民主的討議の過程を、基本権として保障された手続きとしてのみならず、全生活形式の総体としても考えられえねばならない。というのも、民主主義の方法が同時にまたすべての市民たちの日常的な態度と実践に具体化されているならば、つまりコミュニケーション的理性が相互人間的な交流形式になっているならば、美的に解放された主体や政治的決定の担い手たちも明らかに自分たちが民主主義的合意に結びついていることを心得ていることだろう。ヴェルマーは、この決定的な論点において、以前には討議的合理性に承認していた統合力の不足を、習慣化、つまり理性的手続きの日常化の考えによって後付け的に補おうとする。つまり、コミュニケーション的理性が自分自身の力で貫徹できないもの、すなわち美的生活実践と、政治と法においてつねに避けられない決定とは、しかし結局、この理性の潜勢力が社会構成員の道徳と習慣とに転換する壁によってでも取り囲まれているのである。ヴェルマーは、民主的に反省される生活形式というそのような倫理的構想を企てるために必要な理論的媒体を、ヘーゲルの『法哲学』から借りてくる。彼はおそらく、「人倫」というこの埃にまみれた概念を、高度に現代的な社会関係に対して再び実り豊かなものとする試みを企てた最初の者の一人だった。[27] その試みによれば、「民主的人倫」とは、市民たちが、彼らが理性的な論拠だけからでは確信を持てない場合にも、習慣と心情から民主的原則を志向しうるだろう生活形式のことなのである。つまり、彼らの美的な生活実践と彼らの政治的な決定行為、すなわちヴェルマーがコミュニケーション的理性の限界とした二つの極は、近代の民主的プロジェクトに役立つ方向性を持っているとされるのである。[28]

これらの考察をもってしても、おそらく、今日私たちの生活世界のさらなる合理化の機会と限界について持続的になされる討議において、結論となる言葉が語られているわけではない。例えば既に生じている問題とは、カントが多くの歴史哲学的論文において描いたように、連帯の反省的態度を拡大することが、理性そのもののなすことではありえないのではないか、ということである。——もしそうであるのなら、民主的人倫を補足することは、外からコミュニケーション的合理性を助けるのではなく、現実

(26) Walter Benjamin, »Zur Kritik der Gewalt«, in: ders., *Gesammelte Schriften*, Band II.1, Frankfurt/M. 1977, S. 179-203〔「暴力批判論」、『暴力批判論　他十篇——ベンヤミンの仕事1』野村修編訳、岩波文庫、一九九四年、二七―六五頁〕.

(27) Albrecht Wellmer, »Bedingungen einer demokratischen Kultur. Zur Debatte zwischen ›Liberalen‹ und ›Kommunitaristen‹« (1992), in: ders., *Endspiel: Die unversöhnliche Moderne*, a. a. O., S. 54-80.

(28) 以前名前を挙げた論文のほかに、以下のテクストも民主的人倫の諸条件についての示唆を含んでいる。Albrecht Wellmer, »Bedeutet das Ende des ›realen Sozialismus‹ auch das Ende des Marxschen Humanismus? Zwölf Thesen« (1990), in: ders., *Endspiel: Die unversöhnliche Moderne*, a. a. O., S. 89-94; »Kunst und industrielle Produktion. Zur Dialektik von Moderne und Postmoderne«, in: ders., *Zur Dialektik von Moderne und Postmoderne*, a. a. O., S. 115-134.

化するという自分自身の傾向から生じることになるだろう。しかし私がアルブレヒト・ヴェルマーを知る限り、また私が、彼は公的な貢献と評価の決められることに対してますます無頓着になっていったと述べたように、ヴェルマーはそのような結論となる言葉にも少しも関心を持っていない。私はヴェルマー以上に、よりオープンに勇敢に、さらに同時に先入観に捉われずに意欲的に、私たちの解放的な希望と憧れの合理的諸条件を、今日自由に用いることができる可能性について議論しようとする哲学者を知らない。私が示したかったのは、アルブレヒト・ヴェルマーの思考のなかで統一されるのが困難なこの性質が強まれば強まるほど、彼はコミュニケーション的理性における非同一的なものに対する感受性、つまりコミュニケーション的理性が概念的に意のままにできないものに対する感受性をますます豊かにしていったということである。アドルノ、ベンヤミン、そしてハーバーマスの間の地下で隠された対話が未だ決着が付いていないこと、つまり批判理論の歴史もまた未だ完結していないことを私たちの前で示して見せたことは、この印象深い、つねに先鋭化し続ける思想運動が果たしたけっして小さいとは言えない功績なのである。

補　遺　認識手段としての奇想[訳注1]
——規格化された知識人の時代における社会批判

マイケル・ウォルツァーは、「勇気、共感、そして優れた眼識（Mut, Mitleid und ein gutes Auge）」という示唆に富んだタイトルをもつ論考のなかで、社会批判のための諸条件に関する論争を徳倫理学の軌道に進路を迂回させることにエネルギーを注いだ。[1] こうした方向転換を基礎づける論拠は、一見したところ説

〔訳注1〕　原題にある Idiosynkrasie とは考え、態度、好みが「特異」であることを意味し、「特異体質」（医学）、「病的嫌悪」（心理学）という意味でも使用される。本論考では、副題にある標準化＝規格化された知識人（normalisierte Intellektuellen）に対置される社会批判の在り方を表現する概念として使用されていることから「奇想」と訳す。またこの語は文脈は全く異なるが、『啓蒙の弁証法』の「V　反ユダヤ主義の諸要素——啓蒙の限界」にも登場し、訳者の徳永恂氏の解説が付記されている（『啓蒙の弁証法——哲学的断章』徳永恂訳、岩波書店、二〇〇七年、三六六頁）。

（1）　Michael Walzer, »Mut, Mitleid und ein gutes Auge. Tugenden der Sozialkritik und der Nutzen von Gesellschaftstheorie«, in: *Deutsche Zeitschrift für Philosophie*, 48 (2000), H. 5, S. 709-718.

得的でもあり、かつ時代に合っているという印象を与える。社会の理論は、社会批判が成功するための十分条件でもなければ必要条件でもないので、社会批判の質も理論内容の質の高さを第一義的な基準として測られるのではない。批判者自身の性格だけを優先的な基準として測定されるのである。ウォルツァーが言っていることだが、彼ら社会批判者は勇気（Mut）を持つことができねばならないし、共感＝共苦（Mitleid）する能力を育んでいなければならない、そして最後に正しい判断力（Augenmaß）を行使しなければならない。こうした結論を説得力のあるものだと感じさせるものは、以下の事情、すなわち説得力あるいは社会批判の実践的な効果が、投入された理論の数量だけから生まれることはほとんどなく、むしろ理論の中心的な問題関心から自然に湧き上がる理解しやすさから生まれる、という事情である。社会批判者の徳へ向かうこのような転換が、時代に合っているという印象を与える。なぜならば、それは広範囲に及ぶ社会学的な知識の無価値化を助長し、知的なコンテクストを個人化する傾向に適うからである。しかし、それにも関わらず驚くべきことに、ウォルツァーはごく当たり前のように、現代の知識人も依然として社会批判の生まれながらの代理執行者（Statthalter）と見なしているように思われる。そのうえ、おそらくはエミール・ゾラのような人物像のなかに生き生きと思い浮かべられるような勇敢な啓蒙主義者について論じているわけではない。むしろ、話題にされるのは一般化を行う論拠を掲げて民主的公共圏における論争に当たり前のように参加するもっともよく見かけるタイプの著者である。こうした規格化された（normalisiert）知識人、すなわち公的な世論形成の空間における知的エージェントは、実際今日においてもかつて「社会批判」とよばれたもののありのままの代表者なのだろうか。本論考ではまず、時代を画する画期的な知識人の形態変化が解明されるべきである。そして次の段階として、ウォルツァーによって見出されたものとは全く異なる社会批判者の肖像が描き出される。

I

シュンペーターの「知識人の社会学」という余論に含まれる二つの幅広い予測のなかで[2]、そのうちの一つはこの間に十分に現実化したが、もう一つのほうは強く否定された。シュンペーターは、鋭い観察眼をもって教養の拡大とメディア部門の拡張の結果、知識人の数が次の世紀では劇的に増大するだろうと予言した。そしてこうした傾向予測は、次の時代の発展によって全般的に正しいことが証明された。その結果、私たちは今日、国家社会主義によって遅れが生じたにも関わらず、連邦共和国においても知識人の役割の規格化（Normalisierung）について議論することができる。論証という方法によって、共通の利害に関わる問題が争われる政治的公共圏が成功裏に制度化された結果、それぞれの専門的な資格を利用しながら反省的に公的な主題の本質を見抜き、考察を加える活動に関わるタイプの著述家の数が倍増した。新聞紙面において、ラジオ番組やテレビ番組のなかで、そしてインターネット上で、ますます多くの知識人たちが、ますます多くの事実問題に関する啓蒙的な意見形成に関わっているのである。それゆえ、文芸欄で愚かしくも繰り返される知識人消滅に関する論議も、正当化される余地など全くない。今日ほどさまざまな観点から、公に認知された主題に関する専門的知識によって、討議が活発にそして

（2） Joseph A. Schumpeter, *Kapitalismus, Sozialismus und Demokratie*, Tübingen/Basel 1993, 7. Auflage, 13. Kap. II (Die Soziologie des Intellektuellen), S. 235-251〔『資本主義、社会主義、民主主義』（I）大野一訳、日経BP社、二三〇―二五〇頁〕.

生き生きと進められる時代は存在しないのである。何でも屋が取るお決まりの態度でその日一日の主要な問題について立場を表明する人材がリクルートされる職域は、少なくとも以下の四つである。その最前線に位置するのは、メディア産業それ自身である。公的な需要という圧力の下で、道徳的・政治的に重要な諸問題に対する幅広い能力を有する、ますます多くの著述家やジャーナリストが職についている。それに加えて、アカデミックな専門的知識が必要とされるテーマ別に特化された委員会や専門的な審議会の数が増え、公のメディアに登場することに対して大学教授の間に伝統的に存在していた箍が外れた。その結果、今日では大学がますますメディアに露出する知識人をリクルートする場所となりつつある。また公論の形成に対する知識人の貢献を培うもう一つの職域を形成するのが、最近十年の間に大規模な拡張を経験した政党、教会、労働組合が有する学術的機関である。そして最後に考慮するべきは、職に就けない一群の大学卒業者たち（Akademiker）である。彼らは不安定な就労契約を頼りに、定期的に巨大なメディア複合企業やメディア施設に対する下請け的な仕事を行い、それを通して同様に公的な見解を知的に生産する活動に関わっているのである。それとは逆に、ばらばらに活動する物書きや芸術家が時折知的な社会参加によって注目を集めるが、彼らが一つにまとまった職域を形成することはない。というのも、彼ら物書きや芸術家には職域形成のために職業集団に固有の職業的社会化というものが欠落しているからである。

社会的拡大という趨勢の下で、知識人の役割の規格化という事態は、当然のことながら量的な意味だけでなく、質的な意味においても生じている。今日、文芸欄や教養番組の放送時間そしてパソコンの画面を埋め尽くしている知識人のさまざまな見解は、政治的意見の拡がり全体から流れ出てくる。そして、かつて知識人のなかに精神の政治化や市民の忠誠心の「崩壊」をも予想した保守的な思想家や著述家でさえ、この間に民主的公共圏のルールに同調し、論拠として自分たちの意見や信念を活字メディアや映像メディアという制度化されたチャンネルに送り込むに至ったのである。しかしそれゆえ、シュンペーターが「知識人の社会学」のなかで行った第二の予測は完全にはずれたままになっている。というのも、彼は不確実で危険にさらされた職業上の地位が、もしかすると累積的に資本主義批判の動機を強化するかもしれないという理由から、知識人層の拡大だけではなく、彼らが社会的に過激化するということも予言したのだった(3)。今日ではおそらく誇張なしに、過去十年の間に反対のことが起こったと言えるだろう。すなわち、内部にある水門の作用によりメディアのなかで論じられうる数少ないテーマに注意をむけ直させる公共圏の特殊な機能によって、ますます数を増やしつつある知識人はみな、日々の政治に関連する問題にだけ取り組むようになる。公に受け入れられた問題説明の背後にまわって問題の前提を問い直し、そうした問題説明の構造化の過程それ自体を見通そうとする批判形式の社会的な蓄積が、もはや知識人層のなかには見られなくなっているのである。

むろん、もしこうした傾向のなかに嘆き悲しむべきものしか見出さないとすれば、それは軽率であろう。むしろ、民主的公共圏が成功裏に打ち立てられるプロセスとして説明されうる成果の文化的副産物こそ重要であるように思われるからである。そうした公共圏の活力は、そこに客観的に一般化されたさまざまな信条が殺到すればするほど強くなり、市民はこれらの一般化された信条の下で、自らのいまだ啓蒙されていない意見を再認識することができ、その結果、追加的に提供される情報や視点の助けを得て、脱中心化され比較考量された見解を形成する。したがって、公共圏に提供されるこうした啓蒙的機

(3) Ebd., S. 247f.

能を担わねばならない論拠や見解は、ただそれらの構造に即して一般化の能力を備える必要があるだけでなく、全体として可能な限り私的意見の全体的な広がりを写し取ることができなければならないのである。その限りにおいて、私たちが今日広く観察する知識人の規格化はほかでもない、民主的公共圏の強化がもたらす文化的随伴現象となる。中絶であれ、軍事的介入であれ、年金改革であれ、政治的に意味のあるテーマの設定に際し、知識人の見解の影響を受けて新しく生み出され、民主的な意思形成のプロセスに流れ込む個人の見解が明確な形を取るのである。しかし、「知性」と社会批判の間にかつて存在した密接な絡まり合いはこうした発展傾向とともに崩壊してしまった。公的に表明される言説の背後を問うことが知識人に期待されなくなるとともに、知識人の論争の場に社会批判の居場所もなくなった。マイケル・ウォルツァーの誤りは、規格化された知識人を描き出すためにしか役に立たない徳を社会批判の第一の仕事に持ち込んだことにある。

II

ウォルツァーは成功した社会批判の諸条件の概要を描こうとしているが、その手助けとなる人格特性や徳は、明らかに二〇世紀前半に属する主要な知識人によって獲得されたものである[4]。たいていの場合、これらの知識人は言論の自由の法的保障という観点から見て、現在西洋の民主主義社会に行き渡っているリベラルな環境からほど遠い体制をもつ政治的公共圏で活動しなければならなかった。したがって、当時は身体と生命に対するリスクを背負う個人的な心構えが要求されたものと考えられる。となれば、この種の態度要求が今日の西洋知識人に向けられることはない。それゆえ、すでにダーレンドルフが返答のなかで述べているように、[5] 勇気は今日少なくとも私たちの時代状況のなかで、それによって知識人の徳が意味あるものと理解されうるような特性ではまったくないない。イニャツィオ・シローネは、全体主義体制下のイタリアにおいて反体制作家としてムッソリーニを相手に自らの主張に耳を傾けさせねばならなかった。彼の置かれた状況は、たとえば今日合衆国において死刑制度に反対して声をあげようとする人がいたとして、そうした人の状況とはいかなる点においても比べることはできない。それに対し、ウォルツァーが自らのリストのなかで挙げているその他の二つの徳〔共感＝共苦と優れた眼識〕は、なるほど社会批判者ではなく、現在の知識人を特徴づけるはずの態度傾向に対する有益なヒントとして十分理解しうる。すなわち必要とされるのは、公の場で十分認知されていない利害や信念の有効性を民主的な意思形成プロセスのなかで持続的に保たせるために、自己と抑圧されたグループの社会的な苦悩を同一化させる能力、そして政治的に実現可能なものに対する知覚能力なのである。むしろほかでもない、今日まさにこれら二つの特性が、一方の一般的によく目にする知識人と、高い熟練性だけをもってレトリックに富んだ空想なしに、専門性と結びついた主題や利害を巧みに一般化するという使命を遂行する無数の人びととを区別するのかもしれない。しかし、事態を解明する社会批判、あまつさえ成果をあげた社会批判の諸条件は、これらすべてとほとんど関係がない。なぜならば、言うまでもなく、公の討論におけるさまざまな見解を受容する諸条件を決定する文化的あるいは社会的諸装置（Dispositive）が改めて疑問に付されることがないからである。

（4） Vgl. Michael Walzer, *Zweifel und Einmischung. Gesellschaftskritik im 20. Jahrhundert*, Frankfurt/M. 1991.
（5） Ralf Dahrendorf, »Theorie ist wichtiger als Tugend«, in: *NZZ*, 2. 12. 2000, Nr. 282.

知識人が公的に自己の主張に耳を傾けてもらうために、手続き上の規則だけではなく、政治的公共圏の概念上の準則に従わなければならない一方、社会批判はまったく別の課題に直面している。ジークフリート・クラカウアーが七〇年前に知識人の活動の主要な関心として述べていたことがこれに該当する。すなわち、知識人の活動において「私たちのまわりにそして私たちの内部にあるあらゆる神話的な力を破壊[6]」せんとすることこそが重要だということである。このような神話をクラカウアーは別の箇所で「自然の力」を呼んでいるのだが、それは私たちの背後にあって、何が公に語りうるものと見なされるのか、あるいは語りえないものとされるのかを決定する概念上の諸前提すべてを意味している。それゆえ、概念によって描き出されるイメージあるいは装置（Dispositiv）というものについて議論したほうがよいのかもしれない。それは、私たちの固定化した描写によって、ある特定の過程がもはやそこから逃れられない一つの自然のように立ち現れてくるという意味において、私たちを閉じ込めるものである。今日、現代の知識人は自らの見解に素早く公衆からの同意を得たいのだから、この種の概念的枠組みの内部で行動しなければならない。とすれば、社会批判はそれとは反対に、すべてを賭して使い古された枠組みを巧みに骨抜きにし、その無力化を試みなければならない。そのとき社会批判を導いている関心は、今日の知識人の活動に含まれているものとは原理的に異なっている。こうした今日の知識人の場合、民主的公共圏で受け入れられた記述システムの内部で公衆の利害に属する見方を訂正することが大事なのだが、社会批判の場合、そうした記述システムそれ自体の前提を問うことこそ重要となる。知識人の役割が規格化されることによって、知識人はいわば彼らを政治的意思形成が行われる討論の場における知的代理人にするような立場の変化を強いられ、もはやそれに追加して社会批判という課題を認知することがまったく不可能になっている。なぜならば、もし万一、こうしたことを実行するとなると、公に共有されたさまざまな自己理解の地平から抜け出すことが要求されることになるが、その地平こそ、今日知識人にとって自分自身の活動の究極的な準拠点となっているからである。こうした内的な変異の結果、マイケル・ウォルツァーの診断は挫折する。というのもウォルツァーの診断は、社会批判が決定的に知識人から切り離されたのちに、社会批判にとって本質的なものとなっている態度傾向を規定することにまったく適していないからである。

Ⅲ

ずっと以前から、アウトサイダーであるという契機が社会批判のための精神的な源泉であった。今日に至っても、政治的迫害によって亡命を強いられるか、あるいは文化的孤立によって母国の辺境地へと追いやられるか、そうしたことによって、もっとも重要な役割を果たした社会の批判者たちは、社会的に慣れ親しまれた解釈モデルに対するある程度の距離を取りうる位置を手にする場合が多かった――ルソーは虚栄の市（Jahrmarkt der Eitelkeiten）に嫌気がさして背を向けたし、マルクスは政治的追放者という根無し草の生活をかろうじて続け、クラカウアーは身体的なコンプレックスをもっていると陰口され、マルクーゼはユダヤ人としてほかの多くの人びとと同じく文化的マイノリティに属した。これらのどのケースにおいても、それぞれの周辺的な地位は、現在の討議においてせいぜい「内」と「外」の区別し

（6） Siegfried Kracauer, »Minimalforderung an die Intellektuellen«, in: ders., *Schriften*, Bd. 5.2, Frankfurt/M. 1990, S. 352-356, hier: S. 353.

かなされない、簡単な地形図のなかでその位置が与えられているのではけっしてない。彼らのような社会批判者たちは、単に外的なパースペクティヴを持たざるをえなかったほど、自分自身の社会的な出自文化から疎外されていたわけでもないし、単に内的な批判のパースペクティヴに甘んじるほど、出自文化に対して十分信頼と忠誠心を抱いたわけでもない。ここでもし仮に地形図的イメージが役に立ちうるとすれば、「内なる外国」というイメージがいちばん手っ取り早い。そうして〔内なる外国という〕この場面から、つまり内部にあって外部へと転移されたパースペクティヴから、彼ら社会批判者たちはいっそう距離を保ちながら、自分自身の出自文化のなかにまるで第二の自然のように拡大していった実践と信念の総体を観察したのである。全貌をつかみえないほど数多く存在する公的な意見表明や出来事のなかで、一貫した装置（Dispositiv）の標準型を見極めうる状況に彼らを置いたのは、このような周辺的な地位なのである。しかし、社会のさまざまな自己理解に対する成功した批判にとって必要となる情熱、慎重さ、エネルギーを彼らの仕事に傾けることを可能にしたのは、自分自身の出自文化との間に残された結びつきだけであった。社会批判の二つの特徴が、全般的に疎外された社会的生活世界と結びついたパースペクティヴから社会批判がなされるという事情から生じる。

社会批判には、普遍化可能な規範をいつも参照しながらも、つねに公的に意味のある特殊なテーマを掲げる現代の知識人の活動とは異なり、つねに全体論的な特徴がある。すなわち、前提の追求が行われる対象は、ある特定の事実問題の支配的な解釈、互いに異なるさまざまな意見に対する公衆の無知、あるいは意思決定を行うための材料の選択的認知ではなく、むしろ、これらすべての意思決定過程が全般的に実現される社会的・文化的な諸条件の連鎖なのである。ここで「全体論」と呼んでいるものにとって、近代的主体の自己準拠性に対してルソーが行った批判が、アドルノとホルクハイマーの文化産業テーゼ同様、適切な事例である。すなわち、それぞれの著作のなかで批判されているのは個々の出来事でも、個別の間違った意思決定でも、限定的な不公正でもなく、むしろ社会領域全体の体制がもつ構造上の諸特性なのである。社会批判を駆り立てているのは、公の意思決定の土台に擬似自然的な諸条件として存在する制度的な仕組みやニーズの解釈それ自体が大いに疑わしいという印象である。それゆえ、社会批判は自明のように思われるこうした前提条件から、前提条件それ自体を問題化するに適したイメージを生み出すことにすべてを投入する必要がある。諸条件の全連鎖から距離を取ろうとする試みから、社会批判の第二の特徴が生まれる。社会批判は知識人による介入と異なり、さまざまな点で説明的な性格をもつ理論の使用に構造的に頼らざるを得ないということなのである。

マイケル・ウォルツァーが誤って社会批判の課題に関して主張したことが、今日では知識人の活動に該当するかもしれない。支配的な解釈を正す、あるいは新しい視座を宣伝するという目的をもって政治的公共圏に介入することは、理論の説明内容に頼らざるを得ないだけでなく、それら説明内容から軽い否定的影響も被る。というのも、社会学的あるいは歴史的説明に費やされるものが大きくなればなるほど、政治的・実践的に必要なものをその名宛人と同時に見失ってしまう危険性も高まるからである。その結果、現代の知識人が説明的な理論に対し、ある種の禁欲的な態度をとらねばならないとすれば、それに対して社会批判は以前からそうした理論に強く依存している。というのも、なぜ慣れ親しんだ実践と信念が全体として疑問に付されなければならないのか、その理由を説明できるようにするために、社会批判は装置（Dispositiv）の誕生が個々の意図された状況と行為の連鎖から生じる意図せざる結果として理解されるような理論的説明を提供しなければならないからである。たとえ理論的内容が互いに異なっていても、またその都度動員される説明が方法論的に多様な形態をとっていても、社会批判内部における理論内容の課題はいかなる場合でも同一である。すなわち、制度の全体性あるいは私たちが日々実践している生活様式は、個々の構成要素において完全に理解されうる発展過程の単なる因果的な帰結であるという理由ではもはや承認されえない、ということが示されるのである。こうした共通の機能から、社会批判のなかで使用されるあらゆる理論に共通する特徴も明らかにされる。理論は、方法におけるあらゆる違いにも関わらず、次のようなメカニズムに説明を与えなければならない。そのメカニズムとは、私たちの深層に横たわる願望や意図とは矛盾する実践モデル、つまり欲求のパターンあるいは態度の症候群といったものが、制度的な行為実践のなかに貫徹することを歴史的あるいは社会的に可能にしてきたメカニズムである。こうした説明に対し、批判者の気質に応じて、所与の知的文化に応じて、ルソーの文明理論はニーチェの系譜学と同じように適切な道具を、マルクスの政治経済学はヴェーバーに連なる合理化過程の研究プランと同じく確実な方法を提供する。それにブルデューやギデンズのような非常に異なった形で展開されてきた社会学的な行為理論もまた、社会批判の枠組みのなかですでに述べた機能を果たしうる。この場合、根本的なところで、個々の意図された状況の連鎖から全体として問われるべき生活様式の意図せざる結果を説明するという要求が考慮されている限り、説明の可能性に対する制約はほとんど課されないのである。

また当然、社会批判は知識人の介入とは異なり、その政治的な攻撃の方向において同時代を代表するすべての種類の意見に振り向けられる。二つの企ての相違点は、知識人の領分に今日多元性が支配するのに対し、他方の社会批判の領域には隠れた合意が存在するという点にあるのでは断じてない。二種類の反省的な見解を今日区別するのは多元性の種類である。規格化された知識人が、多元的な世界観の交差する道徳的信念の表現として通用する政治的合意に拘束されているとすれば[7]、社会批判のほうは、逆にこうした合意の前提にある信念を問おうとするがゆえに、この種の限界から自由なのである。社会批判が倫理上の誇張や一面化が可能であるのに対し、知識人は今日できる限り政治的公共圏における同意を得る必要があることから、世界観的な結びつきから可能な限り中立であることが求められる。したがって、社会批判を覆う諸制約は、世界観的に高度に入り混じった公衆が持っている理解に対する準備態勢に起因するが、知識人が遭遇する諸制約は、民主主義的に議論をする公共圏の自由主義的原理から形成されている。知識人は、こうした自由主義的原理の下で巧みな議論を展開することによって自分の意見を売り込む必要があるが、社会批判者は倫理的なものが浸透した理論を使って慣れ親しんだ実践の方法の疑わしさを私たちに確信させようと試みることができる。こうして描き出された相違点によって、二つの企ての知的＝認知的な（kognitiv）な徳の間にある差異も説明される。

IV

おそらく社会批判にとってもっとも有効性の低い徳とは、「優れた眼識（gutes Auge）」という能力であろう。マイケル・ウォルツァーの場合、たとえ「優れた眼識」ということで現実政治の圧力に対する感覚のことを言っているのか、あるいは社会的文脈に対する感覚を指し示しているのか、かならずしも明確ではないにしても、こうした能力が現代の知識人にとって直接的なメリットがあることには間違いが

（7）「重なり合う合意」という理念については以下を参照。John Rawls, *Politischer Liberalismus*, Frankfurt/M. 1998, Kap.4.

ない。現代の知識人は公的な討議への議論による介入を説得的に行なえるようにするために、政治的な実現可能性に対する正しい判断力を持つだけでなく、議論を社会的にやり抜く機会を適切に評価できねばならないからである。しかし社会批判にとっては、疑問に付すべき社会的実践に対する攻撃が政治的な実現化可能性に対する見通しによって左右されることほど有害なことはない。社会批判がめざすのは、民主主義的な意見交換において即座に成果をあげることではなく、むしろ、既存の実践モデルあるいは欲求の図式が実際（私たちにとって）適切なのかどうか、という疑念が徐々に大きくなっていくことがもたらす遠隔作用なのである。社会批判が報酬を得るのは、議論による瞬時の説得ではなく、未来に向かうプロセスにおける根拠に基づいた方向転換なのである。ウォルツァーが批判者に要求する判断力（Augenmaß）という徳は、こうした使命に対して障害となるのであって、それに対して促進的にはたらかないということは明らかである。というのも、政治的状況や時代精神的なものが持つ有利な条件に眼を向けたままの状態にある者は、慣れ親しんだ生活形式がシャボン玉のようにはじけてしまうのを経験するために必要とされるパースペクティヴの転換を実行することがほとんど不可能に思われるからである。したがって、社会批判が資質として要求するものは、度を超えたというよりむしろ、奇想なまなざし（idiosynkratrische Blick）であり、そうしたまなざしをもつ人が、制度的秩序という抜け出せない日常のなかに破たんした連帯の溝を、そしてルーティン化した意見論争のなかに集団的な欺瞞の輪郭を見極めることができるのである。それ以外にも、なぜ社会批判には知識人の活動と違って理論の使用が必要とされるのかを理解可能にしてくれるのが、こうしたたやすく場所を変えられる視座、すなわち内部から周辺へと向きを変えられるパースペクティヴである。というのも、理論の使命とは認知された現実と社会的実践に関する公衆の自己理解との間にある距離を説明することにあるからである。

また共感＝共苦（Mitleid）もその特徴において、社会批判者の実践のなかでは明白に諸刃の剣となる徳である。もちろん、批判者における批判の自発性の最終的な感情的基盤は、疑問に付されるべきだと見なされる社会的行為の配置が個人の内部に生み出す苦悩（Leid）や痛みと同一化すること以外にはありえない。さもなければ、政治へと転換する見込みが疑わしい理論的説明を起草するために批判者が投入するエネルギーは、ほかにどのように説明されうるのだろうか。しかし、こうした同一化は分節化された苦悩、主観的にすでに知覚された苦悩にではなく、社会的に語りえるものを越えて、推測されるだけだったり、ある程度は原因が探求されたりする痛みに向けられる。もし、社会批判者が社会的に慣れ親しんだ生活形式の疑わしさを語るとすれば、そのとき批判者が損なわれていると見なすのは、社会構成員全体の普遍化可能な利害関心である。「共感＝共苦（Mitleid）」というのは、確かにこのとき働いている感情の状態にとって適切な言葉ではないだろう。むしろ重要なのは、より高い次元にあって、強度においてそれにひけをとらない同一化であり、ある状況下にあって依然として言語化された表現を見出すことができない苦悩への同一化なのである。この抽象的で屈折した共感＝関与（Anteilnahme）はまた、社会批判の言語に辛辣さや、それどころか冷たさの音色さえ入り込むこともめずらしくない理由も説明する。ここで隔たった雰囲気を醸し出しているのは、純粋な思い上がりではない。過敏に知覚された苦しみが依然として公共圏の分節空間のなかに共鳴板を見出せないことへの憤懣であり、ひねくれなのである。こうした社会批判の要素は、確かに徳、人としての模範とすべき気質あるいはテクストの手本となる文体とはいえない。しかしこの場合、悪徳にさえ、精神的な孤独から生じる内面的な必要性が宿っているのであり、そうした孤独は知識人の態度決定と異なり、生活形式の前提を問い詰める作業が強要するのである。

社会批判をまず本来的に特徴づける徳とは、批判を代表する者の性質ではなく、テクストそれ自身の構成要素である。今日の知識人の場合、議論の公的な説得力を高めるという理由から、知識人の個人的な能力が特別重要であったとしても、二つ目の社会批判のケースでは、そうした個人の能力は現れ出た解釈規則の言語的形態のはるか後方に退く。それゆえ、知識人の人物像について評価的に論じるのははるかに容易に思われるが、他方、社会批判に目を向けると、著者の人格について判断を行うのはただ困難である。著者の活動の成果を評価する基準は、これまで言われてきたように、互いに論争し分裂した公共圏に対する迅速な説得ではなく、支配的な見解を信頼している公衆の長期的な方向転換である。社会批判者は、知識人の下で正しい判断力、説得力のある議論、分かりやすい少数派への関わりが意味すると考えられるものを、社会的神話に対する破壊的な作用を自分自身のテクストに与える創造的能力にほぼ完璧に置き換えねばならない。それゆえ、理論的に扱いにくい説明に修辞的に暗示を与える力を付与するという仕事が、社会批判の本来的な課題となる。おそらく、こうした課題を巧みに克服した者の数と、その課題に対し劇的に大敗を喫した作家の数はちょうど同じ数に上るだろう。

こうした点から見て、社会批判にとって使える数多くの手段のなかで、知名度から言ってとくに際立つのは二つの修辞スタイルである。再三登場する一つの創造的な要素は、誇張表現の巧みな使用である。誇張表現の助けを借りることで、理論的に導き出された状況がきわめてどぎつく奇怪な光を浴び、結果として目から鱗が取れるように読者のなかにその状況に対する問題意識が生じる——ルソーの『第二論文』〔人間不平等起源論〕は『啓蒙の弁証法』(8)と同様、この種の誇張技法のよい具体例である。その際、一方のレトリックを用いて誇張して描かれた結果と、他方の社会批判のこれらの形態における理論的説明の実行対象となっている過程そのものとが取り違えられることはもちろん許されない。すなわち、現在の問題とみなされるべき状況それ自身が誇張表現のスタイル要素によって装飾されるが、他方でそうした状況の歴史的発生については、まったく誇張なしに意図的な過程の意図せざる結果という意味において説明されるべきなのである。しかし、社会批判のなかでもっとも頻繁に使用されている手段は、明らかに理解しやすい圧縮形による表現であり、その表現において社会のさまざまな過程に対する複雑な説明が唯一の共通点へと縮約される。フーコーが「規律訓練社会」あるいは「生権力」について語るならば、またハーバーマスが主題的に「生活世界の植民地化」について論じたり、マルクーゼが「抑圧的寛容」という表現を使用したりするならば、それぞれその背後には挑戦的な理論が隠されている。そうした理論によって、問題と見なされるべき私たちの社会生活の状況が、これまでその本質を見通すことができなかったさまざまな発展過程の結果として説明されるのである。こうした場合でも同様に、レトリックを先鋭化させることは、結果に対してのみ有効とされ、そうした結果を因果的に引き起こす歴史的な出来事に対しては認められない。つまり圧縮表現によって、「私たちの背後」で意図的な諸過程の歴史的な連鎖の結果として形作られた状況のなかでとくに批判に値する特徴が何なのかがはっきりと、そして効果的に保存されるのである。こうした見方に立つと、因果的な説明の力を借りて問題とされる社会秩序の生成を理解させるという理論の要求が守られる限り、修辞的手段の使用に対してほとんど制約は課されない(9)。

(8) Bert van den Brink, »Gesellschaftstheorie und Übertreibungkunst. Für eine alternative Lesart der ›Dialektik der Aufklärung‹«, in: *Neue Rundschau*, H 1/1997, S. 37-59.

(9) 社会批判のレトリック的方法について私は以下の文献内で詳細に立ち入って検討したことがある。Axel Honneth, »Über die

それにこのような暗示的な性格を与えられた社会批判は、知識人の介入とは異なり、非常に間接的で経験的にもほとんど計測できない、遠隔作用しか持っていない。一般に社会批判は、公論の劇的な変革にも、公職者の象徴的な声明にも反映されない。しかし、社会批判に成果への見通しがないわけではけっしてない。つまり、長期的に方向転換に貢献しうるのである。社会批判における圧縮表現は、こうしたことを印象的な形で示しているし、その表現が備えている印象を与える力も、理論内容に対する、膨れ上がる疑念に苦しめられることもないように思われる。ホルクハイマーとアドルノも、文化諸部門の商業化と市場化というさまざまな過程を批判するために「文化産業」という概念を作った際、彼らはそうすることで、少なくともドイツではこの間、ラジオやテレビの品質を向上させようとする、ほぼすべての外国と比較してより高い要求を生み出す文化的学習過程を作動させることになろうとは予想できなかった。そうした効果がためらいがちに実現してゆく道筋は、社会批判がさまざまな社会状況の変革に寄与しうる方法を模範的に示しているのかもしれない。つまりこの場合、まず交差配列という修辞的手段を用いて決まり文句が作り出された。だがそれはあまりに内容が豊富で扱いにくく、そのうえ著しく理解困難であったために、即座に読者公衆の認識や信念に変化をもたらすことができなかった。加えてさらに、社会理論上のさまざまな議論、すなわち「文化」と「産業」の二つの概念が慣用的に対立関係にあるということ、いいかえれば両概念を融合させることに必然的に存在する特別な着眼点に、読者公衆の理解がかなりの程度慣れ親しんでいることを前提にしているので、そうした議論が公共圏のなかで分散しておこる公論形成に直接的な影響を与えることも不可能だった。したがって「文化産業」という観念は、とりわけ知識人、学生、文化製作者の小規模の世界でのみ影響力をもつにとどまったように思われる。しかしそれでも、強制的な価値増殖や収益の観点の文化領域への浸潤に結びつた鋭い危機意識を生み出したと見てよいだろう。のちになってようやくここから、こうした主要な主題をなす決まり文句が、文化的コミュニケーションの見通しのきかない軌道の上により大きな公衆へと通じる道筋を見出したのかもしれない。そしてその公衆の下で、文化産業の観念はその理論的な由来をはっきりと意識されることなく、ラジオ、テレビそして書籍の制作の文化的基準に深刻なダメージを与える経済的傾向に対し、抑制的な態度を強力にめざめさせた可能性がある。遠回りの果てに書籍の価格維持、公的な自己規制、いわゆる文化的参加の保証といった手段をもって、文化的メディアの制作が商業化の圧力に完全に支配されないように配慮しなければならない政治的・法的政策が打ち立てられた。確かに、こうした連邦共和国にとっての公共圏の学習過程の歴史はいまだ書かれてはいない。しかし、本日すでに私たちがアドルノとホルクハイマーの観念の知られざる新たな影響に対して行ったわずかな考察は(10)、旧ドイツの公共圏における感性や知覚に彼らの社会批判が及ぼした影響を明らかにするには十分である。そして今日もし、書籍の価格維持が危機にさらされ、テレビ番組の多様性が脅かされているなら、何と言っても、それに対して呼び起こされる抵抗のなかに、「文化産業」という社会批判の決まり文句が共鳴す

Möglichkeit einer erschließenden Gesellschaftskritik. Die ›Dialektik der Aufklärung‹ im Horizont gegenwärtiger Debatten über Sozialkritik«, in: ders., *Das Andere der Gerechtigkeit*, Frankfurt/M. 2000, S. 70-87〔「世界の意味地平を切り開く批判の可能性――社会批判をめぐる現在の論争地平での『啓蒙の弁証法』」、『正義の他者――実践哲学論集』加藤泰史/日暮雅夫他訳、法政大学出版局、二〇〇五年、七二―九二頁〕.

(10) Vgl. Erwa: Alex Demirović, *Der nonkonformistische Intellektuelle. Die Entwicklung der kritischen Theorie zur Frankfurt Schule*, Frankfurt/M. 1999〔『非体制順応的知識人――批判理論のフランクフルト学派への発展』(第一―第四分冊)、仲正昌樹責任編集、御茶の水書房、二〇〇九―二〇一一年〕.

る公衆の政治的意識のなかにかつて残していった間接的影響の現れを見ることができる。規格化された知識人の生産工程と比較すると、社会批判が生み出されるのはまれであり、それが社会的知覚の変化の形に影響を及ぼすことができるようになるまでには長い時間が必要である。しかし、皮膚の下で社会批判が促す方向転換は知識人の意見表明が今日これまでそうであったよりも、はるかに持続的・継続的である。

初出一覧

第1章　後戻りできない進歩――道徳と歴史との関係についてのカントの見解
もともとは別のタイトルで以下に発表された。B. Recki, S. Meyer, I. Ahl (Hg.), *Kant lebt*, Paderborn 2006, S. 126-145.

第2章　理性の社会的病理――批判理論の知的遺産をめぐって
もともとは以下に発表された。C. Halbig, M. Quante (Hg.), *Axel Honneth: Sozialphilosophie zwischen Kritik und Anerkennung*, Münster 2004, S. 9-32.

第3章　系譜学的態度留保の下での再構成的社会批判――フランクフルト学派における「批判」の理念
もともとは以下に発表された。*Deutsche Zeitschrift für Philosophie*, 48. Jg./2000, H 5, S. 729-737.

第4章　資本主義的生活形式の観相学――アドルノの社会理論の素描
もともとは以下に発表された。A. Honneth (Hg.), *Dialektik der Freiheit. Frankfurter Adorno-Konferenz 2003*, Frankfurt/M. 2005, S. 165-187.

第5章　遂行される正義――アドルノ『否定弁証法』の「序論」について

もともとは別のタイトルで以下に発表された。A. Honneth, C. Menke (Hg.), *Theodor W. Adorno: Negative Dialektik*, Berlin 2006, S. 11-27.

第6章　神聖なるものの歴史哲学的救済――ベンヤミンの「暴力批判」論

以下に寄稿した論考を大幅に改稿したものである。B. Lindner (Hg.), *Benjamin-Handbuch. Leben – Werk – Wirkung*, Stuttgart/Weimar 2006, S. 193-210.

第7章　自由の獲得――個人の自己関係というフロイトの構想

もともとは以下に発表された。*WestEnd. Neue Zeitschrift für Sozialforschung*, H 2/2006, S. 32-47.

第8章　不安と政治――フランツ・ノイマンによる病理診断の長所と短所

もともとは以下に発表された。M. Iser, D. Strecker (Hg.), *Kritische Theorie der Politik. Franz Neumann – eine Bilanz*, Baden-Baden 2002, S. 200-207.

第9章　民主主義と内面の自由――アレクサンダー・ミッチャーリッヒの批判的社会理論への貢献

もともとは以下に発表された。S. Drews (Hg.), *Freud in der Gegenwart. Alexander Mitscherlichs Gesellschaftskritik*, Frankfurt/M. 2006, S. 94-102.

第10章　コミュニケーション的理性の不協和音——アルブレヒト・ヴェルマーと批判理論
もともとは別のタイトルで近刊予定の以下に発表された。*WestEnd. Neue Zeitschrift für Sozialforschung*, H 1/2007.

補　遺　認識手段としての奇想——規格化された知識人の時代における社会批判
以下に寄稿した論考を若干改稿したものである。U. J. Wenzel (Hg.), *Der kritische Blick. Über intellektuelle Tätigkeiten und Tugenden*, Frankfurt/M. 2002, S. 61-79.

訳者あとがき

本書は、*Axel Honneth, Pathologien der Vernunft: Geschichte und Gegenwart der Kritischen Theorie*, Suhrkamp Verlag, Frankfurt am Main, 2007 の全訳である。著者のアクセル・ホネットは一九四九年エッセン生まれの社会哲学者、いわゆるフランクフルト学派、ドイツ批判理論の第三世代に属し、フランクフルト大学哲学・歴史学部教授、同社会研究所長を務めた人物である。フランクフルト大学を退職した現在、コロンビア大学人文学部教授の職にある。ホネットの経歴と承認論を中心とした彼の仕事は日本でもよく知られており、本書に先立って法政大学出版局からもすでに多数の翻訳が刊行されている。また本書の骨子も、日本語版刊行のために特別に執筆された「日本語版への序文」から十分読み取ることができる。したがってここでは、副題にもある「批判理論」、そしてフランクフルト学派の理論展開や他の現代の思想家たちと関連づけながら、本書の内容を紹介していきたい。

フランクフルト学派とは、一九三〇年代、フランクフルト大学社会研究所に集まった哲学者、社会理論家の集団で、当時もっともアクチュアルな課題であったドイツ革命の挫折、ナチズムの台頭という現実を哲学と専門科学（国家論、経済学、心理学、文化論など）との学際的協働によって解明しようとした人びとである。しかし戦況がますます厳しくなるとともに、当初の哲学と専門科学との学際的共同研究の構想は放棄され、文明の野蛮（全体主義の台頭など）の原因を啓蒙的理性の暴力性そのものに見出す、ペシミスティックな歴史哲学（理性の自己反省）へと方向転換していった。戦後、こうした第一世代の隘路を新たな理性概念によって克服しようとしたのが第二世代のハーバーマスである。ハーバーマスは、そもそも第一世代が依拠していた理性概念がいわゆる「道具的理性」と呼ばれる、目的合理性に切り詰められた狭隘な概念であったために、ペシミスティックで一面的な歴史過程しか描くことができなかったと見る。そこで新たなコミュニケーション的理性を提起することで、合意形成や民主的公共圏の可能性を探求する一方、現代社会の抱える問題を生活世界の植民地化と分析する社会学的診断をも手にすることができた。

こうした第一世代（啓蒙的理性の歴史哲学的反省）、第二世代（コミュニケーション的理性に基づく民主的社会構想と社会批判）という学派の理論展開を受けて登場したのが、第三世代のアクセル・ホネットである。本書に収録された諸論考は、まさにそのホネットが社会研究所の所長職に就任し、名実ともにフランクフルト学派の遺産を継承せんとした時期に執筆されたものである。

まず本書を一読して関心を引くのが、オリジナル（ドイツ語版）の序言、日本語版へ序文でも述べられているように、一つの思想家集団としてのフランクフルト学派、あるいは理論カテゴリーとしての批判理論の存在を認め、将来にわたって引き継ぐべき遺産として位置づけている点である。いわゆるフランクフルト学派と他称された人びとは、これまでフランクフルト学派なる集団が実体として存在するという見方に否定的であった。せいぜい一九三〇年代の数年にフランクフルト社会研究所で共同研究に加わった少数のメンバーを指すに過ぎないと主張してきたし、実際、アドルノ以降ホネットの前任者までの歴代社会研究所長もいわゆる批判理論と深い関係にあったわけではない。それに対し、ホネットは本書で「ヘーゲル左派の遺産」という緩い表現によって、批判理論の可能性の中心を明らかにしている。まさに本書の課題は、批判理論の可能性の中心をなす理論的特徴とその課題を描き出すことにある。

では、批判理論の遺産とは何か。それは端的に、さまざまな社会的病理は現実の社会過程や生活形式によって歪められ、欠如した合理性（理性）の帰結として把握され、かつその社会的病理を告発し批判する批判の足場（批判の根拠と理性の潜勢力）それ自身もすでに現実の社会過程そのものに内在しているという、ダイナミックな見方である。こうした理論的負荷の強い遺産に向き合うホネットは、本書において、ときに消極的な姿勢を見せる。しかし、ここに収録された諸論考において、ホネットは第一世代が展開した古い命題を新しい思潮の下で吟味し、さらに第二世代（ハーバーマス）のコミュニケーション論的展開によって見過ごされた視座を独自のパースペクティヴから救済、発展させ、さらにそこから再度、第一世代の仕事と向き合うという極めて意欲的な仕事に取り組んでいる。

そうした批判理論のなかで、承認論として知られるホネット自身の理論はどのような特徴を持っているのだろうか。第一世代（歴史哲学的自己反省）から第二世代（コミュニケーション論的展開）へという理論展開のなかで位置づけてみたい。

ハーバーマスは第一世代の歴史哲学を第一世代が陥った隘路と捉え、後期アドルノの思想（否定弁証法や美の理論）もその延長で消極的に評価する傾向がある。そして自らは、道具的な理性とは異なる理性の相互主観性に注目し、新たなコミュニケーション的理性の概念によって新しい社会理論（批判的社会理論）の構築をめざした。ホネットもひとまずはこうしたハーバーマスのコミュニケーション論的展開を支持しながら、イェーナ時代のヘーゲル哲学の再読を通して得られた承認概念を軸に独自の批判的社会理論を形成していった。その成果が『承認をめぐる闘争』以降の一連の彼の仕事である。ハーバーマスとの比較において浮かび上がるホネットの承認論は、ハーバーマスにおける合意形成と予定調和的側面を退け、現実の歴史社会過程を「承認をめぐる闘争」としてダイナミックに捉え直す社会理論、そうした歴史と人間存在の根底に自己と他者との承認関係が存在するという人間学に求めることができるだろう。

批判理論の遺産と課題の確定と並んで、本書においてとくに注目すべきは、先に記したコミュニケーション論的展開というハーバーマス的な発展図式に抗して、第一世代の業績をホネット自身の視座から描き直している点である。第一に、ハーバーマスがコミュニケーション論的展開を遂げることによって、二次的な意味しか持たなくなった道具的理性による「内的自然の抑圧」という問題を「苦悩」の（感情的）経験として捉え直す。第二に、この苦悩は批判理論にとっては理論の足場（批判の現実的根拠と理性の潜勢力）であり、理論と結合しながら批判と抵抗への動機づけをなすと考える。ハーバーマスが理性的な合意形成とその作法（討議倫理）に傾くことで、感情的契機を軽視し、批判と抵抗の動機づけの問題を射程に収めることが困難となったのに対し、ホネットは第一世代の内的自然の抑圧という問題をたくみに取り込み、ハーバーマスの難点を克服する形で、それを批判理論の中核に据えたと見ることができるだろう。もちろんこうした苦悩は、ホネットのなかでは「存在を否認されること（承認の欠如）」という承認論の文脈と密接に関わっている（『正義の他者』）。そして第三に、ホネットは理性の働きを根底で支える経験として情動的なミメーシスの契機（模倣的関係）が不可欠であると考える。他者へのミメーシスによってこそ、理性や主観は脱中心化をなしとげ、他者のパースペクティヴに立つことができる。こうしたミメーシス的契機は言語的、合理的コミュニケーション論の地平（ハーバーマスの社会理論や『権力の批判』執筆時のホネットのアドルノ理解）からは十分に評価しえないものである。本書でのミメーシスの復権は、ホネットが『物象化』で展開した「先行承認」の概念にも垣間見ることができる。また、ここで確認しておくべき点は、こうしたミメーシス的契機を内包した（アドルノ的）理性自体が――ハーバーマスの言う単なる道具的理性ではなく――相互主観性と他者への倫理の契機をすでに内包していることである。そして第四に、これらの第一世代の遺産が、デリダ、レヴィナス、バトラーらのポスト・モダン倫理学との対話によって独自に彫琢されてきたことも銘記しておく必要がある（『正義の他者』所収の論文「正義の他者」を参照）。

続いて、本書の各章の内容を概観していこう。

第1章「後戻りできない進歩――道徳と歴史との関係についてのカントの見解」は、カントのなかに「歴史全体を一つの目的を持った進歩の過程」とみなす歴史哲学（進歩仮説）を取り出そうとするものである。ホネットは、カント歴史哲学との対話を通して、歴史の主体が自らを進歩的な「学習過程」の内部にある存在として自己理解しうる可能性を追求したといえよう。ホネットによると、カントは進歩の過程の基礎づけを「観察者」「行為者」「参加者」という三つの異なるパースペクティヴに対して行っている。第一は、認識的懐疑を抱える「観察者のパースペクティヴ」に対するものである。元来カントの体系において、自然法則の国（必然）と道徳的自由の領域（自由）は、反省的判断力によって考え出された合目的性により統合される。それを歴史の領域に適応することにより、過去のさまざまな出来事も目的をもった政治的‐道徳的進歩過程であるかのように「認識的」に想定しうる。これが第一の基礎づけである。第二は、具体的な状況を持たないが、道徳と結びついた「行為者のパースペクティヴ」に対するものである。既に道徳的立場をとっている行為者の観点から見ると、歴史は「向上がやむ」ことのないもの、第一のモデルと同じく合目的な政治的‐道徳的進歩過程として「実践的」に想定されうる。これら第一、第二のモデルは、カントの二世界的体系の帰結であり、自然の合目的性という体系構想に即した基礎づけがなされている。それに対してホネットは、こうした自然の目的をいっさい含まない、第三の解釈学的・説明的モデルに注目する。この基礎づけモデルは、政治的‐道徳的な変化過程に内属する「参加者のパースペクティヴ」、すなわち「啓蒙された公衆」に対して示されるものである。それによると、啓蒙の道徳的な成果に積極的に関与しようとする人びとは、啓蒙過程における歴史的自己確認を行い、彼らに先立つ歴史を彼らの時代において遺産として継承しなければならない闘争（非社交的社会性からくる社会的承認闘争や戦争）に満ちた学習過程として理解することができる。ホネットはこうした「脱超越論的」に転換された歴史の主体のパースペクティヴこそ、今日継承しうるカント歴史哲学の唯一の可能性と考えている。

第2章「理性の社会的病理——批判理論の知的遺産をめぐって」はその表題から見ても、批判理論の発展的な遺産継承をめざす本書のなかで、もっとも重要な位置を占める論考である。ホネットは、批判理論の試みがすでに時代遅れになってしまったかのように見えるなかで、この現状を出発点とし、批判理論に共通の特徴を分析し継承しようとする。まずホルクハイマー、アドルノ、マルクーゼ、そして初期ハーバーマスにいたるまで、社会の順調な形式と個人の善き生、すなわち協働に基づく自己実現が可能であるのは、歴史において展開する社会的合理性の基準が維持される場合に限られる、という指摘がなされる。ところが、資本主義社会においては、こうした社会的合理性の基準（ヘーゲル的に言えば「理性的で普遍的なもの」への方向づけ）が失われるのであり、それが社会的病理の原因となる。さらにホネットは、批判理論が一方の自らの展開する批判と、他方の社会的病理に対する現実の人びとの感受性とを「苦悩」の存在によって結びつけてきたことを指摘する。要約すれば、ホネットは理性が歴史に内在して展開しつつあること（歴史に内在する理性）、それが歪められることから社会的病理が生じること（理性の歪曲）、批判理論は自らを病理に起因する人びとの苦悩と結びつくこと（批判理論の解放的認識関心）、これらの要素を継承し現在の知の状況に応じて発展させることを二一世紀における批判理論の課題と見なすのである。本論考では、『正義の他者』の諸論考に引き続き、理性の要求を協働に基づく自己実現と具体的に規定している点が注目に値する。

第3章「系譜学的態度留保の下での再構成的社会批判——フランクフルト学派における「批判」の理念」は、

第2章を引き継ぎ、批判理論が現代において社会批判としての有効性をもつために満たさなければならない方法論上の諸条件を明らかにすることを課題としている。結論的にいえば、社会批判は「構成的モデル」「再構成的モデル」「系譜学的モデル」という三つのアプローチに区分され、現代において批判理論はこれら三つすべてを統一しなければならない。第一の構成的モデルとは、普遍的に合意可能な正当化手続きの助けを借りて規範的原理に到達する試みであり、その原理の下で社会の制度的秩序が批判される。このアプローチに相当するものとして、ホネットは理想的な原初状態の虚構的条件の下で規範的理念を打ち立てるジョン・ロールズの正義の理論を念頭に置いている。二つ目の再構成的モデルでは、批判のための規範的理念はあくまで社会的現実の制度と実践とに即して明らかにされる。これは、批判の足場を経験的現実そのもののなかに求めようとするヘーゲル左派の立場に由来し、ハーバーマスのコミュニケーション論を中心に批判理論がこれまで共通して採用してきた方法である。ここでホネットは、批判理論の再構成的アプローチが、社会批判が単なる規範的理念であるばかりでなく、進歩を表現する社会の「内部」の（超越的な）「理想」でもあることが同時にしめされねばならない点で、マイケル・ウォルツァーの解釈学的批判と区別されるとしている。最後の系譜学的モデルは、規範的理念が支配を安定させる実践に必然的に転化することを示すことによって、社会的現実を批判する方法である。その名称から明らかなとおり、ニーチェ、その現代版であるフーコーの系譜学が念頭に置かれている。ただし、批判の基礎を問い続ける構成的、再構成的方法とは異なり、この系譜学的手法は基礎づけ不可能な規範的前提によって批判を遂行する点で、「寄生的な」手続きとも見なされている。ここで興味深い点は、全体主義の体験を経た『啓蒙の弁証法』がすでにメタ批判的観点としてニーチェ＝フーコー的な系譜学的モデルを内包したものと位置づけられている点である。とはいえホネットによると、この三つのモデルの現代における統一は非常に要求水準が高く、かつての批判理論が掲げた社会批判の理念を擁護するには大きな困難が伴うという。ここで、社会研究所の研究プロジェクトに目を向けてみたい。ホネットの『私たちのなかの私』には、フランクフルト社会研究所の研究プロジェクト「資本主義的近代化のパラドクス」に関連するいくつかの論考が収録されている。そこでは、近代社会の内在的な規範的理念（自己実現）が、一九六〇年代までの資本主義社会においては、抑圧的な社会に対抗する批判の理念として機能するものの、その同じ自己実現の理念が新自由主義の下では、資本主義システムの要求に寄与するイデオロギー（組織化された自己実現）として機能する現実が、まさに系譜学的に論じられている。本稿で指摘された三つのアプローチを統合する試みとして理解できるだろう。

第4章「資本主義的生活形式の観相学——アドルノの社会理論の素描」は、二〇〇三年のアドルノ生誕一〇〇年の国際会議での講演であり、ホネットはここで『権力の批判』における自らの否定的なアドルノ評価を大きく転換させている。ホネットはまず、アドルノの資本主義社会の分析を記述的・説明的な社会理論としてのみ理解しようとする傾向に疑義を向ける。こうした理解によって、アドルノの思考は特定の社会分析との誤った競合関係に置かれ、社会理論として低く評価されてきたからである。しかし、教授就任講義以来、アドルノは歴史的現実の物象化された自然、すなわち第二の自然に哲学的、社会学的分析を用いて解釈を試みる観相学を実践してきた。元来、観相学とは外見や様相からその内面的な性格や資質を推論する学問をさす。ここで言う「第二の自然」とは資本主義システム（資本主義的な価値増殖のメカニズム）の不透明性や盲目性と考えてよかろう。観相学はこうした第二の自然と化し、物象化した資本主義下での生活形式を「フィギュール」（形象）を構成することによって浮かび上がらせるものである。アドルノはこうしたフィギュールの構成（ある種の「理念型」の構成）を通して、資本主義下での「理性の社会的病理」へと私たちの認識を導く糸（仮説）を作り出したのである。ホネットは、フィギュールの例として「組織」「集合的ナルシシズム」をあげ、そうした生活形式が人びとの身体の次元にまで侵食し、いかに理性の脱中心化を阻害し道具化するかをアドルノに即して論じている。本論考では、アドルノの『ミニマ・モラリア』を再読しながら、理性的能力はミメーシスを通して発達（脱中心化）し、世界や他者を内側から把握する能力を獲得すること、そして物象化とはミメーシスによって脱中心した理性が再中心化する（主観的自己の道具と化す）ことが論じられている。フィギュールが探り当てようとする苦悩とは、こうしたミメーシス的で脱中心化した理性が歪められることによって、身体に発症する苦痛である。そしてこうした苦悩には、苦悩から解放されたいという欲求がすでに表れている。アドルノによれば、苦悩は理性が制約されずに働くことが妨げられることへの反応であり、現実の変革に向けた刺激に他ならない。本論考はまた、フィギュールに注目することにより、アドルノ社会理論の可能性を発掘し、かつ情動的なミメーシスに基礎づけられた理性概念を通して、アドルノ独自の相互主観性やコミュニケーション論としての側面を明らかにしようとしたものと理解できる。

第5章「遂行される正義——アドルノ『否定弁証法』の「序論」について」も、第4章同様、ホネットの『権力の批判』におけるアドルノ批判を知る者には、その積極的なアドルノ評価に新鮮さを感じさせられるであろう。本論考において、ホネットはアドルノによる否定弁証法の実践、すなわち哲学の自己反省的叙述を「正義」の遂行という観点から積極的に位置づけなおそうと試みる。ホネットはまず、『否定弁証法』の「序文」における アドルノによる編み物や作曲のような特異な形式のなかで語られた内容を論理的に再構成し、今日において弁証法が否定的な形態に移行することが必然的であること、この移行を通じて「認識対象」と「認識主観」の双方に大いなる権利が授けられること、このような哲学的思惟のあり方が現代社会の批判的超越という批判を引き受けることを三つのテーゼとして導き出す。ホネットは本論考において、アドルノの叙述的な戦略に対して、内側からそこで行われていることをより深く再検証しようとしているが、このような緻密な読解は『啓蒙の弁証法』から後期の思想までを悲観性を強調して直線的につないだ、かつてのホネットの『権力の批判』では見出すことができなかったと思われる。ホネットは本論考において、後期アドルノにおける客観や他者に向き合う微細な思考とそれが生み出す新たな思考を再収集しているが、ホネットのこのような独特の距離感のなかで行われる読解によって、倫理的な正義論としての『否定弁証法』が持つ可能性が浮き彫りにされている。

第6章「神聖なるものの歴史哲学的救済——ベンヤミンの「暴力批判」論」は、ベンヤミン暴力批判論のコンテクストの解明、そして内在的・超越的なテクスト読解を行ったやや破格の論考である。ベンヤミンの「暴力批判論」という邦訳タイトルに馴染んでいる読者にはこの副題の邦訳には違和感があるだろう。副題の原語表記は Zu Benjamins »Kritik der Gewalt« だが、これはベンヤミンの論文 Zur Kritik der Gewalt に Benjamins〔固有名詞 Benjamin の所有を表す属格形〕を挿入した、いわばパロディである。そしてこのレトリックによって、内在的および超越的な「暴力批判」であるベンヤミンの「暴力批判論」を、さらにホネットが内在的および超越的に批判する意図が「宣言」されている。ベンヤミンの「暴力批判論」はドイツが君主政から共和政に移行した、第一次世界大戦後の政治的混迷期から必然的に生じた議論の一つであり、ルカーチの『歴史と階級意識』とブロッホの『ユートピアの精神』に刺激され、フォン・イェーリングの法概念とソレルの暴力概念を継承しつつ展開された「批判」であることを、ホネットはベンヤミンの四つの暴力概念の定義を整理しながら再構成する。そしてベンヤミンの「暴力批判」が法全体への根源的批判であり、真の道徳性として「神聖な暴力」が法に対峙されると明言する。ただし、その先に来るべき、法の領域を越えた、道徳の側からの「超越的」批判については、ベンヤミンの「暴力批判論」同様、暗示的にとどまっている。本論考においてホネットは、デリダ、アガンベンといったベンヤミンからインスピレーションを得た現代の思想家たちの解釈を「横領された解釈」あるいは「一面的な解釈」として退け、ベンヤミンの意図が人びとの倫理的な生活形式を利害の調整を通して目的手段図式に矮小化する法——これは本書の他の章と関連づければ、理性を物象化し、再中心化する病理を意味する——に対する根源的批判にあり、法に終焉をもたらす革命的暴力を宗教哲学的に解明することであったとする。国家権力はそうした暴力を法によって独占するが、国家や権力の暴力に対する抵抗もまた、目的手段図式に沿った暴力という形を取る。それに対してベンヤミンが要請する暴力は、法と結びついた功利主義的、目的設定的、道具主義的な暴力ではなく、それと対峙し抑止しうる「直接的」で「純粋」な暴力であった。ホネットによると、こうした目的手段図式に陥らない、自己準拠的な暴力としてベンヤミンが想定しているのは、ニーチェとプルードンを統合したソレル流の革命的ゼネストである。

第7章「自由の獲得——個人の自己関係というフロイトの構想」は、続く第8章、第9章と密接に関連しており、いわばフロイトの再解釈を通して各章の思想的、理論的基礎を提供する役割をも果たしている。そもそも、フロイトの精神分析はマルクスの資本主義批判とともに、批判理論の骨格をなす理論であった。第一世代にとってはナチズムの台頭や管理社会における支配を許した権威主義的性格を解明する理論であり、第二世代のハーバーマスにおいては批判理論が範とする解放的認識関心のモデルとして重視されてきた。しかし、前世代とホネットの時代では以下の点で、精神分析をめぐる状況は大きく異なっている。抑圧分析の道具であれ批判理論の理論モデルであれ、これまでの批判理論の展開において、フロイトの精神分析は間違いなく、心理学の主要理論の一つとして扱われてきた。ところが今や状況は一転し、心的疾患に対する医学的な薬物治療の優位、それを科学的に支持する脳科学の発達のなかで、精神分析に対する逆風はますます強くなっている。そのなかで、ホネットがフロイト理論の可能性の中心として注目するのが、個人の「自己関係」という基本構想である。それによれば、自己は自己の内部にありながら自己を苦しめる（自己自身があずかり知らぬ疎遠な）欲望を、自己が自己と向き合い、生活史をつぶさに検証することによって、本来の自己の衝動システムに統合し、自由を獲得することができるというものである。ホネットはこうした自己の自己への関係の仕方を、精神分析独自の概念に生活史それ自体を「仕上げる（durcharbeiten）」というニュアンスを重ね、「徹底操作（Durcharbeitung）」と呼んでいる。こうした自己の内側から自己の内面にアプローチする方法は、薬物療法や脳科学など、自己に対して「観察者のパースペクティヴ」を取る自然科学的アプローチには不可能なのである。こうした論点と関連して、ホネットがドイツ語版の「序言」において、カントの歴史哲学（第1章）とフロイトの自由概念に関する本章に特別に言及している点にあらためて注目したい。ホネット自身、概してカントよりむしろヘーゲルに好意的であるにも関わらず、本書の冒頭でカントの歴史哲学を取り上げ、さらに本章では重厚なフロイト論を展開し、後続する二つの章でも精神分析に関連する論考が収録されている。これらの章で解明されるのは、ときに抑圧的な現実の歴史過程や内面の心的経験に向き合い、参加者あるいは当事者のパースペクティヴをもってそうした現実に関わろうとするアプローチである。その意味で、参加者、当事者のパースペクティヴから、すなわち現実の「内部」から、いかに現実を把握するかが本書のもう一つの主題を形成していると言えるだろう。

第8章「不安と政治——フランツ・ノイマンによる病理診断の長所と短所」は、第7章でフロイト再評価という形で取り出された「不安」の問題を政治理論（規範理論）へと節合しようとする論考である。フランツ・ノイマンは『ビヒモス——ナチズムの構造と実際 1933–1944』の著者であり、アメリカ亡命後のフランクフルト学派とニューヨークのコロンビア大学で行動をともにした人物である。そのノイマンを、ホネットは本論考で民主的法治国家の規範的前提を解明した政治的正義論者として位置づけなおす。ノイマンに従えば、政治的公共圏に登場し、民主主義的な市民として振舞うことができるのは、不安という内面的制約から自由な主体のみである。なぜならば、過剰な不安に捕らわれた主体は、独裁者への投影的同一化によってその不安を解消し、また逆に独裁制はこうした不安を制度化（不安の制度化）することによって、市民の自律的な行為能力を毀損し、民主的な政治的公共圏における自由を抑制しようとするからである。ホネットは、必ずしも学派の主流とは言えないノイマンに再度光を当て直すことにより、ハーバーマスとは異なる形で、フランクフルト学派批判理論の政治学的拡張をめざしているといえよう。ただしノイマンの議論に問題点（短所）がないわけではない。それらは、フロイトから継承した不安の原因を過剰な衝動の抑圧にみる生物学的前提、ホルクハイマーと共有する心理学的合理主義、国家社会主義という事例からくる制約の三つに整理される。人間には過剰な衝動が存在し、それを抑圧せねばならないという生物学的な前提からは宿命論が帰結し、社会的なダメージの経験と不安とを内的に結びつけることが困難となる。また心理学的合理主義によって、自我の情動的な脱境界化（他者や集団との同一化）をすべて非合理的な現象として扱うことになる。こうした同一化の現象にはホネットが自律的な主体の形成を促す愛情（ミメーシス）による承認関係も含まれる。さらに不安の原因を監視、処罰、プロパガンダなどの国家社会主義における事例に制約され、政治的自律を損なうさまざま社会的、制度的現実の多様な広がりを射程に収めることができない。とはいえ、こうした問題点を抱えつつも、不安の緩和と治療という二つのアプローチから、民主法治国家が果たすべき役割が規範的に基礎づけられるのである。

第9章「民主主義と内面の自由——アレクサンダー・ミッチャーリッヒの批判的社会理論への貢献」では、前章で論じたフランツ・ノイマンの不安と民主政治に関する議論を継承した社会心理学者として、アレクサンダー・ミッチャーリッヒが取り上げられる。ミッチャーリッヒは、『父親なき社会』などで日本でもよく知られるフロイト派の社会心理学者であるが、必ずしもフランクフルト学派のメンバーであったわけではない。ノイマンとミッチャーリッヒは「不安からの解放」、すなわち「内面の自由」に民主主義の社会心理学的条件を求める点で共通するが、ホネットの見るところ、ミッチャーリッヒはこの内面の自由をさらに「自分自身の衝動とのコミュニケーション」、そしてそうしたコミュニケーションが実現する「内的な寛容さ」へと議論を進めている。抑圧によって無意識へと排除された欲望は、主体としての自我にとっては疎遠でよそよそしい、不安を呼び起こす（危険な）欲望となる。こうした不安は、偏見の形成、憎悪の投影、社会的排除といった他者に対する抑圧的な関係とパラレルであり、自己の欲望を受け入れる寛容な姿勢のみが不安と偏見、憎悪、排除から民主主義的討議を守り、多元的民主主義を維持することができる。民主主義の問題を自由と不安という観点から論じるホネットのミッチャーリッヒ解釈は、学派の歴史に詳しい者には、学派を早々に離脱したエーリッヒ・フロムの分析的社会心理学を思い起こさせる。フロイトの生物学的前提（リビドー論）への批判、前エディプス期の分離不安の重視、抑圧された欲望の疎外論的把握、大衆民主主義の時代における内的自由と民主主義の関係といった論点は、学派離脱後のフロムのフロイト理解、『自由からの逃走』との共通点が多い。

第10章「コミュニケーション的理性の不協和音——アルブレヒト・ヴェルマーと批判理論」は、A・ヴェルマーが二〇〇六年のフランクフルトのパウロ教会でアドルノ賞を受賞した際に、ホネットが行った祝辞である。ヴェルマーの基本的関心事は、コミュニケーション的理性の変更された準拠枠組みの内部において非同一的なものに対するアドルノの感受性をもう一度有効に働かせることである。最初にヴェルマーはフランクフルトで、ハーバーマスによって批判理論の言語論的転回の基礎と考えられるものを獲得する。トロント大学においては、ヴェルマーは、マルクスという出発点と同時代的な科学理論を横断して、社会的生産から社会的相互行為への規範的準拠点の変化から批判理論に生じた帰結をスケッチした。ベルリン自由大学において、ヴェルマーが批判理論のコミュニケーション論的アプローチに対抗して主張した考察の出発点は二点ある。第一は美的主体性の立場であり、美的主体性の持つ解放的で逸脱的な経験のおかげでコミュニケーション的了解の刷新を行うとされる。第二は政治的なものの領域であり、すべての承認関係には権力の契機が侵入し、民主的意思形成は法制定する決定の瞬間を持つのである。美的主体と政治的決定を討議的意思形成の理性にもう一度関係づけうるために必要なのは、習慣と心情から民主的原則を志向しうる生活形式、すなわち民主的人倫である。本章のヴェルマー論を通して、ホネットは批判理論がその水脈と対話し続けることによって、さらに発展する可能性をもつ未完の理論あることを示したといえよう。

補遺「認識手段としての奇想──規格化された知識人の時代における社会批判」は、補遺という性格上、必ずしも理論的に洗練されたものではない。しかしそうであるがゆえに、ホネットが考える「社会批判」の内実が理解しやすい形で提示されている。ホネットによると、現代社会において、知識人の衰退という予想に反し、知識人の数は増大傾向にある。日本の昨今のメディア環境を見ても、然りであろう。ただしこれは、民主的な公論形成の過程が制度化された帰結であり、一定の評価に値する事柄である。こうした知識人は、メディア産業（ジャーナリスト）、大学（大学教授）、政党・教会・労働組合が有する学術的機関、そして大量の大卒知識人層から継続的・制度的にリクルートされている。しかし、彼らはホネットの考える「社会批判」の担い手にはなりえない。なぜならば、知識人の役割が公共圏の「内部」にあって、民主的公論形成に対し啓蒙的機能を担うのに対し、社会批判はこうした機能と一線を画すからである。また、社会批判と知識人論を代表するマイケル・ウォルツァーが社会批判者に必要とされる徳目として挙げている勇気、共感、優れた眼識（判断力）も、公共圏で活躍する「知識人」に要求される徳にすぎない。では、ホネットの考える「社会批判（者）」とは何（者）か。民主的公論形成の場としての公共圏や、そこに存在する公衆による言説の受容を可能にする諸前提、それを可能にする文化的・社会的装置そのものを問い直すこと（者）である。そのために、社会批判者は公共圏の内部ではなく「内なる外」に位置取りをする必要があり、そのことによって内と外のパースペクティヴを自由に移動することが可能となる。こうした「アウトサイダー」の位置取りから生み出される社会批判は以下の二つの特徴を持つ。第一に知識人の活動が個々の出来事、意思決定に関わるのに対し、社会批判はそうした意思決定過程が実現される社会的、文化的な諸条件の連鎖に関心を向ける。それゆえ、社会批判は「全体論的な特徴」をもつ。第二にこうした「意図せざる」社会的、文化的な諸条件あるいは装置が「意図された」状況や行為から誕生するメカニズムを説明する必要がある。したがって、社会批判は説明的な性格をもつ「理論の使用」に依存する。こうした文化的・社会的装置から抜け出す社会批判を可能にするものは、勇気、共感、判断力という徳目ではなく、「奇想」とでも表現しうる特異体質である。ホネットによれば、奇想は創造的な誇張表現、圧縮表現を生み出すが、それは短期的な公衆の説得ではなく、長期的な社会の方向転換をもたらす。ホネットはそうした表現として、文化産業（アドルノ）、抑圧的寛容（マルクーゼ）、規律訓練社会（フーコー）、生活世界の植民地化（ハーバーマス）を例にあげるが、これらの概念は「全体論的」にして「理論的」である。また最後にホネットは、文化産業を例に取り、それが社会批判の概念として戦後ドイツにおいて資本の価値増殖の論理に抗し、メディアの質的向上という長期的な方向転換をもたらしたことを指摘している。

フランクフルト大学社会研究所での在外研究を終え、帰国する際、アクセル・ホネット氏の元を訪ねた。帰国後、氏の理論を広く日本で紹介することを約束した。照れくさそうに手を振るその仕草を今でも鮮明に思い出す。『私たちのなかの私』に引き続き、共同研究者の力を借りて、その約束の一部を果たすことができた。本書の刊行に関わった共同研究者もみな、フランクフルト学派やホネットの社会理論に深い関心を持つ人びとである。翻訳はまず相互チェックのプロセスをはさみながら、各章の担当者が責任をもって行い、最終的にすべての訳稿に出口が目を通して訳語等の調整を行った。「訳者あとがき」については、各章の訳者が原案を持ち寄り、出口の責任において加筆・修正を行い、一つの文章とした。その意味で文責はすべて出口にある。

序言、第7章、第8章、第9章、補遺——出口剛司

日本語版への序文、第2章、第4章――宮本真也
第1章、第3章、第10章――日暮雅夫
第5章――片上平二郎
第6章――長澤麻子

本書の刊行がいよいよ現実のものとなった二〇一八年の初夏、現在企画中の日本でのシンポジウム打ち合わせのため、フランクフルト社会研究所を訪れた宮本真也氏と私は、ホネット氏に「日本語版への序文」の執筆を依頼した。研究所の歴史とゆかりの深い近くのカフェでホネット夫妻と歓談したのち、私たちは日本での再会を期してフランクフルトをあとにした。多忙のなか、特別に「日本語版への序文」を寄せてくれた著者アクセル・ホネット氏にこの場を借りてお礼を述べさせていただきたい。

最後に訳者を代表して、本書の翻訳刊行を企画していただいた法政大学出版局編集部、とくに前田晃一氏にあらためて感謝の意を表したい。

訳者を代表して
出口剛司

人名索引

＊注に記載のものは頁番号の後に n を付ける。同頁の本文にもある場合は省略する。

ア行

カ行

カストリアディス、コルネリウス（Castoriadis, Cornelius） 57n
カント、イマヌエル（Kant, Immanuel） 2, 5-28, 74, 76, 121, 126, 150, 152, 162, 254, 269
ギデンズ、アンソニー（Giddens, Anthony） 57n, 282
キルケゴール、セーレン（Kierkegaard, Søren） 225
クック、マイーヴ（Cooke, Maeve） 39n
クライン、メラニー（Klein, Melanie） 208
クラインゲルト、パウリーネ（Kleingeld, Pauline） 9n, 25n
クラカウアー、ジークフリート（Kracauer, Siegfried） 30, 278, 279
ゲーレン、アーノルト（Gehlen, Arnold） 210, 211n, 241, 243n, 245, 248
コーエン、ジーン（Cohen, Jean） 260
コーレンバッハ、マルガレーテ（Kohlenbach, Margarete） 143n, 145n, 193n
コッティンガム、ジョン（Cottingham, John） 215

サ行

ザール、マーティン（Saar, Martin） 31, 75n
サルトル、ジャン＝ポール（Sartre, Jean-Paul） 120
ジェイ、マーティン（Jay, Martin） 89n
シェーラー、マックス（Scheler, Max） 88
シェーン、エルンスト（Schoen, Ernst） 143
シェリング、フリードリヒ・W（Schelling, Friedrich W.） 30, 154
シャペロ、エヴ（Chiapello, Eva） 57n
シュタイナー、ウーヴェ（Steiner, Uwe） 151n
シュネーデルバッハ、ヘルベルト（Schnädelbach, Herbert） 121n
シュミート、ミヒャエル（Schmid, Michael） 93n
シュミット、カール（Schmitt, Carl） 181, 266
シュンペーター、ヨーゼフ・A（Schumpeter, Joseph A.） 273, 275
ショーレム、ゲルショム（Scholem, Gershom） 141-143, 146
ジンメル、ゲオルク（Simmel, Georg） 52, 88
スターン、ポール（Stern, Paul） 19n
スミス、アダム（Smith, Adam） 226
ゼール、マルティン（Seel, Martin） 43n, 259n, 263n
ゾラ、エミール（Zola, Emile） 272
ゼルナー、アルフォンス（Söllner, Alfons） 85n
ソレル、ジョルジュ（Sorel, Georges） 143-145, 149, 160-162, 164, 165, 173, 182, 185, 188, 191

タ行

ダーレンドルフ、ラルフ（Dahrendorf, Ralf） 276, 277n
タリー、ジェームス（Tully, James） 31n

ツェリカテス、ロビン（Celikates, Robin） 63n
ディディオン、ジョーン（Didion, Joan） 203n
テイラー、チャールズ（Taylor, Charles） 226
デミロヴィッチ、アレックス（Demirović, Alex） 289n
デリダ、ジャック（Derrida, Jacques） 165n, 195n, 266
トイニッセン、ミヒャエル（Theunissen, Michael） 33n, 35n
ドイチェマン、クリストフ（Deutschmann, Christoph） 85n
ドゥビール、ヘルムート（Dubiel, Helmut） 59n, 85n
ドーアネス、マーティン（Dornes, Martin） 97n, 197n, 229n
トマセロ、マイケル（Tomasello, Michael） 97n

ナ行

ニーチェ、フリードリヒ（Nietzsche, Friedrich） 71, 74, 81, 124, 130, 191, 282
ノイマン、フランツ・L（Neumann, Franz L.） 226-240, 243, 244

ハ行

ハーシュコップ、ケン（Hirschkop, Ken） 227n
ハーバーマス、ユルゲン（Habermas, Jürgen） 30-32, 33n, 34, 35n, 38-40, 41n, 42, 44, 47n, 48, 49n, 50-52, 54, 55n, 59n, 61-63, 65, 66, 67n, 70, 76, 77, 85n, 87n, 121n, 155n, 221n, 257-260, 263, 267, 270, 287
バーリン、アイザィア（Berlin, Isaiah） 144, 145n
バーンスタイン、リチャード・J（Bernstein, Richard J.） 121n
ハイデガー、マルティン（Heidegger, Martin） 54, 88, 158, 254
パスロン、ジャン゠クロード（Passeron, Jean-Claude） 51n
バトラー、ジュディス（Butler, Judith） iv, 57
バフチン、ミハイル（Bakhtin, Mikhail） 226, 227
バリント、マイケル（Balint, Michael） 230, 231n
ビエリ、ペーター（Bieri, Peter） 221n, 223n, 251n
ヒフルストレーム、サミ（Pihlström, Sami） 121n
ピルキントン、アンソニー・E（Pilkington, Anthony E.） 145n
ビンスワンガー、ルートヴィヒ（Binswanger, Ludwig） 217n
ファン・デン・ブリンク、ベルト（van den Brink, Bert） 99n, 287n
フィヒテ、ヨハン・ゴットリープ（Fichte, Johann Gottlieb） 154
フォン・イェーリング、ルードルフ（von Jhering, Rudolf） 162-165
フォン・フリーデブルク、ルートヴィヒ（von Friedeburg, Ludwig） 33n, 85n, 263n
フーコー、ミシェル（Foucault, Michel） iv, v, 31, 57, 74, 75n, 287

フッサール、エトムント（Husserl, Edmund） 88, 120
フット、フィリッパ（Foot, Philippa） 215n
フリュヒテル、ヨーゼフ（Früchtl, Josef） 63n, 65n
ブルデュー、ピエール（Bourdieu, Pierre） 50, 51n, 282
ブルンクホルスト、ハウケ（Brunkhorst, Hauke） 85n
ブルンナー、ホセ（Brunner, José） 219n
ブレヒト、ベルトルト（Brecht, Bert） 26, 147
フロイト、ジークムント（Freud, Sigmund） 2, 30, 57, 60-62, 86, 105, 109-112, 113n, 130, 196-225, 228, 229, 244, 246, 250
フロイント、マイケル（Freund, Michael） 161n
ブロッホ、エルンスト（Bloch, Ernst） 139, 143, 147, 148, 149n
フロム、エーリッヒ（Fromm, Erich） 59n, 235, 238
ヘーゲル、ゲオルク・W・F（Hegel, Georg W. F.） iv, vi, 8, 19, 21, 22, 25, 28, 30, 35-38, 40, 41n, 42, 45, 48-50, 52, 57, 60, 71, 74, 81, 94, 103, 119-124, 137, 254, 268
ベートーヴェン、ルートヴィヒ・ファン（Beethoven, Ludwig van） 253-255
ペギー、シャルル（Péguy, Charles） 143-145, 149
ヘニス、ヴィルヘルム（Hennis, Wilhelm） 57n
ベンヤミン、ヴァルター（Benjamin, Walter） 5, 6, 7n, 26, 30, 32, 87-90, 139-194, 264, 265n, 267, 268, 269n, 270
ヘンリッヒ、ディーター、（Henrich, Dieter） 41n, 93n,
ボーヴェンシェン、ジルヴィア（Bovenschen, Silvia） 65n
ホネット、アクセル（Honneth, Axel） 7n, 35n, 43n, 49n, 51n, 53n, 75n, 79n, 85n, 89n, 99n, 109n, 131n, 133n, 151n, 161n, 219n, 235n, 239n, 261n, 265n, 267n
ホブソン、ピーター（Hobson, Peter） 97n
ホワイトブック、ジョエル（Whitebook, Joel） 260
ホルクハイマー、マックス（Horkheimer, Max） 29, 30, 32, 34, 35n, 37-40, 42-44, 47n, 48, 49, 51n, 52, 54, 55n, 61-64, 66, 76, 77n, 81, 94, 125n, 232, 234, 260, 280, 288, 289
ホルストマン、ロルフ＝ペーター（Horstmann, Rolf-Peter） 19n
ボルタンスキー、リュック（Boltanski, Luc） 57n
ポルマン、アルント（Pollmann, Arnd） 63n

マ行

マクダウェル、ジョン（McDowell, John） 127n
マルクーゼ、ヘルベルト（Marcuse, Herbert） 29, 32, 34, 35n, 38, 39n, 40, 42, 47n, 50, 51n, 54, 55n, 63, 65, 70,

76, 77n, 81, 195n, 279, 287
マルクス、カール（Marx, Karl）iv, 38, 46, 47n, 48, 52, 57, 58, 63n, 74, 76, 118, 120, 121, 239, 260, 279, 282
マン、トーマス（Mann, Thomas）217
ミールケ、フレート（Mielke, Fred）247
ミッチャーリッヒ、アレクサンダー（Mitscherlich, Alexander）241-252
メンケ、クリストフ（Menke, Christoph）125n, 259n, 263n, 265n
メンデルスゾーン、モーゼス（Mendelssohn, Moses）15, 16
モラン、リチャード（Moran, Richard）219n

ヤ行

ヤック、バーナード（Yack, Bernard）239n
ヨアス、ハンス（Joas, Hans）41n
ヨーヴェル、イルミヤフ（Yovel, Yirmiyahu）19, 23n

ラ行

ラツィス、アーシャ（Lacis, Asja）147
ランク、オットー（Rank, Otto）209, 210,
ラングターラー、ルードルフ（Langthaler, Rudolf）7n
ルカーチ、ジェルジ（Lukács, Georg）48, 49n, 52, 53n, 54-58, 86, 87n, 88, 94, 95, 154, 155n, 159-161
ルソー、ジャン＝ジャック（Rousseau, Jean-Jacques）21, 22, 279, 280, 282, 286
レアー、ジョナサン（Lear, Jonathan）197n, 215n, 221
レーヴィット、カール（Löwith, Karl）59n
ローマン、ゲオルク（Lohmann, Georg）47
ロールズ、ジョン（Rawls, John）73, 77, 283n

著　者

アクセル・ホネット（Axel Honneth）

1949年ドイツのエッセンで生まれる。1983年にベルリン自由大学で哲学の博士号を取得。ゲーテ大学フランクフルト・アム・マイン哲学・歴史学部教授、フランクフルト社会研究所所長、国際ヘーゲル学会会長などを歴任、現在はコロンビア大学人文学部哲学科教授。フランクフルト学派第三世代の代表的存在。邦訳された主な著作に、『権力の批判——批判的社会理論の新たな地平』、『承認をめぐる闘争——社会的コンフリクトの道徳的文法〔増補版〕』、『正義の他者——実践哲学論集』、『物象化——承認論からのアプローチ』、『見えないこと——相互主体性理論の諸段階について』、『私たちのなかの私——承認論研究』、ナンシー・フレイザーとの論争的共著『再配分か承認か？——政治・哲学論争』（以上、法政大学出版局）などがある。

《叢書・ウニベルシタス　1093》
理性の病理
批判理論の歴史と現在

2019年5月24日　初版第1刷発行

アクセル・ホネット
出口剛司／宮本真也／日暮雅夫／片上平二郎／長澤麻子 訳
発行所　一般財団法人　法政大学出版局
〒102-0071 東京都千代田区富士見 2-17-1
電話03(5214)5540 振替00160-6-95814
組版：HUP　印刷：ディグテクノプリント　製本：積信堂

Printed in Japan

ISBN978-4-588-01093-4

訳者

出口剛司（でぐち・たけし）
1969 年生まれ。東京大学大学院人文社会系研究科准教授。理論社会学、社会学史。主な著作に、“Erich Fromm and Critical Theory in post-war Japanese social Theory: Its past, Present and Future,” in *Towards a Human Science: The Relevance of Erich Fromm for Today,* eds. Rainer Funk and Neil McLaughlin (Gießen, Germany: Psychosozial-Verlag, 2015),『作田啓一 vs. 見田宗介』（共著、弘文堂、2016 年）、アクセル・ホネット『私たちのなかの私——承認論研究』（共訳、法政大学出版局、2017 年）。

宮本真也（みやもと・しんや）
1968 年生まれ。明治大学情報コミュニケーション学部教授。社会哲学、社会理論。主な著作に、『科学化する日常の社会学』（共著、世界思想社、2013 年）、アクセル・ホネット『物象化——承認論からのアプローチ』（共訳、法政大学出版局、2011 年）、アクセル・ホネット『見えないこと——相互主体性理論の諸段階について』（共訳、法政大学出版局、2015 年）など。

日暮雅夫（ひぐらし・まさお）
1958 年生まれ。立命館大学産業社会学部教授。社会哲学。主な著作に、『討議と承認の社会理論——ハーバーマスとホネット』（勁草書房、2008 年）、『現代社会理論の変貌——せめぎ合う公共圏』（共編、ミネルヴァ書房、2016 年）、アクセル・ホネット『私たちのなかの私——承認論研究』（共訳、法政大学出版局、2017 年）など。

片上平二郎（かたかみ・へいじろう）
1975 年生まれ。立教大学社会学部社会学科准教授。理論社会学、現代文化論。主な著作に、『アドルノという「社会学者」——社会の分光と散乱する思想』（晃洋書房、2018 年）、『「ポピュラーカルチャー論」講義——時代意識の社会学』（晃洋書房、2017 年）、『作田啓一 vs. 見田宗介』（共著、弘文堂、2016 年）など。

長澤麻子（ながさわ・あさこ）
立命館大学文学部教授。哲学。主な著作に、「シュヴェイクは誰か？」（市川明・木村英二・松本ヒロ子編『世紀を超えるブレヒト』郁文堂、2005 年）、シュテファン・ミュラー＝ドーム『アドルノ伝』（共訳、作品社、2007 年）、マルティン・ゼール『自然美学』（共訳、法政大学出版局、2013 年）など。